El diario secreto de
Da Vinci

Donato Pando
Corrientes 1186 Piso 7 H
Buenos Aires

David Zurdo
Ángel Gutiérrez

El diario secreto de Da Vinci

El mayor secreto de la humanidad
La dinastía de Jesús y su supervivencia

Si usted desea que le mantengamos informado de nuestras publicaciones, s lo tiene que remitirnos su nombre y direcci n, indicando qu temas le interesan, y gustosamente complaceremos su petici n.

Ediciones Robinbook
Informaci n bibliogr fica
Ind stria, 11 (Pol. Ind. Buvisa)
08329 Tei (Barcelona)
e-mail: info@robinbook.com

www.robinbook.com

© 2004, David Zurdo Sáiz y Ángel Gutiérrez Tapia

© 2004, Ediciones Robinbook, s. l., Barcelona
Diseño de cubierta: Regina Richling
Diseño interior: Cifra, s. l.
ISBN: 84-7927-741-6
Depósito legal: B-46.542-2004
Impreso por Limpergraf, Mogoda, 29-31 (Can Salvatella), 08210 Barberà del Vallès

Quedan rigurosamente prohibidas, sin la autorización escrita de los titulares del copyright, bajo las sanciones establecidas en las leyes, la reproducción total o parcial de esta obra por cualquier medio o procedimiento, comprendidos la reprografía y el tratamiento informático, así como la distribución de ejemplares de ella mediante alquiler o préstamos públicos.

Impreso en España - *Printed in Spain*

Este libro está dedicado a todas las personas que, cada mañana, desean ser un poco mejores que el día anterior; y cuando llega la noche se alegran por haberlo conseguido, o se proponen intentarlo de nuevo.

Una historia de la Historia nos cuenta que, en 1519, a la muerte de Leonardo da Vinci, su fiel discípulo Francesco Melzi recibió en legado todos sus escritos y objetos personales. Entre éstos se hallaba un enigmático cofre negro que su maestro siempre mantenía cerrado y del que nunca se separaba. Su contenido sólo Leonardo lo conocía; incluso se había negado a mostrárselo al propio Francisco I, soberano de Francia y su protector durante los últimos años de su vida.

Cuando por fin Melzi abrió el cofre, expectante, lo encontró vacío. Lo que fuera que hubo en él ya no estaba allí. Nunca logró averiguar qué escondía, o por qué Leonardo lo guardaba con tanto celo; y, sin embargo, un olor característico emanaba aún de su interior. Un olor que le recordaba a los productos alquímicos usados por su maestro en algunos de sus misteriosos experimentos...

Primera parte

*La piedra que rechazaron los arquitectos
se ha convertido en la piedra angular.*
Libro de los Salmos

1

Bosques de Bolonia, 1503

Parecía una noche como todas las demás. El final del verano hacía disminuir las temperaturas cuando el sol se ocultaba tras el horizonte, pero aún no hacía frío. Al menos para los habitantes de aquella abadía oculta entre montes frondosos y elevadas lomas, en el norte de Italia. El hermano lego que hacía las labores de portero dormitaba en su celda, cercana al muro donde se abría la puerta de acceso al recinto del convento. Menos tiempo quedaba para el oficio de maitines que el transcurrido desde el ocaso. Nada hacía presagiar, en la placidez campestre, los acontecimientos que estaban a punto de desencadenarse.

—¡Abrid al legado de Roma!

Con esos gritos vehementes y unos golpes no menos enérgicos en la madera del portón, el lego despertó de un salto en su pobre catre de paja. Aún desorientado, sin saber ni qué hora podía ser, se levantó, se ciñó el cíngulo en torno a la cintura y corrió a la puerta.

—¿Quién va? —dijo, al tiempo que descorría la celosía para ver quién llamaba con tantos ímpetus, siendo todavía noche cerrada. Afuera, varias antorchas iluminaban a una docena de hombres a caballo, soldados sin duda, pues vestían ropas militares con un escudo de armas en el pecho.

—¡Abrid ya, fraile! ¡Abrid al legado de Roma!

El hermano lego se despejó del todo cuando alcanzó a comprender lo que estaba sucediendo: César Borgia en persona, obispo e hijo del recién fallecido papa Alejandro VI, solicitaba entrar en la abadía. Nada bueno podía venir de aquel despiadado hombre. Pero nada se podía hacer tampoco para evitar su entrada. El lego no entendía de esas cosas. Sólo sabía que el joven Borgia había cometido muchos crímenes. La presencia aquella noche de los soldados demostraba que no estaría dispuesto a marcharse sin lograr su objetivo. Y, además, quién era él, un pobre lego sin discurrideras, para decidir nada. Tuvo miedo de lo que diría el abad, pero no había tiempo de avisarle. Ya estaba descorriendo el pasador del grueso cerrojo de hierro fundido cuando una voz a su espalda le hizo detenerse.

–¿Quién llama, fray Ezio?

Era el asistente del abad, fray Giacomo, un joven espigado y con aire de determinación, que había llegado al convento hacía sólo algunos meses. El abad lo había elegido como mano derecha, no sin el rechazo de muchos hermanos. Las envidias contra un recién llegado siempre son mayores, puesto que es un fácil objetivo común para los otros.

–Es… es… Borgia…

–¡Borgia aquí! –dijo el joven con los dientes apretados, tratando de silenciar así un grito de temor mezclado con sorpresa. Lo había comprendido todo en un instante. Él sí sabía el porqué de su visita. Había que ganar tiempo y avisar al abad.

–¡¿Qué sucede, fraile?! ¡Abrid de una vez! –Los gritos de fuera empezaban a ser realmente fieros.

–Fray Ezio –dijo el joven asistente con voz enérgica pero contenida–: Esperad un minuto y abrid la puerta. Decid a los de fuera que esperen por… ¡Inventad algo! Tengo que avisar de esto.

Ante la mirada de estupefacción del hermano lego, fray Giacomo salió corriendo con el hábito remangado y como alma que lleva el diablo. El lego notaba el palpitar desbocado de su corazón en el pecho. ¿Qué iba a decir? ¿Qué iba él a inventar? Si era un pobre ignorante que no sabía ni leer ni escribir, y hasta las más sencillas cosas le resultaban complicadas. El tiempo apremiaba. Lo que fuera a hacer, tenía que hacerlo rápido.

–Sí, ya va, ya va. ¿Cuál es el motivo de esta visita? Es muy tarde y…

–¡Sois un pedernal, estúpido fraile! Os digo que abráis la puerta al legado de Roma o la echaremos abajo. ¡Y por mi honor que no estoy amenazándoos en vano!

En ese momento, el lego pudo ver al fondo, un poco retrasada de los demás hombres, a la escasa luz de la luna y tras las antorchas de los soldados, una figura sobre un caballo blanco. Vestía un manto oscuro, quizá negro, y la capucha cubría por entero su cabeza. Pareció salir de un trance y se dirigió al trote hacia la puerta del convento. Al alcanzarla, sin descender de su montura, se retiró la capucha y, ya bajo la luz de las antorchas, el fraile pudo ver un rostro que jamás antes había visto y que, sin embargo, conoció al instante: César Borgia, de rasgos endurecidos, vivo reflejo del mal y la inmisericordia.

No tuvo que articular palabra alguna. Su mera visión hizo que el frailecillo se meara en el hábito. Con mano temblorosa descorrió del todo el pasador del cerrojo y abrió la puerta. No había terminado de hacerlo cuando el jefe de los soldados, encolerizado, le dio un empujón que le hizo caer al suelo.

Mientras, fray Giacomo había despertado al abad, un venerable anciano de largas y argentinas barbas. Ambos sabían muy bien lo que estaba a punto de suceder. Y había que impedirlo a toda costa. Había que impedirlo aunque sus vidas les fueran en ello. Tenían una misión que estaba muy por encima de sus integridades personales, muy por encima de la existencia de aquel convento, muy por encima de cualquier sacrificio imaginable. Y aunque estaban seguros, sin tener que decir nada, de que ese sacrificio les llegaría muy pronto, obraron con determinación. El abad, fray Leone, corrió de su aposento a la sala principal de su palacete, situado en el centro del gran patio al que circundaba un bello claustro románico, y oprimió una especie de adoquín que sobresalía en el suelo, oculto bajo una gran mesa de roble.

César Borgia llegaba hasta el palacete en el mismo momento en que una campanilla sonaba varios metros por debajo de la superficie, en una estancia subterránea. Allí abajo un fraile que montaba guardia junto a un candil de aceite, vencido por el sueño, dio un respingo y miró hacia la campanilla con los ojos muy abiertos. No había duda ni posible error. Había que ponerse en marcha. El hombre despertó a su compañero, con el que se turnaba en la guardia. Ninguno de los dos vestía hábito. Iban ataviados con un jubón ceñido y calzas altas en lugar de sandalias.

Y llevaban espada al cinto. Acto seguido entraron en una estancia contigua y despertaron a dos muchachos, dos hermanos mellizos de diecisiete años, un chico y una chica. Eran aquellos a quienes custodiaban sin saber quiénes eran. Su voto de obediencia era bastante. Ahora tenían que salir de allí sin perder tiempo.

Arriba, en el palacete del abad, César cruzó con él, fugaz, su mirada. La venerabilidad que en otros inspiraba aquel anciano, en el joven Borgia sólo despertaba recelo. El hombre sabio es siempre el más peligroso; más incluso que el valiente soldado o el diestro y arrojado espadachín. Dos de sus guardias esperaban afuera, ante la entrada del palacete, no mucho más que una casa de piedra de planta cuadrada y dos alturas.

—Decidme, monseñor —habló por fin el abad ante el mutismo del joven Borgia—, ¿a qué debemos el honor de vuestra inesperada visita?

El anciano mostraba toda la entereza de que era capaz. El secreto que guardaba, el gran secreto que guardaba, no debía esclarecerse por culpa de su miedo. Aunque parecía que Borgia se había enterado de él, pues de otro modo no habría irrumpido en el monasterio tan entrada la noche, como si los segundos o los minutos pudieran destruir sus planes o borrarlos para siempre. La suerte estaba echada. Sólo tenía sentido tratar de ganar un poco de tiempo.

—Fray Leone, no me hagáis enfadar obligándome a explicaros lo que vos sabéis que yo sé. Entregadme lo que he venido a buscar y me marcharé como un furtivo viento, sin dejar huella.

—Nosotros no...

—De lo contrario —siguió César, en un tono mucho más amenazador—, conoceréis los efectos de la ira en la perfecta definición que pudieran darle los filósofos.

En las profundidades, cuatro figuras ocultas por sus mantos atravesaban en silencio un oscuro corredor que daba al bosque, fuera del recinto del convento. Y casi corrían en la total oscuridad, pues lo habían atravesado ya antes decenas de veces. Esta ocasión, sin embargo, no era una simple prueba. Sus vidas, y algo mucho más importante que sus vidas, aunque ligado a ellas, corría el riesgo de ser destruido para siempre.

—No sabéis disimular, fray Leone. ¿Creéis que soy estúpido? —dijo César, en un tono burlesco capaz de helar la sangre de un dragón, al estupefacto abad que no habló e incluso bajó la mirada, incapaz de soportar la de Borgia–. Oh, sí, vos habéis hecho lo que teníais que hacer. Y ahora yo voy a hacer lo que debo...

Al tiempo que pronunciaba estas palabras, César fue aproximándose al anciano. Del interior de sus ropas extrajo un puñal y se lo clavó recto en la garganta como quien ensarta una pieza de asado. Un chorro de roja sangre emergió de la herida, cual surtidor, manchando las manos y el pecho del joven Borgia. Una sangre que se unía a las de tantos que aquel hombre había hecho derramar, y que nunca se borrarían de su alma. Por mucho que lavara su cuerpo, las huellas del mal estaban indisolublemente ligadas a su espíritu.

Entretanto, los tres hombres y la joven mujer que huían por el túnel hacia el bosque estaban llegando a éste. El centinela que despertara a los demás cuando percibió la señal de alarma del abad descorrió con sumo cuidado el cerrojo de la puerta de salida, una hoja de madera horizontal que daba al suelo, y estaba bien disimulada con ramas y algo de tierra junto a un gran roble centenario. Ese tramo final del pasadizo acababa en unos escalones de piedra cubiertos de moho, que los cuatro subieron con cuidado de no resbalar y tratando de hacer el mínimo ruido posible. Así se lo habían enseñado, pues llegados a ese extremo resultaba crucial no llamar la atención con una falta de sigilo que pudiera poner en alerta a quienquiera que estuviera amenazando su integridad.

—¡Alto! —dijo el primer hombre de pronto en un susurro, al tiempo que levantaba su brazo izquierdo y echaba mano, con la diestra, a la empuñadura de su espada, que extrajo levemente de la vaina. El otro fraile le imitó al punto. Todos se quedaron quietos, escrutando la negrura. ¿Se había escuchado algo entre la vegetación? ¿Un ensordecido ruido metálico?

El fraile estaba en lo cierto. Sus precauciones y esfuerzos no sirvieron de nada. Todo fue vano ante los diez o más soldados de César Borgia que emergieron desde las sombras y los acorralaron con sus armas. Los frailes intentaron luchar, pero fueron muertos allí mismo, como perros. A los dos jóvenes los llevaron hacia el sendero que conducía al monasterio. En él fueron alcanzados por César, que se sonreía de puro gusto con una mueca terrorífica. Sus ojos brillaban de satisfacción como lo harían los de un demonio, a pesar de su propio temor; ese miedo que corroe el interior del corazón y que mueve a cometer actos horrible. Los muchachos no dijeron nada. Nada se les preguntó. Todo parecía perdido. Y quizá lo estaba. Aunque había una esperanza, pues la Providencia siempre obra a favor de los justos.

César y sus hombres abandonaron el lugar, con los dos jóvenes presos en un carromato de barrotes de hierro. A lo lejos, en una loma, un hombre embozado contemplaba, a la débil luz de las antorchas de la comitiva, aquella aciaga escena. Había estado allí todo el tiempo, observando. Ahora amargas lágrimas de sal inundaban sus ojos y recorrían sus mejillas para caer en el suelo, a sus pies, sobre una tierra maldita por los actos de los hombres. La luna desapareció detrás de una nube. El mundo, ya de por sí oscuro en la noche, se oscureció aún más. Aún más.

2

Gisors, mayo de 1944

Claude exlamó, de mal humor: «¡Cállense de una vez!». Después de meses de trabajo, de intentos fallidos, de desvelos, ya no le quedaba paciencia para aguantar el constante parloteo de los dos hombres. Ellos se dirigían a él respetuosamente como «profesor», aunque jamás les hubiera contado nada sobre sí mismo. Claude suponía que bastaba parecer un profesor para que trataran a alguien como tal. En cualquier caso, estaba seguro de que los restantes lugareños, o incluso también estos dos, le reservaban nombres peores cuando se referían a él a sus espaldas. Entre ellos, muy probablemente, cerdo colaboracionista.

Ante la hosca actitud de Claude, las risas de sus acompañantes cesaron de inmediato; aunque en sus miradas brilló todavía durante un segundo el humor que las hizo desatarse.

—Perdone, profesor, pero tenía que oír el chiste que Lessenne...

—No le pago para escuchar chistes, Lhomoy —cortó secamente Claude—. Ni a usted para contarlos, Lessenne —añadió, volviendo la mirada hacia atrás sin detenerse, y clavándola en el segundo hombre, que se apresuró a bajar la suya—. Basta ya de chistes. Basta ya de charlas estúpidas. Guarden el aliento, porque van a necesitarlo.

—Sí, profesor —dijeron los dos amigos al unísono, ahora ya sin el menor atisbo de humor en los ojos.

Claude volvió el rostro hacia delante. A menos de cincuenta metros se levantaba la mancha oscura que era el castillo de Gisors, una fortaleza cuya construcción se inició en el siglo XI y que ocultaba más de un secreto entre sus paredes de piedra. Oh, sí, Claude conocía bien los enigmas de esta, en apariencia, mediocre fortificación. Y con un poco de suerte él acabaría logrando arrancarle uno de ellos, aquel que era, con mucha diferencia, el mayor de todos.

Usando el dorso de la mano, Claude se secó el sudor que le bañaba la frente y los pómulos, y que le caía, gota a gota, desde la barbilla. Hacía un calor sofocante y pegajoso durante el día, que la llegada de la noche apenas lograba aplacar. De ahí que hubiera decidido trabajar desde la puesta del sol hasta el amanecer. Únicamente así su duro trabajo se volvió soportable. Pero incluso a estas horas, cuando los últimos trazos de luz rojiza desaparecían por el oeste, el paisaje a su alrededor se mostraba desfigurado por el aliento abrasador de la tierra. Lo mismo podría decirse del castillo, cuyo centro descansaba sobre una loma abrupta y artificial.

Ninguno de los dos ayudantes de Claude tenía ni idea de para qué había venido él a Gisors, o de qué buscaba en el patio del castillo. Lhomoy tenía una teoría al respecto. Pensaba que el profesor estaba buscando el tesoro de los templarios, que, según se decía, se hallaba escondido en algún lugar debajo de la fortaleza. Él mismo había tratado de encontrarlo, sin éxito, y se había partido una pierna en el intento. Pero Lhomoy se equivocaba. Hasta cierto punto. El trabajo de él y de Lessenne se limitaba a excavar pozos y galerías en los lugares que Claude Penant les indicaba. Y quizá fuera mejor así, porque, como afirma el dicho, hay cosas que es mejor no saber.

Atravesaron la muralla exterior y, más adelante, pasaron en fila india bajo el arco de entrada de la muralla interior, que envolvía a un pequeño patio y contenía la torre del homenaje. Se detuvieron en medio de la explanada, cubierta ya en gran medida por las sombras.

—Encienda el farol —ordenó Claude a Lhomoy.

Mientras el hombre se afanaba con el farol, Claude abrió su gastada cartera de cuero. Ahora la llevaba siempre cerrada con llave, desde un acontecimiento turbio, y humillante también, que ocurrió en un bar del pueblo, y tras el cual se dio cuenta de que le habían sustraído un antiguo manuscrito. Por fortuna, ya no lo necesitaba, pero en todo caso era una pérdida lamentable.

De la cartera extrajo dos grandes láminas de papel cebolla, con al menos un metro de lado cada una. Gracias a ellas, habían sido fielmente copiados, mediante un carboncillo, los extraños grabados que se encontraban en la Torre del Prisionero, una de las torres del castillo, en la que antiguamente se encerraba a los prisioneros de sangre noble.

Junto a las láminas de papel cebolla, Claude desplegó un mapa detallado de la fortaleza, donde había marcados varios arcos y rectas que se entrecruzaban: los diversos lugares en los que ya habían excavado a lo largo de estos meses. Lhomoy iluminó con el farol, aguardando, paciente, con Lessenne, a que el profesor terminara de refrescarse la memoria. Porque de eso se trataba. Un hombre como Claude no perdería el tiempo escaso y precioso de que disponían haciendo allí sus cálculos. Él los traía ya listos de antemano, consistieran en lo que consistiesen.

—Tiene que ser aquí —le oyeron mascullar a Claude.

Eso mismo había afirmado todas las otras veces, pero ninguno de los dos hombres tenía intención de recordárselo o de llevarle la contraria.

—Vamos allá —habló Claude de nuevo, con voz agitada—. El tiempo apremia. —El tiempo siempre apremia.

Después de doblar y guardar otra vez los documentos, Claude se dirigió con paso vivo hacia la entrada de la torre, seguido por sus ayudantes. Espabilado por la reprimenda del profesor, esta noche no hizo falta que Claude le pidiera a Lhomoy las estacas y las mazas, pues el hombre se había apresurado a sacarlas de una bolsa de tela.

—Ya sabe lo que debe hacer —le dijo Claude.

Con movimientos rápidos y eficientes, Lhomoy clavó una de las estacas en el centro del acceso a la torre. La afilada punta de madera penetró la tierra sin esfuerzo; en el mismo lugar habían clavado las veces anteriores otras estacas como ésta. Luego, el hombre se dirigió hacia la entrada del castillo interior, sin llegar a correr, pero sí yendo a buen ritmo. Una vez allí, clavó otra estaca en el suelo, justo también en el centro. A continuación situó el farol sobre la estaca.

19

—Bien —murmuró Claude, al ver que Lhomoy agitaba los brazos para indicarle que el farol estaba en la posición correcta. Entonces, el profesor sacó de la cartera un artilugio, de fabricación casera aunque extremadamente eficaz, fruto de la unión de un transportador de ángulos y una aguja estrecha y alargada. Ésta podía fijarse al transportador mediante un pequeño tornillo y girar sobre sí misma, aunque sólo en el sentido horario, pues un tope le impedía moverse hacia la izquierda y traspasar el origen de ángulos. El artilugio constaba también de dos miras: una fija, sobre dicho origen de ángulos, y otra móvil, montada encima de la aguja. En ambos casos había una cruz en el centro, como en los rifles de precisión. En suma, se parecía a un astrolabio, aunque de aspecto rudimentario y un funcionamiento algo distinto y más simple.

Claude se tumbó en el suelo, de modo que sus piernas quedaron en el interior de la torre. Después colocó su particular astrolabio sobre la estaca, haciendo coincidir el origen de ángulos con su centro, en la medida de lo posible. Apuntó con el otro ojo a través de la mira fija, moviendo el astrolabio hasta que el centro de la mira coincidió con la luz del farol de Lhomoy. De este modo, había conseguido una línea imaginaria que unía los centros de las puertas del castillo y de la torre, y que suponía, además, el origen de cualquier ángulo que indicara con la aguja sobre el transportador.

El ángulo correcto que marcar era uno de los dos datos que obtenía a partir de los grabados de la Torre del Prisionero. El otro era una distancia, que utilizaría sólo más adelante. Claude estableció ese ángulo concreto en su astrolabio, haciendo girar la aguja en el sentido horario; después la fijó. Cuando el profesor observó a través de la segunda mira, la montada sobre la aguja, Lessenne ya había encendido otro farol y esperaba sus órdenes. Éstas eran meras indicaciones para que el hombre se moviera a derecha o izquierda hasta conseguir que su farol quedase alineado con el centro de la mira de la aguja.

—Clava ahí la estaca —le ordenó Claude a Lessenne cuando eso ocurrió.

Una última comprobación de las dos miras, y unas pequeñas correcciones, garantizaron a Claude que los faroles de Lhomoy y Lessenne, y sus correspondientes estacas, formaban el ángulo adecuado con respecto a la posición de él. Había llegado el momento de utilizar el otro dato extraído de los grabados de la Torre del Prisionero, la distancia que debía haber desde la torre del homenaje hasta el punto que Claude buscaba, en la línea entre él y Lessenne. Para ello, se sirvieron de una larga cinta métrica de tela, que tensaron entre ambos puntos.

—Tiene que ser aquí —repitió Claude, clavando en el suelo la última estaca; aquella que, si no se había equivocado una vez más, marcaría lo que llevaba siglos oculto y tanto anhelaba encontrar.

3

Florencia, 1503

La cadencia regular del martillo en el escoplo, repetida por una docena de manos, se entremezclaba en un sonido extraño y poco agradable. Un haz de luz penetraba la ventana y hacía brillar las motas de polvo de mármol que inundaban la atmósfera. Era el estudio de Leonardo da Vinci, en el centro de la ciudad, próximo a la Piazza della Signoria. Y esos jóvenes eran alumnos practicando bajo la supervisión del maestro.

—Pensad que vuestras almas también se esculpen a cada golpe vuestro en la piedra —les decía el *Divino*.

Casi al fondo de la amplia sala, sobre una de las mesas de madera gruesa, fuertes para soportar el peso del mármol, Leonardo tenía una obra casi terminada, un busto de una poco agraciada dama florentina, Lisa Gherardini, encargado por su marido, don Francesco di Bartolommeo di Zanobi, un rico banquero napolitano que ostentaba el título de marqués del Giocondo. A Leonardo sólo le restaba dar forma a la nariz, algo gruesa y larga, difícil de ejecutar sin herir sensibilidades por exceso de parecido al original. Los ojos le habían quedado bastante bien, mejorando un poco la realidad; y fue un acierto también reducir levemente el grosor de los mofletes de la señora, entrada en carnes, y convertir el gesto severo de sus labios en una especie de sonrisa apenas sugerida. Le faltaba sólo un último trabajo de precisión para terminar, que requería enajenarse de sus discípulos y del barullo de sus golpes entremezclados. Tras una mirada postrera al boceto, aproximó con exquisito cuidado la extremidad del escoplo a lo que había de ser una nariz, y colocó la cabeza del martillo a escasos milímetros del otro lado para aplicar unos leves golpecitos que retiraran el exceso de piedra: una operación que debía realizarse con suma exactitud.

—¡¡¡Maestrooo!!!

El enorme alarido a su espalda de su discípulo favorito, Salai, sobresaltó a Leonardo, que tropezó en el taburete, trató de equilibrarse, golpeó con la suya en la frente de la estatua, movió la mano que sujetaba el martillo, que golpeó sin querer al escoplo, y éste a la *protonariz*, que saltó despedida hasta la pared de la estancia. Salai, al ver lo que había provocado, salió del lugar corriendo. Los demás alumnos cesaron en sus tareas. El espacio quedó como congelado, con el polvo de mármol suspendido en el aire y todos los ojos en dirección a la malograda escultura. Y hacia Leonardo, que, consternado, miraba el estropicio sin pestañear. Entonces pudo oírse una especie de lamento gutural que provenía de la garganta del *Divino*. Lágrimas de rabia afloraron a sus ojos. Pero la desesperación otorga cierta forma de entereza, y Leonardo no montó en cólera. Sólo apretó los labios, secó sus lágrimas con la manga de la túnica, se mesó los cabellos y la larga barba plateada, y dio un abrazo a la estatua. Un *último* abrazo, a modo de adiós, ya que acto seguido la empujó con todas sus fuerzas y la arrojó al suelo. El admirable mármol se partió en dos mitades, y muchos fragmentos se desperdigaron por el suelo, cerca de lo que una vez tuvo que haberse convertido en una nariz. Una obra maestra, malograda por un detalle, acababa de ser destruida para siempre.

—¡Salai! —gritó entonces Leonardo, sin que en su voz pudiera apreciarse el más leve atisbo de enfado. Mientras caminaba hacia la salida, ordenó a los demás—: Vosotros seguid trabajando.

No tuvo tiempo de encontrar al rapaz. Otro de sus alumnos, encargado entonces de guardar la puerta, dobló a toda velocidad la esquina del pasillo y a punto estuvo de embestirlo. Por fortuna, el chico era muy delgado y logró detenerse antes del choque.

—¡¿Pero qué pasa hoy?! —vociferó el *Divino* mirando hacia los cielos.

—Lo siento, maestro. Un mensaje para vos.

El joven, hijo de un famoso mercader de la ciudad, le entregó una carta cerrada y lacrada. Leonardo miró el sello, y le extrañó que no hubiera tal, sólo un círculo mudo marcado en el rojo lacre.

—¿Quién lo ha traído?

—Un criado. Me lo dio para vos y se fue sin decir más.

23

—Bien, vete, vuelve a tu puesto —dijo Leonardo con indiferencia mientras trataba de pensar quién podía enviarle aquella misiva.

Estuvo unos momentos contemplando el papel sin romper el sello. Aún se sentía consternado por la pérdida de la escultura. Tendría que reparar el daño haciendo otra nueva o, mejor, haciendo un retrato. Pintar le agradaba más que esculpir y, con toda honestidad, se creía más dotado en aquella arte. Para hacer esculturas grandilocuentes y pretenciosas, pero también incalculablemente perfectas, ya estaba Miguel Ángel, ese engreído, hostil, maledicente, deslenguado... y genial artista al que Leonardo odiaba y admiraba en la misma proporción.

Pero no era momento de desviar la mente en digresiones que no conducían a ningún sitio. Leonardo marchó a su aposento y abrió la carta. El texto era breve, y aunque los caracteres eran latinos, como en la escritura corriente, el idioma era desconocido. Pero no era tal, en realidad, sino que se trataba de una *cifra*, un texto alterado para que nadie indebido pudiera leerlo. El *Divino* conocía bien ese sistema de cifrado y hasta era capaz de leerlo como si nada —aunque un poco más lentamente—, sin transformarlo en el papel letra por letra, lo que habría sido habitual en cualquier persona que, igualmente conocedora de la clave, quisiera leerlo.

Por lo dicho en la carta, convenía no perder tiempo. Leonardo siempre se mostraba distante, casi frío para ocultar sus verdaderos sentimientos, pero nunca dejaría en la estacada a un buen amigo. Si su personalidad había derivado hacia la lejanía, era por evitarse el daño. Era un hombre extremadamente sensible que, como el gusano de tierra que se enrosca para evitar que lo pisen, disimulaba su auténtico sentir bajo una máscara ficticia. Su experiencia con el Santo Oficio, más de medio siglo atrás, había sido terrible y jamás podría olvidársele. Fue acusado de sodomía, delito castigado con la muerte, y si no hubiera sido porque acusaron con él al hijo de un noble, quizá habría acabado en la horca o la hoguera. De modo que tenía que ser cauto, cuidadoso, evitar cualquier riesgo. Prefirió renunciar a una parte de sus sentimientos y a las más íntimas relaciones personales para no hallarse de nuevo en semejantes peligros. Su vida era el arte, y el arte podía prescindir de una vida íntima rica.

En ese momento de reflexión interior, unos golpes leves llamaron su atención y lo sacaron del ensimismamiento. Era Salai, que tocaba en la puerta abierta, casi escondido tras el muro.

—Maestro, ¿dais vuestro permiso?

Leonardo le miró un momento con los ojos encendidos al recordar el episodio del busto, pero enseguida renunció a la hostilidad y, con su humor amable natural, le dijo:

—Sí, pedazo de animal, sí. Entra. Ya no estoy enfadado. Pero nunca aprenderás nada si sigues tan embrutecido. ¿Es que no podré hacer de ti un artista, aunque sea mediocre?

—Lo siento mucho, maestro, ya sabéis que yo me esfuerzo.

—Ya lo sé, querido mío, ya lo sé...

Leonardo se levantó y dio una palmada en la mejilla al chico, que a pesar de estar pidiendo perdón tenía un punto burlesco en la mirada.

—Ahora he de prepararme. Voy a hacer un corto viaje. Tengo que ver a un amigo que se halla en apuros.

La carta que había recibido su maestro se hallaba sobre la mesa de éste, junto al libro de recetas de cocina que estaba escribiendo. Al verla, a Salai le picó la curiosidad y, cuando Leonardo abandonó la estancia, la tomó en su mano y trató de leerla. Se rascó los rizos dorados de la cabeza al comprobar que no podía entender nada. Nada en absoluto. Pero no le importó demasiado. Su espíritu tenía otros gustos, otras necesidades. Qué le importaba a él aquella carta, al fin y al cabo. La olvidó antes de llegar a la cocina, donde tomó un buen pedazo de pan y otro aun mayor de queso, y salió al patio del estudio a tomar el fresco.

RAISOFU ENOHU MIUPESFU, FOXOPU NEITSU FI ES-VOTVET, JUNCSI FI COIP, TUMODOVU VA EZAFE DUP JANOMFI DIMISOFEF. SAIHU E VA NEHPE QISTUPE RAI EDAFE E NO MMENEFE. HSEXIT DOSDAPTVEP-DOET ETO MU SIRAOISIP.

TEPFSU CUVVODIMMO

4

Gisors, 6 de junio de 1944

A Claude no le quedaba mucho tiempo. Había comenzado la invasión aliada de Europa. Por supuesto, él ignoraba los detalles. La censura nazi seguía presentando a los franceses su visión distorsionada de la guerra. Una en la que sólo existían victorias de los ejércitos del Tercer Reich en todos los campos de batalla, y en la que la derrota de los aliados era siempre inminente. Pero Claude sabía que eso era una farsa. Había visto pasar por la estación los apresurados convoyes de tropas y blindados en dirección al oeste, y oído los rumores que hablaban de miles de barcos y cientos de miles de hombres que llegaban a las playas de Normandía. Y por primera vez desde la ocupación de Francia las miradas de los soldados alemanes mostraban temor y duda.

Había comenzado..., y a él no le quedaba mucho tiempo.

Los ejércitos, a lo largo de los siglos, siempre terminan acomodándose, encontrando un lugar en el que se sienten suficientemente seguros para bajar la guardia y descansar. Entonces, les llega su fin. Y el ejército alemán no sería una excepción. Había surgido como una avalancha en 1940, a través de las Ardenas, haciendo huir a los ingleses por Dunkerque, y derrotando al ejército francés con una rapidez y una facilidad inadmisibles para el orgullo de cualquier gran nación. Durante los primeros tiempos, los alemanes se mantuvieron listos, precavidos, pero luego cayeron en la inevitable desidia. Se sintieron seguros y bajaron la guardia. Y más aquí, en la humilde Gisors. En buena medida gracias a eso, Claude pudo llevar a cabo sus actividades de un modo relativamente seguro.

Pero la situación había cambiado. La culpa era del desembarco aliado, por supuesto. Y la intensificación de las acciones de las Fuerzas Francesas del Interior –de la Resistencia, como la llamaban todos– no hacía más que atraer atenciones indeseadas hacia Gisors. En esa misma mañana, los maquis habían robado dos camiones de patatas destinados a la guarnición alemana; un hecho no muy alarmante, a primera vista, pero incluso el mayor de los incendios se inicia con una pequeña chispa.

Y cuando los aliados entraran en Gisors –no tardarían mucho en hacerlo, pensaba Claude–, con ellos llegaría un periodo inicial de inestabilidad. Él tendría que aplazar su trabajo, su búsqueda. Eso si no acababa en prisión, o muerto a pedradas en la calle, acusado de colaboracionismo. Habría vendido su alma al Diablo para posponer un mes el desembarco. Lo habría hecho si es que aún le quedaba un alma con la que negociar, porque, bien pensado, ¿no la había ido vendiendo ya en cierto modo, tantas veces, en tantos lugares, para llegar hasta allí?

A pesar de todo, se daba por satisfecho. Pensó que, al fin y al cabo, debía sentirse agradecido: esta noche era suya…

–Es la hora de las brujas –canturreó en voz baja una vieja canción de su niñez, acompañándola con una sonrisa inquietante–, la hora en la que todos duermen y los monstruos recorren la Tierra.

Lhomoy y Lessenne se miraron sin decir palabra. A veces desearían no haberse metido en negocios con aquel extraño hombre. A veces les daba miedo.

5

Gisors, 6 de junio de 1944

A través del pozo circular, Claude observó una porción del cielo nocturno. El sudor que le caía de la frente le nublaba la vista, haciendo parecer borrones a las estrellas, en vez de blancos puntos de luz. Hacía un calor insoportable. Ni el mismo infierno podría ser más abrasador que aquel precario y agobiante pozo. Les había llevado una semana excavarlo. Era prácticamente vertical, con dos metros de diámetro en la boca y un metro escaso en el fondo. Y la tarea fue aún más difícil que en los casos anteriores, aunque por causa de algo que resultó en extremo alentador: durante la excavación se habían topado con multitud de piedras; y no con piedras normales, sino con unos bloques labrados por la mano del hombre. A todas luces, aquéllos eran los restos de algún tipo de pasadizo o construcción subterránea, que había acabado colapsándose por el paso de los años. Sin embargo, cuando llegaron a quince metros de profundidad, la cantidad de esos bloques se redujo en gran medida; y un poco más adelante, éstos desaparecieron por completo. Lo anterior llevó a Claude a decidirse a abrir una galería lateral, que ya tenía casi diez metros de longitud. Y fue una decisión acertada, porque no tardaron en encontrar de nuevo el rastro de los bloques de piedra.

En aquella galería horizontal se introdujo ahora el profesor, arrastrándose a duras penas por el túnel angosto, casi rozando el suelo con la nariz y agitando partículas de tierra con su aliento sofocado. En el extremo de la galería estaban Lhomoy y Lessenne, que se turnaban cada cierto tiempo, alternándose en las labores de excavar y de llevar los capazos de tierra extraída hasta la superficie.

Esa noche, Claude había cambiado otra vez de estrategia. En vez de seguir adelante con la galería horizontal, comenzó un nuevo pozo a partir de ella. De nuevo se guió por los bloques, que, como las migas de pan del cuento, le marcaban el camino a seguir.

—¿Alguna novedad? —le preguntó Claude a Lessenne cuando llegó hasta él.

Lessenne, agotado, tomando grandes bocanadas de aire enrarecido, negó con la cabeza. Tenía los ojos muy abiertos y se le veían muy blancos en el rostro sucio, atravesado por regueros de sudor.

—Nada.

—¡Maldita sea! —exclamó Claude—. ¡Lhomoy!

Por un momento, nadie contestó; el único sonido, hierro golpeando la tierra.

—Eh, Lhomoy —llamó Lessenne esta vez.

—¿Sí? —El constante martilleo cesó, haciendo regresar un silencio perturbador, cargado de jadeos.

—Es el profesor... —dijo Lessenne, simplemente. Había que ahorrar el aliento.

—Llevamos cuatro metros, profesor, y nada —afirmó Lhomoy, que sabía lo que Claude iba a preguntarle.

—Siga, Lhomoy, siga —pidió Claude, nervioso. Y, en un susurro, añadió—: Se nos acaba el tiempo.

Ésta era su última noche, su última oportunidad.

Empezó a arrastrarse de vuelta a la superficie, avanzando hacia atrás, pues no había espacio suficiente en la galería para dar la vuelta. Llevaba recorridos menos de dos metros cuando sucedió: un cambio en el monótono golpear del metal contra la tierra, y el ruido de algo que se desprendió.

—¡Profesor... aquí hay algo!

La excitada voz de Lhomoy resonó de un modo distinto.

Sólo Claude se dio cuenta al instante del porqué: ahora había eco.

—Espérenme arriba —ordenó éste, inesperadamente sereno.

Lessenne y Lhomoy retrocedieron hasta el pozo para abrirle paso. Lo hicieron de mala gana. Estaban ansiosos por saber qué habían descubierto tras largos meses de duro trabajo, y qué era lo que buscaba con tanto empeño el profesor. Ignoraban que no podrían satisfacer su curiosidad esta noche, porque los planes de Claude eran otros. Y tenían que ver con el saco de ruda tela del que no se había separado en ningún momento.

Con envidia, le vieron adentrarse en la galería horizontal, dentro de un círculo de luz oscilante que se fue alejando poco a poco, y que se redujo a un tenue resplandor cuando Claude desapareció por el segundo pozo. Más curiosos que nunca, los dos hombres le oyeron después golpear algo demasiado duro para ser tierra.

–¿Verdad que es un muro, profesor? –preguntó Lhomoy–. Estoy seguro de que es un muro.

En las sombras, Lessenne asintió. Los golpes cesaron repentinamente y la luz de la lámpara de Claude vaciló por un instante.

Luego desapareció por completo, dejándolos en la oscuridad.

6

Pisa, 1503

Leonardo da Vinci llegó a Pisa en un carruaje de su propiedad, regalado hacía casi diez años por Ludovico Sforza, el *Moro*: un coche de cuatro plazas, pequeño, estrecho y poco estable, con tiro de dos caballos. Cuando la catedral estuvo a la vista desde el camino, el cochero avisó a Leonardo, como éste le había pedido que hiciera. La catedral y sus construcciones aledañas constituían un bello conjunto arquitectónico, malogrado por la inclinación de la torre, de la que era culpable un terreno inconsistente, poco adecuado para tanto peso en tan poca superficie. Ello no lo habían tenido en cuenta los constructores que la proyectaron, aunque, afortunadamente, se dieron cuenta a tiempo de su error de cálculo, y lograron corregir hasta cierto punto la peligrosa inclinación, mientras seguían adelante con las obras.

–Eso no dura ya ni dos años, señor Da Vinci –dijo el cochero, burlón, que ignoraba estas medidas correctoras de los arquitectos.

–Se está inclinando poco a poco –respondió Leonardo, que conocía bien esa cantinela–, pero mis cálculos, de ser acertados, le auguran una vida mucho más larga: siglos.

Tras la breve conversación, el carruaje siguió hasta perderse en la maraña de callejas de la ciudad. Próxima al centro se hallaba una casa propiedad de uno de los artistas más importantes y afamados de toda Italia e incluso de Europa; un hombre que practicaba con autoridad magistral la pintura, la escultura, la arquitectura e incluso la orfebrería: Alessandro di Mariano di Vanni Filipepi, más conocido como Sandro Botticelli, cuyo taller estaba en Florencia, como el de Leonardo. Unos años mayor que éste, pero casi de la misma edad, ambos habían compartido vivencias que les dejaron como poso una sincera amistad, algo enfriada por la distancia, el escaso contacto de los últimos años y cierta discrepancia de pensamiento, sobre todo en el plano religioso.

El coche se detuvo ante la fachada de su casa. A petición del cochero, un criado de Botticelli abrió las puertas del patio y los condujo adentro. La mirada triste, casi desolada, del muchacho no se le escapó a Leonardo. ¿Qué podía saber aquel jovencito acerca de los problemas de su señor?

—Chico —le preguntó cuando éste le abrió la portezuela del carruaje—. ¿Qué sucede aquí?

—Es el patrón, el patrón... —respondió a punto de llorar.

Leonardo le acarició el rostro para tranquilizarlo. Era un muchacho muy hermoso, aunque cojo, un defecto que el *Divino* no podía soportar. Y no por bajeza de espíritu, ni tampoco por altanería, sino porque toda muestra de dolor permanente, de sufrimiento constante y adherido a las personas, le hundía en el más absoluto pesar. Por eso no admitía en su escuela a jóvenes que no cumplieran su ideal de belleza, lo cual había dado tanto que hablar a las gentes.

—Dime, hijo, ¿qué le sucede a tu patrón? ¿Dónde está ahora?

—Seguidme, señor. Está en el piso de arriba. Hace días que no sale de allí para nada, y hasta la comida tenemos que dársela furtivamente, cuando se digna abrir la puerta un momento. Pero nunca le vemos, pues se esconde detrás y saca sólo el brazo. Algo muy malo le ocurre... Ayúdele, *signore* Da Vinci, por favor.

—No temas, que haré todo lo que pueda.

En ese momento, Leonardo se dio cuenta de que otro muchacho, con el mismo gesto afligido, le observaba desde un rincón del patio. Determinado a averiguar qué sucedía allí —y estaba de acuerdo en que debía de tratarse de algo grave por lo que estaba viendo en persona y por la carta de su amigo—, pidió al chico que lo llevara al aposento de Botticelli.

Arriba, Leonardo golpeó violentamente la madera con el puño. Sólo obtuvo el silencio como respuesta. Al cabo de unos segundos llamó de nuevo, aún más enérgicamente.

—¡Fuera! ¡He dicho que no se me moleste! —se escuchó la voz del artista, gutural y terrible, como si emergiera de las profundidades de una sima y reverberara entre las rocas.

—Sandro. Soy yo, Leonardo.
Unos pasos acelerados precedieron al ruido de un cerrojo. La puerta del aposento se abrió y, detrás, apareció un rostro que daba miedo: abotagado, con profundas ojeras, el pelo desaliñado y una mueca incalificable en la boca.
—¡El cielo ha escuchado mis súplicas! Entra, amigo mío, pasa adentro. No hay tiempo que perder.
—¿Qué...? —trató de decir Leonardo cuando Botticelli ya le había asido por la túnica y tiraba de él hacia el interior con un ímpetu que su abatido aspecto jamás hubiera hecho sospechar. El olor de la habitación era insoportable. La ventana estaba tapiada con unas maderas. A pesar de que afuera hacía un día espléndido, toda la luz prevenía de unos candiles que contribuían a cargar el ambiente con sus aceitosas emanaciones. También hedía fuertemente a orines.
—Leonardo, querido compañero, Leonardo, maestro... —repetía Botticelli.
Fue entonces cuando el *Divino* se dio cuenta de un detalle más: su amigo estaba ebrio. Le miró un instante, y ese instante, breve, le bastó para recordar muchas cosas. Cómo había cambiado. Años atrás, incluso había estado a punto de abrir con él un restaurante. Pero, sobre todo, rememoró la causa de su mayor alejamiento, el fanático Girolamo Savonarola, un loco que había acabado en la hoguera por hereje, ahorcado ante el pueblo de Florencia y luego quemado. Sandro le había seguido como un cordero sigue al perro pastor. Aunque Savonarola era más bien un lobo. Predicaba la vuelta a una moralidad estricta, tan estricta como sólo un hombre lleno hasta reventar de resentimiento puede exigir. Ponía como ejemplo a los españoles, pero de haber sido él español, de seguro que hubiera criticado la relajación de las costumbres. Seres así nunca están contentos, porque disfrutan con el sufrimiento ajeno y, tras la máscara del bien, ocultan su sed de poder, de venganza, de dominación.
Leonardo no podía comprender cómo su amigo había abrazado ese extremismo. De hecho, Botticelli fue acusado recientemente de prácticas contra natura con sus alumnos, y aunque todo quedó resuelto sin consecuencias, la cuestión no

era como para tomarla a la ligera. Leonardo sabía bien eso. De modo que la amistad entre los dos artistas había aflojado el lazo y se habían ido separando. Pero ahora aquel hombre derrotado, con el aspecto de un mamarracho, una caricatura de lo que fue, necesitaba su ayuda. Y es precisamente en los peores momentos cuando se demuestra la verdadera amistad, aquella que no atiende a conveniencias o se rasga por debilidad. La amistad de quien ha sido realmente amigo nunca se malogra del todo. Si Sandro le necesitaba, Leonardo estaba dispuesto a ayudarle. Siempre que estuviera en su mano hacerlo y el asunto fuera digno.

—¿Qué es lo que te ha pasado, amigo?
—Si tú lo supieras…
—Bueno, para eso me has pedido que venga, ¿no es así?
—Sí y lo siento. Lo siento porque te quiero bien, como sabes.
—Lo sé, lo sé. Pero no me tengas más sobre ascuas. Dime qué te sucede.

Botticelli se había sentado en la cama, y Leonardo estaba en el centro de la pieza, mirándole en pie, rígido como una estatua y cada vez más tenso.

—Leonardo, Leonardo… ¿Qué tal va tu escuela? ¡Qué tiempos aquellos en que frecuentábamos el taller de Verrocchio! ¿Tienes tú algún alumno verdaderamente notable? Yo sí; ahora tengo a un chico que me trajeron sus padres de un pueblo cercano que…

—¡Sandro, basta! No divagues y ve al grano. Me estás poniendo nervioso.

—Tienes razón. Pero antes necesito un trago.
—¿No crees que ya has bebido bastante?
—No. Te aseguro que, para lo que tengo que decirte, para lo que significa lo que tengo que decirte, no. No he bebido bastante. Necesito más. ¡Dios mío…!

Ante un Leonardo que empezaba a perder la paciencia por la comezón, Botticelli se puso a llorar. Sus gemidos eran desconsolados. Casi no podía hablar.

—Es horrible, horrible. No vas a creerlo. Es horrible. Los pobres muchachos…

–¡Tranquilízate, deja de gimotear como una niña y habla como un hombre! –dijo Leonardo en tono de orden, enérgico para tratar de que su amigo le obedeciera y las cosas empezaran de una vez a aclararse.

–Bien, bien –dijo Sandro, secándose el rostro con la sábana de su lecho y aparentemente más calmado–. No lo creerás. Y es una historia muy larga. ¿Cómo se ha llegado hasta aquí? Lo sé, pero es como si no lo supiera, porque no lo comprendo. ¿Cómo ha podido ocurrir? ¡¿Cómo?!

El hombre no pudo continuar. Su borrachera y el cansancio, unidos a la desesperación de su ánimo, lo llevaron a prorrumpir en un ataque de risa sardónica seguida de un desmayo. Leonardo estaba consternado e inquieto, pero se sobrepuso y llamó a un criado para que le ayudara a desvestir a su amigo y meterlo en la cama. Pidió también que le fuera preparado un baño para más tarde y que le llevaran un caldo bien caliente. Si dormía durante horas, no se lo daría, pero si despertaba le sentaría bien.

¿Qué asunto sería tan grave como para provocar semejante turbación en el ánimo de su amigo? Leonardo no había sospechado que el asunto llegara tan lejos cuando leyó la carta en que Botticelli le pedía ayuda. Mostraba urgencia, pero su formalidad no dejaba entrever tan gran amenaza como parecía cernirse sobre su autor.

QUERIDO AMIGO LEONARDO, DIVINO MAESTRO DE ARTISTAS, HOMBRE DE BIEN, SOLICITO TU AYUDA CON HUMILDE CELERIDAD. RUEGO A TU MAGNA PERSONA QUE ACUDA A MI LLAMADA. GRAVES CIRCUNSTANCIAS ASÍ LO REQUIEREN.

SANDRO BOTTICELLI

7

Gisors, 6 de junio de 1944

Lhomoy y Lessenne empezaban a inquietarse. El profesor estaba demorándose mucho en el pozo. Conforme a sus órdenes, habían ascendido a la superficie. Y aunque era un alivio sentir el frescor de la noche y ver el cielo sobre sus cabezas, tanto uno como otro estaban ansiosos. Desde que salieran, no habían desviado la mirada de la boca del pozo, esperando siempre que Claude asomara por ella la cabeza y les contara qué se ocultaba allí abajo. De los dos, Lhomoy era al que estaba más nervioso e impaciente. En su interior ardía de nuevo una vieja llama, el antiguo deseo que le llevó a excavar en los alrededores del castillo, tras las huellas del legendario tesoro de los templarios.

—¿Le habrá pasado algo? —preguntó Lessenne.

Lhomoy no respondió. Una ráfaga de viento frío lo hizo por él, agitándole los cabellos y produciendo escalofríos en sus brazos desnudos, aún cubiertos de sudor. Hay quien vería en esto una simple casualidad, el resultado de algún fenómeno atmosférico quizá difícil de prever, aunque natural. Otros, sin embargo, lo considerarían un signo, incluso una advertencia. La leyenda del tesoro de los templarios no era la única que corría por aquellas tierras. Había otras, mucho más oscuras. Los viejos se las contaban a quienes estuvieran dispuestos a escucharlas. Y lo hacían siempre con voz solemne y respetuosa, porque eso es lo obligado cuando se habla de los muertos, y más aún si se trata de muertos que se aparecen a los vivos.

Había fantasmas en el castillo de Gisors. Almas en pena. O eso se decía. En su mayor parte eran inofensivos. De éstos, el que más personas afirmaban haber visto era un hombre joven que daba la impresión de estar malherido y que iba disfrazado con un traje de bufón. Así, con un brazo cruzado por delante del cuerpo y agarrándose el costado derecho, atravesaba dolorosamente el patio para dirigirse a un cierto punto, siempre el mismo, donde se agachaba y parecía abrir alguna clase de trampilla, justo antes de desaparecer bajo tierra.

A los dos hombres no les habría tranquilizado saber lo cerca que estaba de ese lugar la entrada de su pozo. Como tampoco le resultaría tranquilizador empezar a recordar las otras historias de fantasmas, las de aquellos que no eran inofensivos, como la de un terrible demonio que, según se contaba, protegía el tesoro escondido en las entrañas del castillo, y que sólo podía ser derrotado en la medianoche del veinticuatro de diciembre…

El ritmo de sus corazones se aceleró de improviso, y a Lessenne hasta se le escapó un pequeño gritito cuando vieron surgir un brazo de la tierra. Era el de Claude, que emergió del pozo como un auténtico espectro. La luz azulada de la luna llena les mostró su semblante, negro de suciedad como los suyos, pero iluminado por una sonrisa capaz de encoger el alma; una que producía a un mismo tiempo simpatía e inquietud, la sonrisa de un hombre que ha encontrado lo que buscaba.

—Recójanlo todo. Deprisa —fueron las inesperadas palabras de Claude.

—Pero, profesor… —empezó a quejarse Lhomoy.

—Si no quieren morir, hagan lo que les digo.

No era una amenaza, sino un aviso. A ninguno de los ayudantes le pasó desapercibido que Claude ya no llevaba encima su inseparable saco de tela. Y, aunque ignoraban qué contenía, eso fue suficiente para convencerles.

—Allí no queda nada más que merezca la pena —afirmó el profesor, en lo que sonó vagamente como una disculpa.

La explosión fue violenta y repentina. Incluso Claude, que la esperaba, no pudo evitar encogerse. Los tres hombres estaban ya al otro lado de la muralla exterior de la fortaleza, muy lejos de la zona de peligro, cuando se produjo. Casi al instante se escuchó el agudo aullido de una alarma en la guarnición alemana.

Rostros perplejos, y aún adormilados, comenzaron a asomarse por las ventanas de algunas casas del pueblo.

Estaba hecho... Claude suspiró. La entrada de la capilla de Santa Catalina había quedado otra vez sepultada. La había buscado durante tantos años... Durante casi una vida. Pero todos los esfuerzos, todas las falsas pistas, los peligros y las desilusiones, todo aquel tiempo vagando por media Europa; todo eso quedaba pagado esta noche.

El diario secreto de Leonardo da Vinci era, por fin, suyo.

8

Pisa, 1503

La historia que me dispongo a relatar, amigo Leonardo, si la procelosa memoria no me traiciona, y soy capaz de ordenar los hechos tal como acontecieron, se inició hace muchos, muchos años. Tú y yo éramos jóvenes y estábamos llenos de ilusión, de deseos, de ganas de vivir. Recuerdo como si fuera ayer las discusiones que sosteníamos acerca de la religión. Yo era un creyente crítico y tú, un impenitente ateo. Mi mente buscaba la luz en Dios, mientras la tuya la buscaba en la razón. Siempre noté, y acepté, que tú volabas más alto. Por eso me enorgulleció que aquellos santos hombres pensaran en mí, y a ti te apartaran de su oculta sociedad. No eras fiable para ellos, al contrario que yo. Eras *peligroso*.

»Su religión era la cristiana; no había herejía en la doctrina. Pero su verdad, la verdad que protegían, estaba lejos de poder admitirse. De darse a conocer, haría tambalear los cimientos de nuestro mundo. Y seguramente llegaría a derribarlos bajo un peso demasiado grande para que la Iglesia y los poderosos la admitieran. Te hablo de un secreto como no hay ni habrá otro en el mundo; un secreto cuya protección hace pequeño todo sacrificio: el Santo Grial, amigo mío, el linaje de nuestro señor Jesucristo transmitido a través de su santa esposa, María Magdalena…

Boticelli narró a Leonardo cómo empezó todo. Corría el año de 1099, y en Tierra Santa un grupo de nobles caballeros, instalados en Jerusalén, fundó una orden para proteger el mayor secreto que se pueda imaginar. Ésta es la historia de:

La Orden de Sión

Hacía tres años que los soldados de la cristiandad habían liberado Tierra Santa del poder musulmán. Dios había dado fuerza a los brazos de quienes luchaban por él en el mundo. Y un hombre, sobre todos los demás, tenía el derecho de reinar, aunque no quiso hacerlo. Un hombre cuya visión dio el impulso necesario a las visiones de liberación, para llevarlas a buen término: Godofredo de Bouillon, el «Defensor del Santo Sepulcro».

La primera cruzada para rescatar la ciudad tres veces santa había comenzado en 1096. La dureza de la lucha llevó a toda clase de atrocidades. El hambre sustituyó a la ira, la bajeza a los nobles ideales, el horror a la linda imagen de la guerra de los caballeros franceses, ingleses, catalanes, castellanos... La guerra hizo aflorar en ambos bandos lo peor de cada uno, aunque también lo mejor. Por ello la guerra no hace a uno grande, pero es una de las raras ocasiones en que se puede demostrar auténtica grandeza. El espíritu de un hombre puede abarcar un mundo, o ser más pequeño que la cabeza de un alfiler. Y no siempre el que parece lo uno lo es en realidad, en lugar de ser lo contrario.

Godofredo de Bouillon sabía bien esto. Su sangre llevaba consigo la comprensión de todo aquello y de mucho más. Él pertenecía al Linaje de Linajes, a la descendencia de Jesús de Nazaret y María Magdalena. Una línea cuyas ramas habían sido —y acaso siempre lo serían— perseguidas con el afán de cortarlas. Ya hubo persecuciones antaño. Terribles y despiadadas. Incluso instigadas o guiadas por la mano de la Iglesia. El poder suele imperar sobre la fe, y el poder secular de la Iglesia imperaba sin duda, en aquel tiempo, sobre la fe de los espíritus. Las intrigas anegaban al papado. La luz siniestra de tantos y tantos príncipes de la Iglesia sumía el mensaje de Cristo en el fondo de un pozo. Arriba, el fango lo llenaba todo. Abajo, la pura agua se perdía sin que nadie la bebiera. Era una época dura, sanguinaria, inmisericorde. Godofredo de Bouillon no lo dudaba, ni quería combatirlo abiertamente. No era un ingenuo. Sabía que el momento —el momento de su Linaje— llegaría, aunque no sería pronto. Quizá en los próximos mil años.

Pero eso no era motivo para abandonarse y perecer. Al contrario: su misión era proteger al Linaje, a su Familia. Y para ello ideó una sociedad secreta que velara cuando él ya no estuviera. La fundó en 1099 sobre el monte Sión y, por ello, la llamó «Orden de Sión». Una secreta congregación de monjes que había querido alzar a Bouillon como rey de Jerusalén constituyó la semilla inicial. A ese núcleo se le unieron más adelante nuevos adeptos a la noble y sagrada causa. Muchos de ellos eran franceses, pues francés de origen había sido el Linaje cuando los descendientes de Jesús y María Magdalena se unieron a la familia real franca.

La Orden de Sión pronto se vio privada de su fundador. Godofredo murió al año siguiente. Su hermano Balduino tomó el relevo. Aceptó ser proclamado Rey de Jerusalén, y también continuó la labor con una nueva fundación, ya pensada por Godofredo: un brazo armado, legal, que defendiera el Linaje —esto sí en secreto—, y que por haberse fundado en una parte del Templo de Salomón en Jerusalén recibió el nombre de «Orden del Temple».

Todo ello, sin embargo, y a pesar del gran poder de los primeros fundadores, debía llevarse adelante en el máximo secreto. La Iglesia no debía saber nada. El papa habría de creer que aquella orden nacía para defender a los peregrinos cristianos en sus viajes a Tierra Santa. Y para ello, un hombre santo prestó su apoyo y disipó las dudas. Ese hombre era Bernardo de Claraval, San Bernardo, el reformador religioso de la Orden del Cister. Y así, la Orden del Temple se convirtió en una especie de suborden del Cister, con una regla muy parecida, pero formada por monjes guerreros.

La trama estaba urdida. Las manos sabias de los tejedores empezaban a lanzar el hilo. Las órdenes y los monjes estaban entremezclados. Para la mayoría sólo era verdad lo externo. Algunos, los más cercanos el núcleo, sabían la auténtica verdad. Los dignos de conocerla. Una orden dentro de otra, unos hombres con dos cometidos, uno importante, defender a los peregrinos; otro mucho más importante, incomparablemente más crucial, proteger al Linaje, al Santo Grial.

Más tarde, los templarios fueron acumulando enormes riquezas y poderes insospechados. Olvidaron que no eran indestructibles. Su fin llegó dos siglos después. Algo se salvó de la antigua orden, pero nada importante. Tesoros sin número se escondieron, pero eso carecía de auténtico valor. Sólo los hombres codiciosos los buscaron. El Linaje se salvó, aunque las armas ya no estaban ahí para defenderle. Y de ese modo se volvió a las catacumbas. Si antes todo se mantenía en secreto, ahora el secreto debía ser redoblado. Como un río en humedales, se hundía bajo tierra para algún día reaparecer ubérrimo y puro.

Si bien el Temple auténtico había desaparecido, unos reductos quedaron en Portugal y España. Ese nuevo y reducido Temple protegió otras reliquias, como la Sábana Santa. Pero ya ninguno de ellos sabía lo fundamental. Sólo la Orden de Sión se mantuvo firme. Para entonces, su nombre había cambiado. Se llamaba Priorato, el *Priorato de Sión*. Y sus fundamentos eran los mismos, pero ahora dando más valor a la estrategia de la ocultación. Se idearon métodos de cifrado para esconder el contenido de documentos. Si éstos llegaban algún día a ojos inadecuados, las mentes no podrían comprender su sentido.

La Iglesia quedó satisfecha con su destrucción del Temple. Pero una vez más, nada podía cortar del todo las ramas. El Árbol de Jesucristo crecía, robusto y mirando al cielo, desafiante con los poderes terrenales. Pues de haberse marchitado, no sólo se habría perdido la sangre de Dios en el mundo. No. Se habría perdido también la esperanza de un futuro mejor, que se alcanzaría cuando la humanidad estuviera preparada. ¿Acaso no prometió Jesús una segunda venida, ésta definitiva? Una venida que se materializaría en su descendencia cuando fuera necesario. Por eso había que proteger el Linaje con la vida, con el sufrimiento, con todo lo que fuera menester y necesario.

Sandro Botticelli nunca fue un santo. Pero se hizo a sí mismo santo para servir a la Orden y al Linaje. Para servir al Linaje a través de la Orden, del Priorato. Por eso llegó a Gran Maestre. Aunque el periodo más oscuro de la historia del Santo Grial, de los descendientes de Jesús, se inició bajo su mandato. Las más negras nubes descargaban ya su ira sobre el futuro del mundo…

—Pero, ¿por qué persigue César Borgia a esos que tú llamas descendientes de Cristo? —preguntó Leonardo, acabada la historia de la Orden de Sión, tratando de comprender.

Botticelli miró a su amigo unos segundos, como si estuviera buscando las palabras justas.

—No los persigue, Leonardo, no los persigue: lo que quiere es emparentar con el Linaje.

Aquellas palabras resonaron en la estancia como si ésta fuera enorme y el eco pudiera producirse. ¡César Borgia, el despiadado, quería convertirse en familiar de Cristo! Al menos según la historia de Botticelli.

—Sí, mi buen amigo. Ya veo que estás estupefacto. Pero es la verdad. Su poder está en declive. Hace un año interceptó unos documentos secretos. Estaban cifrados. No sé cómo, pero logró descifrarlos. Alguien muy sabio tuvo que asistirle.

Leonardo sintió una especie de ahogo en ese momento, al recordar unos fragmentos de texto que descifró para Borgia hacía precisamente un año. Si sus sospechas eran ciertas, había servido al mal sin darse cuenta. Una vez más. Juró no volver a hacerlo después de su otro encargo de los Borgia: la copia de la Síndone. Pero el mal es como una enredadera que, una vez agarra, lanza sus ramas y se adhiere incluso a la más pura superficie.

—Sigue, por favor —dijo Leonardo a Sandro, viendo que éste se había detenido al notar su ausencia.

—Borgia lo sabía todo. O al menos lo fundamental. Supo que yo era el protector del Linaje. Y me amenazó con acusarme de nuevo de trato carnal con varones. El pecado nefando —suspiró Botticelli con los ojos trémulos—. Y aportaría falsos testigos a los que el Santo Oficio creería por no enfrentársele. Es un hombre despiadado, Leonardo. Tú lo conoces bien, pues has trabajado para él. Cuando me imaginé en la horca o en la hoguera, tuve pánico. Quise ser fuerte. Se lo pedí a Dios con todas mis fuerzas. Pero me había abandonado por mi cobardía... Confesé todo. Destruí aquello por lo que tantos dieron su vida. Los traicioné como un vil bellaco.

»Después vi desde una loma, oculto en el bosque, entre lágrimas, cómo César capturaba a los dos chicos, los hermanos mellizos descendientes del Linaje. Me escondí luego aquí, en Pisa, junto a mi pecado. Hasta que supe a dónde los habían llevado por un informador· de la Orden. Y entonces pensé que si no había sido hasta ese momento un hombre, a partir de ahora lo sería. Que pasara lo que tuviera que pasar. Estaba dispuesto a morir si hacía falta. Y lo estoy si es necesario. Ya nada me importa salvo la misión que juré cumplir y el linaje que juré defender. Sólo necesito de ti una pequeña ayuda: los planos de una fortaleza de la Romaña cuyas defensas tú proyectaste para Borgia. La Orden tiene varios soldados muy diestros que, conocido el mejor camino, pueden rescatar a los muchachos en un golpe de mano, burlando la tenaz defensa de la fortaleza.

Leonardo había estado escuchando toda la historia como quien tiene una visión de la Virgen. No podía creer una palabra con su mente, pero el corazón le decía que todo aquello era cierto. Se enorgulleció porque su amigo le tomara a él como medida, cuando le dijo al principio cuánto le satisfizo ser elegido por la Orden, mientras que a él prefirieron dejarle de lado por su exceso de racionalismo. También le apasionó la historia de la propia Orden, por mucho que su mirada siempre estuviera en el futuro, en lo por venir. Comprendió también la necesidad de su amigo de apoyar a Savonarola como medio de proteger el Linaje. Nada había acontecido por casualidad; todo fue necesario. Pero ahora las cosas estaban muy negras, como nubes de galerna. No podía negarse a prestar a su amigo la ayuda que le solicitaba. Máxime cuando estaba claro que el fin era justo y los medios, necesarios. El único peligro para él era César, hombre malvado pero sagaz, al que no se escaparía el detalle de que Leonardo, proyectista de las defensas de la fortaleza, era amigo de Botticelli. Eran nudos fáciles de atar incluso para alguien de mediano seso, cuanto más para el joven Borgia, cuya mente competía con las de los hombres más capaces de su tiempo. Sin embargo, y a despecho de un coletazo final, César estaba en las últimas. La muerte de su padre le había restado gran parte de su poder. Y si le arrebataban a los herederos del Linaje, entonces podría decirse que estaba perdido del todo.

Cómo se arrepentía Leonardo de haber copiado la Síndone para los Borgia hacía un año... Fue débil y cobarde, como ahora

Botticelli, y por eso le comprendía bien. Aunque debía asegurarse de ciertos detalles para quedarse convencido.

–Sólo una cuestión, amigo Sandro: ¿cómo puedes estar seguro de que tal Linaje de Cristo existe, y no es un mito transmitido a lo largo de los siglos, como tantos otros? ¿No será una reliquia más sin fundamento?

Las palabras de Leonardo no eran duras porque quisiera ofender a su amigo, sino para mover su conciencia a revelarle todo o reconocer la locura de su posición. En cualquier caso, estaba dispuesto a ayudar, pues si César creía en el Linaje, los dos chicos, de carne y hueso, estaban en peligro de muerte y sin culpa de nada.

–Leonardo, Leonardo, ¿cómo iba a escapársete a ti algo tan evidente? Yo pensé lo mismo cuando la Orden tomó contacto conmigo. Al principio, mi fe bastó para unirme a ella. Luego, cuando ascendí en su escalafón, tuve acceso a ciertos documentos, primero sin conocer la clave que los cifraba, sólo por lo que decía el Gran Maestre que contenían. Éramos doce los que teníamos tal privilegio. Pero después, ya entre los Tres dirigentes, en ese grupo selecto de conocedores sin traba, pude leer yo mismo aquellos documentos y convertir mi fe en certeza. Estos documentos tú los verás. Te revelaré la clave. Ahora yo soy Gran Maestre de la Orden. Mis dos lugartenientes han muerto a manos de César.

–Te daré mi mano en todo, reharemos si quieres tu Orden o cambiaremos lo que haga falta. Te ayudaré a salvar a los pobres chicos…

–Gracias. Oh, gracias, querido mío. Cuando veas los documentos –dijo Sandro cortando a su amigo, y con la diestra alzada–, cuando los leas… Pero no hablemos de ello ahora. Es una discusión fútil que no sirve a ningún fin. Tenemos cosas más urgentes e importantes en que pensar. Debemos entrevistarnos con Martín Fernández de Arjona, el capitán español que guiará a los otros hombres en esta arriesgada misión. Ojalá no sea desesperada…

9

París, 2004

Catalina sacó del bolsillo una hoja arrugada y comprobó de nuevo la dirección. Sintiéndose algo perdida, de pie sobre la acera, miró a uno y otro lado de la calle. Hacía fresco, demasiado para principios de verano y mucho más que en Madrid, desde donde había tomado un vuelo con destino a París esa misma mañana. Sobre su cabeza, varias nubes dispersas empezaban a unirse y a adquirir un tono gris. Pronto, la lluvia bañaría los distinguidos edificios a su alrededor y caros zapatos mojados ensuciarían los suelos de mármol de sus portales. También el del edificio que ella buscaba. En su puerta, una placa bruñida tenía escrito: «D'Allaines & Monteux Advocats».

Le había costado mucho dormirse la noche anterior, víspera de su trigésimo tercer cumpleaños; la edad de Cristo, como se suele decir, aunque Catalina, al oír esto, siempre pensaba que Cristo también tuvo treinta y dos años, y treinta y uno, y treinta... Estaba ansiosa por averiguar qué le esperaba ahí dentro.

Había recibido la inesperada llamada dos semanas antes, por la tarde, al volver de su trabajo en el periódico. Enseguida le llamó la atención el suave acento de quien estaba al otro lado de la línea: una mujer que dijo ser secretaria de un despacho de abogados de París. Su socio principal había sido elegido albacea por el abuelo materno de Catalina, con la misión de hacer cumplir una cláusula especial de su testamento. Conforme a ésta, debían serle entregados ciertos bienes cuando ella cumpliera la edad de treinta y tres años, por lo que el bufete requería su presencia en París.

Esto la dejó algo sorprendida. No sabía casi nada sobre su abuelo, de «Claude el chiflado», como le llamaba aún gran parte de su familia. Apenas que fue historiador, o arqueólogo, o ambas cosas, y que murió hacía unos veinticinco años, cuando ella sólo tenía cerca de diez. Se salió de un tramo recto de una carretera, en algún sitio del norte de Madrid, porque iba demasiado rápido. Su coche se estrelló contra un árbol, y murió instantáneamente, al golpearse la cabeza contra el volante. Todo lo que su abuelo tenía pasó entonces a pertenecer a su única hija, la madre de Catalina. O eso es lo que ésta había creído hasta ahora. Por lo visto, su abuelo había guardado algo para ella: unos «bienes», había dicho la secretaria del bufete, que por alguna razón sólo debían entregarle cuando Catalina cumpliera la edad de treinta y tres años.

Recordaba que, por un momento, había estado a punto de colgar, diciéndose que debía de tratarse de algún tipo de broma. Pero no fue capaz de imaginar quién podría estar gastándosela, así que siguió escuchando a aquella desconocida que hablaba con una voz perfectamente formal y con un leve acento francés. Y, ahora, dos semanas después, se encontraba en París, enfrente de un lujoso portal de la calle Rivoli. Si resultaba ser en verdad una broma, no podría negarse que había caído en ella.

Ya en el interior del edificio, Catalina le indicó su nombre al conserje, que llamó por teléfono al bufete antes de indicarle el piso donde éste se encontraba. No tuvo problemas para entenderse con él. Después de todo, el francés de Catalina, que su madre había insistido tanto en enseñarle, no estaba tan oxidado como creía.

El ascensor se detuvo en el último piso con un dulce dingdong. Alguien la esperaba cuando salió de él, una mujer a medio camino de los cincuenta y aire competente que le estrechó la mano al tiempo que la saludaba diciendo:

—Buenos días, soy Monique Bergier, la secretaria del señor D'Allaines. Hablamos por teléfono hace dos semanas... Y usted debe de ser la señorita Penant.

—Sí, bueno, en realidad ése es mi segundo apellido —dijo Catalina—. Mi madre era francesa.

La secretaria asintió con la cabeza, sonriendo, y luego le pidió amablemente que la siguiera por un corredor largo y suntuoso. De sus paredes colgaban numerosos cuadros, enmarcados en ricos soportes y con lámparas individuales alumbrándolos. En el aire flotaba una música agradable.

El cuidado parqué del recibidor dio paso a una alfombra gruesa, que amortiguaba el sonido de los pasos. Más adelante, el corredor iba a parar a una sala amplia, de aspecto funcional. Junto a la puerta, había una mesa de diseño moderno, donde todo estaba escrupulosamente ordenado, y en la pantalla de un ordenador que había sobre ella podía leerse el nombre del bufete, al igual que en la placa de la entrada del edificio.

—Haga el favor de esperar un momento —pidió la secretaria—. Voy a comprobar si el señor D'Allaines puede atenderla ya.

La secretaria entró en su despacho tras llamar levemente con los nudillos. Unos segundos más tarde salió el propio D'Allaines, un rechoncho caballero francés de expresión bonachona, que rozaba los ochenta años.

—Buenos días, señorita Penant. Soy Bernard d'Allaines. Bienvenida a París —la saludó en un español donde las erres sonaban a ges, y en el que todas las palabras eran agudas y parecían más cortas de lo debido.

—Ése es el... Encantada, señor D'Allaines.

Catalina iba a aclarar, como había hecho con la secretaria, que Penant era el apellido de su madre, pero llegó a la conclusión de que resultaría inútil.

—Pase, se lo ruego *(p'sé, se lo güegó)* —la invitó el abogado, sujetando la puerta.

La secretaria se retiró, dejándolos a solas, y Catalina pudo admirar la decoración por unos instantes. El despacho estaba elegante y lujosamente decorado, sin extravagancias. Era el lugar de trabajo de un hombre rico, uno cuya familia ya no recuerda, desde hace generaciones, lo que es pasar necesidades. Al otro lado de los cristales se veía el tráfico y el ajetreo de la calle. En el silencio y la quietud de aquella sala parecían lejanos e irreales, igual que el sonido de la lluvia que empezaba a caer.

Por encima de una chimenea de piedra había un tapiz que representaba la escena de una batalla, y que competía con los valiosos cuadros repartidos por las otras paredes. Catalina creyó reconocer alguno de ellos, y se preguntó si realmente se trataría de meras copias o de originales. Los refinados y, sin duda, carísimos muebles estaban colocados graciosamente en la sala, de un modo que daba pruebas del gusto refinado de su dueño, como todo lo demás.

–Por favor, siéntese –pidió D'Allaines, acomodándose él también en su propio asiento; pero, en su caso, con la infinita parsimonia, el sobrehumano esfuerzo, común a todos los obesos–. ¿Me permite ver algún tipo de identificación? Le ruego que me disculpe, es una mera formalidad, resulta innegable que usted es nieta de Claude –aseveró, sin dar más explicaciones, de repente nostálgico–, pero ya sabe cómo son estos aburridos trámites burocráticos.

Catalina había estudiado periodismo. Recordaba vagamente haber tenido una asignatura de derecho en primer curso, y a eso se limitaban sus conocimientos sobre el tema. Así que, no, en realidad no sabía cómo eran esos trámites burocráticos, aunque se hacía una idea de lo terriblemente aburridos que podían resultar.

–Por supuesto. Aquí tiene –dijo, entregándole su carné de identidad.

D'Allaines comprobó el documento con un rápido vistazo, y luego se lo devolvió a Catalina.

–Bien, como albacea de su abuelo, tengo el deber de ejecutar… –empezó a decir el abogado, de un modo profesional, casi mecánico. Pero, tras una breve pausa, abandonó completamente ese tono y dijo–: Verá, señorita Penant, fui abogado de Claude durante más de veinte años y siempre me trató como a un hijo, de modo que, si usted lo desea, puedo obviar algunas formalidades. Imagino que estará ansiosa por descubrir esta última voluntad de su abuelo.

–Señor D'Allaines, me ha leído usted el pensamiento –dijo Catalina, que no dudó en guiñarle un ojo al orondo abogado en señal de complicidad.

Aparentemente encantado por el atrevido y, hasta cierto punto, inadecuado gesto, D'Allaines se levantó de su butaca, esta vez con una insólita gracilidad, como la de un hipopótamo ca-

49

minando sobre nenúfares, y se dirigió a una caja fuerte empotrada en una pared. Con dedos ágiles, marcó la combinación correcta y la puerta de acero reforzado se abrió.

–Aquí lo tenemos –dijo el abogado.

A Catalina se le hizo un vacío en el estómago al oír esas palabras. Y se le ocurrió que no sólo por el interés o por la curiosidad. Tuvo la extraña aunque nítida sensación de que lo que estaba a punto de suceder era el comienzo de algo insólito. Conteniendo el aire en sus pulmones, vio cómo el abogado regresaba a su butaca con un sobre. Para tormento adicional de los nervios de Catalina, D'Allaines examinó con interés unas notas manuscritas que había en él. Luego extrajo lo que contenía y, tras una lectura rápida y un leve carraspeo para aclararse la voz, anunció:

–¡Enhorabuena! Conforme a este documento, debe serle entregado el título de propiedad de un inmueble y su correspondiente parcela situados en la localidad de Gisors, en el norte de Francia, así como la cantidad de cuarenta mil ochocientos francos. Debo aclarar que éste es un valor debidamente actualizado, que corresponde a seis mil doscientos veinte euros. Para que la voluntad de su abuelo se haga efectiva, basta con formalizar la escritura de aceptación de la herencia. En este sentido, debe saber que no existe ningún acreedor, deuda o servidumbre que pese sobre la misma. Por otra parte, tendrá que liquidar los impuestos correspondientes, y registrar la propiedad a su nombre, para que todo quede satisfactoriamente conforme a la ley.

Después de estas aclaraciones, el abogado alzó la mirada, y un simple vistazo fue suficiente para hacerle notar la decepción que traslucía el rostro de Catalina.

–¿Le ocurre algo, señorita Penant? ¿Esperaba, quizá… hum, otra cosa? –agregó, eligiendo las palabras para no hacer una insinuación descortés.

Precediendo su respuesta con un suspiro, Catalina dijo:

–Sí, supongo que sí.

Confiaba en que el abogado no hubiera malinterpretado su reacción, atribuyéndola a una avaricia no satisfecha. Catalina agradecía el detalle de su abuelo, y no esperaba más de él; de hecho, hasta dos semanas antes, no había esperado nada de él. Además, lo cierto es que no tenía problemas económicos. Sus padres murieron cuando ella era una adolescente, y todo lo que poseían, incluida la cuantiosa herencia que su abuelo Claude le dejó a su madre, fue a parar a sus manos –una tía suya, hermana de su padre, se hizo cargo de Catalina y gestionó la herencia hasta que ella alcanzó la mayoría de edad–. Así es que los seis mil euros estaban bien, y la propiedad de Gisors estaba bien, pero ella realmente había esperado otra cosa, algo… no sabía muy bien cómo describirlo, algo menos mundano. Le costaba creer que su abuelo le hubiera hecho esperar casi veinticinco años para entregarle una casa y algo de dinero. Aunque, teniéndolo todo en cuenta, ¿no se suponía que estaba loco?

No compartió estos pensamientos con D'Allaines, que, sin embargo, asintió con la cabeza en un gesto comprensivo. Pero ¿de verdad la comprendía?, se preguntó Catalina.

–Bien, aún quedan dos sobres por abrir. Quizá, en su interior, encuentre lo que espera –la animó el abogado.

–¿Dos sobres…?

–Así es –confirmó el abogado. Lo hizo con una voz extraña, como si hubiera algo incómodo u oscuro relacionado con dichos sobres.

En un silencio pesado, casi molesto, D'Allaines abrió su maletín, cerrado con llave. A Catalina le pareció curioso que estos otros dos sobres no estuvieran guardados en la caja fuerte de su despacho, al igual que el primero. Sin embargo, D'Allaines no le dio explicaciones y Catalina decidió no pedírselas por el momento.

Otro hecho curioso era que los dos nuevos sobres estaban lacrados, a diferencia del anterior.

–Por favor, ábralos –pidió Catalina, impaciente.

–Me temo que no puedo hacerlo… –dijo el abogado.

10

Vinci, la Toscana, 1503

El taller florentino de Botticelli no era un lugar seguro. Leonardo prefirió evitar también el suyo por idénticas precauciones. Y tampoco en Pisa estaban a salvo. Por tanto, la mejor alternativa que se le ocurrió al *Divino* fue que se ocultaran en la casa que le vio nacer. Ésta se hallaba en su pueblo natal de Vinci, situado no lejos de Florencia, en el campo, a unas seis leguas. En él podrían evitar indeseables sospechas. Leonardo pidió a Botticelli que se trasladara de inmediato a Vinci, junto con Martín Fernández de Arjona. Él se les uniría después, ya con los planos de la fortaleza de Borgia, que podrían estudiar con detenimiento. Al capitán no debían acompañarle sus hombres, pues la pequeña casa no alcanzaría para alojar a todos allí como era debido. Eso no era problema, ya que el capitán español podría explicar luego los detalles del plan que consiguieran elaborar.

Botticelli se presentó, sin embargo, con otro hombre más, aparte del capitán: fray Giacomo, el asistente del abad muerto por Borgia en la aciaga noche del secuestro de los descendientes de Cristo. El fraile era un hombre instruido, conocedor de las estrategias de los antiguos, que se había mantenido oculto de las miradas de los otros monjes del convento bajo una sencillez ficticia, impuesta por los acontecimientos y la misión. Todo había fallado, sin embargo. Borgia utilizó la sorpresa y eso le valió una victoria completa.

Pero de nada servía lamentarse. Ahora tocaba actuar. Iniciar los preparativos para el contraataque, empleando la misma táctica que Borgia. Aunque, tratándose de acceder a una fortaleza protegida por decenas de soldados bien armados, en lugar de un convento de frailes, la sorpresa consistiría en utilizar las zonas más desprotegidas, semiocultas, aquellas que nadie habría pensado en guarnecer. La precisión del asalto y el sigilo eran las mejores armas. Tendrían que atacar furtivamente: alcanzando su objetivo y retirándose antes de que los enemigos tuvieran tiempo de reaccionar. De otro modo, la misión fracasaría.

Leonardo desplegó los planos de una de las nueve fortalezas cuya seguridad había reforzado para Borgia en la Romaña: la de Cesenático, una localidad con puerto en el mar Adriático. Los cuatro hombres se colocaron frente a los planos para estudiarlos detenidamente. El capitán debía idear la estrategia a seguir en función de las explicaciones de Leonardo. A ello le ayudaría el fraile, ya que el español no sabía leer en un plano más allá de lo que era de suponer por su condición de militar.

—Aquí está la salida de un túnel que da al campo, y que César me ordenó proyectar para él, para que pudiera escapar en caso de amenaza insalvable —dijo Leonardo, señalando el plano con una varita de madera.

—Pero ese acceso estará vigilado. Si no en el extremo, sí en el acceso desde la fortaleza. No sirve —afirmó con seguridad el capitán.

—Estas otras zonas tienen, a ambos lados de la muralla, unos accesos a los sótanos de la fortaleza. Pero están cerrados con verjas de hierro.

El capitán observó el plano, consideró lo que Leonardo decía, y reflexionó unos instantes, meditabundo.

—Sí, esos desagües no deben estar protegidos por guardias, porque lo difícil es llegar hasta ellos...

—A plena luz del día —intervino fray Giacomo.

—Así es —aceptó don Martín, de nuevo categórico—. Sin embargo, la verja...

—¿No sería posible quebrarla, serrarla, romperla de alguna manera? —preguntó Botticelli, pues quería ayudar aunque fuera el menos ducho de los tres.

—Se podría hacer eso sin demasiados problemas —respondió el capitán—. Pero no sin hacer ruido. Sólo se podría entrar por ahí en tal caso.

—O distrayendo a los soldados con un ruido aún mayor —dijo Leonardo.

—Cierto, cierto, aunque entonces se perdería el factor sorpresa. Las cosas eran difíciles. Precisamente las defensas proyectadas por Leonardo, proyectadas con su maestría habitual, ahora les dificultaban la misión. Nunca hubiera imaginado el *Divino* que sería él mismo quien debiera superarse en ese terreno. Resultaba tristemente irónico. Pero lamentarse no resolvía nada. Eso es algo inútil cuando es necesario actuar.

—Descubrir el modo de llegar sin ser oídos ni vistos va a ser una tarea difícil. Por uno de los lados hay campo abierto, donde es imposible ocultarse, y por el otro está el canal que atraviesa Cesenático. Creo que hasta podríamos conseguir llegar hasta él, ocultos entre las sombras y en el mayor sigilo, pero es imposible vadearlo.

—No —dijo Leonardo con un brillo enigmático en la mirada—. Es posible hacerlo. Pero nos llevará algún tiempo. Semanas.

—Tendrán que ser días, querido amigo —terció Botticelli, sin atreverse aún a dar rienda suelta al júbilo que le provocó escuchar las palabras de Leonardo, donde se adivinaba una solución para un problema que parecía ser irresoluble.

—Días, quizá. Una semana, sí. Puede hacerse —dijo Leonardo con la mano en su barba. Había tenido una idea. Sólo con otra de sus genialidades podía vencerse una defensa genial y casi perfecta, hija de su prodigiosa mente.

—¿Y cómo pensáis conseguirlo, maestro? —inquirió el capitán, picado en su orgullo militar pero ansioso de saber lo que aquel hombre tenía en mente.

—Será mejor que os lo dibuje…

El *Divino* tomó un carboncillo y una hoja de papel y empezó a hacer trazos. Bajo su firme mano de artista fue apareciendo una especie de criatura, de ser, más bien, con forma humana pero rasgos inconcebibles. Incluso el fraile exclamó un ahogado «¡Oh!», cuando contempló la figura en su integridad, sin entender nada.

—Esto es un traje de mi invención —dijo Leonardo a su absorto público—. Un traje hermético que sirve para caminar bajo las aguas respirando como en la superficie.

Un nuevo «¡Oh!», esta vez más fuerte y prolongado, emergió de las gargantas de los tres hombres que escuchaban. Botticelli incluso se echó hacia atrás un paso, como si acabara de ver un fantasma.

—Con este traje —continuó Leonardo—, los hombres pueden remontar el canal sumergidos en él, y emerger ya dentro de la fortaleza, por los desagües, sin llamar la atención de los guardias, en total y completo sigilo. No está todo solucionado, sin embargo, porque hay que fabricar unos tubos para el aire lo bastante largos además de los trajes que sean necesarios. Pero, sí, lo afirmo, es posible. Siempre que regresemos a Florencia y nos pongamos a trabajar ahora mismo.

—El tiempo corre en nuestra contra —dijo Botticelli, y apretó los labios.

Leonardo asintió:

—Así es, amigo mío, así es.

11

París, 2004

La sensación de Catalina de que algo inesperado estaba a la vuelta de la esquina regresó con más fuerza que nunca. El obeso abogado la contemplaba expectante, esperando su respuesta.

—¿Qué quiere decir con que *no puede* abrir estos sobres? —preguntó a D'Allaines.

—Eso mismo, mi estimada señorita. Conforme a la voluntad de su abuelo, sólo me está permitido acceder al contenido del sobre no lacrado. De modo que aquí tiene.

El abogado le entregó a Catalina los otros dos sobres. Y en este gesto se notó un alivio difícil de entender.

—No pesan mucho —comentó ella, sopesándolos.

—No.

—¿Y no tiene ni idea de lo que contienen?

—Así es. —Apurado quizá por dar dos respuestas consecutivas tan breves, el abogado añadió—: A mediados de los años setenta, concretamente a finales de 1976, su abuelo cambió el testamento para incluir una disposición especial, en virtud de la que debían serle entregados a usted la propiedad de Gisors y la cantidad de dinero que le he indicado antes. Además... eh.

D'Allaines vaciló. No se sentía muy cómodo con lo que venía a continuación. Dirigió una mirada a Catalina en la que ésta percibió un repentino cansancio, una especie de tristeza, más bien. Estaba ponderando si valía la pena contarle a la nieta de su antiguo amigo y cliente algo que podría resultarle doloroso.

—Por favor, siga.

—De acuerdo. De acuerdo —repitió, para darse ánimos—. Su abuelo me entregó estos dos sobres lacrados el mismo día en que realizó ese cambio final en su testamento, para incluirla a usted en él. Y, en un primer momento, no me encomendó ningún... eh, tratamiento especial para ellos. Pero eso cambió años después. Quizá sepa que, al final de su vida, su abuelo pasó por momentos difíciles..., confusos, sería más apropiado decir. Fue algo realmente penoso ver cómo se perdía, a pasos agigantados, un hombre de la inteligencia y las capacidades de Claude. Empezó a comportarse de un modo inverosímil y a hacer cosas que sólo podrían calificarse de paranoicas. Le ruego que no me obligue a ser más explícito. Y estos dos sobres lacrados se convirtieron en parte de una de esas paranoias un mes antes de su muerte en 1981. –D'Allaines posó una mano encima de ellos, que se apresuró luego a retirar–. Entonces, me pidió que se los entregara, quizá para hacer algún cambio de última hora, y a continuación me los devolvió. No lograría expresar cuánto insistió su abuelo en que los sobres dejaran de estar guardados aquí, en el despacho. Y cuando yo le recordé que se encontraban dentro de la caja fuerte, él respondió que no era suficientemente segura; esas fueron sus palabras exactas, que «no era suficientemente segura». –D'Allaines hizo una nueva pausa. Su mirada se perdió por un instante, haciendo memoria del pasado acontecimiento–. El hecho es que su abuelo me dio instrucciones muy precisas al respecto de cómo ocultar estos sobres: nadie debería conocer el escondite, ni siquiera mi socio o mi propia esposa; no debería usar una caja de seguridad que pudiera asociarse conmigo o con el bufete; tendría que cambiar el escondite periódicamente... Le puedo garantizar que cumplí todas y cada una de estas peticiones, y que hice honor a la palabra dada a su abuelo. Estos sobres han estado ocultos durante estos largos años, y apostaría mi vida a que nadie sabe lo que contienen.

Catalina estaba segura de ello. Era conmovedora la lealtad de este hombre, que había ejecutado con abnegación y absoluto rigor una tarea disparatada, impuesta por una mente a la que consideraba fuera de sí.

—¿Dónde han estado escondidos los sobres?

D'Allaines sonrió, recuperando un poco de su buen humor, y luego dijo:

–Un viejo abogado como yo, con tantos años de profesión, conoce ciertos trucos que a veces resultan muy convenientes. Y no considero apropiado explicarle en qué consisten esos sucios trucos a una joven tan encantadora.

–Déjeme adivinar: eso pondría en peligro mi inocencia, ¿verdad?

–Eso es. Sí.

–Está bien, voy a confiar en su buen juicio al respecto, pero, a cambio, debe contestarme a una pregunta.

–Me parece justo.

–¿Hubo algún asalto aquí durante aquella época, cuando mi abuelo cambió su testamento, o tal vez después de su muerte?

–No –respondió D'Allianes, categórico.

–¿Está seguro?

–Completamente.

–Era por simple curiosidad. No puedo evitar hacer todas las preguntas que se me ocurren. Es así desde que era pequeña. Por eso me hice periodista.

–Y estoy seguro de que es una excelente profesional –dijo D'Allaines, amable, con su expresión bonachona–... Bien, ha llegado el momento. Esto lleva oculto veintitrés años, mi querida señorita, esperando al día de hoy, en que usted cumple treinta y tres.

Fuera o no la locura de su abuelo la causa de tanto secreto y misterio, Catalina no pudo evitar sentirse intrigada.

–¿Se ha fijado en que treinta y tres es la edad de Jesucristo? –preguntó ella.

Aunque el abogado no sabía la razón de esta pregunta –tampoco la propia Catalina, en realidad–, contestó:

–En efecto, Cristo *murió* con treinta y tres años, pero estoy seguro de que antes de eso tuvo treinta y dos años, y treinta y uno, y treinta...

–Sí, eso creo yo también... –respondió Catalina, absorta, con la mirada fija en los sobres–. Vamos a ver qué hay aquí dentro.

–Sólo un instante, se lo ruego.

Sin añadir nada más, el abogado se levantó. Y se dirigía ya hacia la puerta del despacho cuando ella comprendió lo que iba a hacer.

—No tiene que marcharse si no quiere.

—El contenido de esos sobres es confidencial.

—Pero a mí no me importa que usted vea lo que hay en ellos.

—A usted no, señorita Penant, pero a su abuelo sí.

Catalina asintió y, bromeando, dijo:

—Siendo usted tan honrado no va a durar mucho en este negocio.

Una nueva sonrisa fue la respuesta del anciano, que abandonó el despacho cerrando la puerta tras de sí.

Al parecer, Catalina estaba sola. Y únicamente mucho después comprendería cuán cierto era eso. Rasgó el primer sobre, uno cualquiera de los dos, puesto que nada de lo que estaba escrito en ellos indicaba en qué orden debían ser abiertos.

—El orden de los sumandos no altera la suma —murmuró Catalina, recordando sus estudios de matemáticas, todavía mucho más difusos y lejanos en el tiempo que su asignatura de derecho.

En un primer momento creyó que el sobre estaba vacío. Sólo al ponerlo bocabajo y agitarlo sobre la mesa comprobó que no era así. Contenía algo, al fin y al cabo. Algo ciertamente inesperado.

—¡¿Una pieza de puzzle?! —exclamó, cogiéndola entre dos dedos y girándola para observarla en detalle.

Aunque no había mucho que ver: la parte anterior de la pieza tenía algún tipo de símbolo dibujado, una especie de nudo marinero; y, en la trasera, se distinguía un simple fragmento casi borrado de una palabra impresa. Ni lo uno ni lo otro hacía posible identificar la imagen del puzzle al que pertenecía esa pieza. Y aunque no fuera así, ¿qué conclusión podría sacar, qué pista sobre la última voluntad de su abuelo, qué... mensaje?, se preguntó.

El contenido del otro sobre lacrado no resolvió estas dudas, sino que las profundizó, aunque se tratara en parte de objetos más comunes: un ejemplar corriente de *La isla del tesoro,* de Robert Louis Stevenson, y un tomo de hojas mecanografiadas y encuadernadas seguramente por su propio abuelo, que parecían contener recetas y notas culinarias. Este segundo libro, si es que podía llamársele así, tenía el ostentoso y exótico título de «Códex Romanoff», que un error tipográfico había transformado en «Códex RRomanoff», con dos erres en vez de una. A Catalina le sorprendió descubrir que en este segundo sobre había también una pieza de puzzle, idéntica a la otra.

Puso los cuatro objetos sobre la mesa, unos al lado de los otros, y los observó atentamente. Aunque no llegó a ninguna conclusión satisfactoria. Es más, su atento examen hizo surgir otra pregunta sin respuesta: ¿Por qué la primera pieza de puzzle estaba en un sobre, y los dos libros y la segunda pieza en otro, cuando obviamente habría cabido todo en uno solo? Al final, ¿podría el orden de los sumandos alterar la suma?

—¿Ahora qué? —le preguntó a la habitación vacía.

Y para esta pregunta sí se le ocurrió una respuesta: Gisors.

12

Cesenático, la Romaña, 1503

César Borgia despertó empapado en sudor y preso de una terrible agitación. Un sueño recurrente, que se repetía casi todas las noches desde hacía ya demasiadas, volvió a asaltarle y sumirle en el miedo y la turbación. Veía a su padre en la gran cama del aposento vaticano. La cama tenía una colcha púrpura, recamada de piel de armiño. En torno al lecho, decenas de velones blancos emitían su luz amarillenta. El papa agonizaba, con el rostro como queriendo invertirse hacia el interior, chupado. De su garganta, a través de unos labios marchitos, emergía un sonido muy leve aunque sobrecogedor. César quería escuchar lo que decía, pero no le era posible. Sólo captaba el ruido, el lamento sin sentido. Entonces el papa Alejandro levantaba sus brazos de pronto y gritaba con una voz terrible, capaz de helar la sangre. Los cirios se convertían en negros, y la luz aumentaba hasta iluminar claramente un pentagrama invertido, en la cabecera de la cama, del que rezumaba sangre.

El horror se apoderaba del espíritu de César, que veía con claridad desmoronarse el sustento de su poder. La silla de Pedro se resquebrajaba bajo el peso de un anciano enfermo, quizá envenenado, víctima de terribles dolores, que ahora se convertían en espasmos. Unos espasmos demasiado fuertes, como aquellos que aquejan a los posesos, a los endemoniados. De ambos lados de la sala, cuyos confines quedaban ocultos en la penumbra y, más allá, en la total oscuridad, emergían entonces varios espectros terroríficos. Todos ellos eran rostros que César conocía bien: habían sido muertos por orden suya o de su padre. Y ahora volvían para pedir cuentas. Se acercaban al lecho de muerte de un hombre que en breve descendería a los infiernos. Un cántico de muerte sonaba cada vez más hondo y penetrante.

—¡Aaah! —gritó César en la noche, en un enorme alarido, despertando de un salto. Se llevó las manos a las orejas, para taparlas y aislar sus oídos del horrendo canto.

Al poco, un criado entró en la alcoba.

—¡¿Qué os sucede, *signore*?! —dijo el joven, asustado, con un candelabro en la mano en el que las llamas de las velas vibraban tanto como su voz.

—¿Eh? —respondió César aún ausente.

—¡Señor! ¡Dios del cielo...!

El muchacho había visto algo que le hizo soltar el candelabro. Éste cayó al suelo. Las partes que lo componían se separaron con violencia. Las velas se partieron y, todavía encendidas, rodaron hasta la cama de César. Al poco, las llamas empezaron a ascender por la colcha. Cuando coronaron la meseta del lecho, César logró salir de su turbación y saltó para ponerse a salvo. Frente a él, en la entrada de la alcoba, el joven criado se hallaba totalmente rígido, con la mirada fija en un punto y el brazo derecho extendido, hasta el dedo índice, señalando el mismo lugar. No articuló palabra ni siquiera cuando su señor le increpó para que avisara del incendio. Sólo un fuerte bofetón le hizo salir del trance.

—¡Señor, ¿lo habéis visto?! ¡¿Lo habéis visto?!

—¿Si he visto qué? —inquirió César, con miedo. Su sueño terrorífico y ahora esto.

El criado titubeó. Ahora se daba cuenta de su locura, su visión de algo inexistente, de la reacción que ello podría provocar en su amo. Pero parecía tan real... El incendio seguía creciendo como un ser vivo que devora todo lo que encuentra a su paso.

—¡Habla! —le apremió César, agitándole por los hombros.

—Era... vuestro padre. ¡Vuestro padre sobre una cruz en llamas!

Las llamas reales y el denso humo negro habían alertado por sí mismos a algunos otros criados, que despertaron a los demás, y pronto el incendio era sofocado mediante golpes y cubos de agua. Un poco más y hubiera sido demasiado grande como para evitar que lo destruyera todo.

César había salido al exterior. Las palabras dichas por su joven criado le atenazaban el corazón. ¡Su padre en llamas, sobre una cruz! ¡Y su propio sueño...! Aquellos prodigios no podían dejar indiferente a ningún hombre, salvo quizá al religioso, al que confía en Dios para librarle del mal o, al menos, salvarlo finalmente en la gloria. Pero César sentía el recelo del supersticioso. Buscaba el modo de dar ofrendas a una divinidad vengativa, justiciera; imagen y semejanza de sí mismo y de su alma negra. De nada le sirvió todo eso. Su acumulación de reliquias, incluida la Síndone, no había bastado para frenar o detener su caída. La caída que, por el contrario, se estaba haciendo cada vez más vertiginosa.

Y ahora aquellos terribles augurios: la sangre, la cruz en llamas, los muertos clamando justicia.

César miró la luna, alta en el horizonte como un disco de gélida nieve convertida en hielo. En su interior sentía que el mayor de todos los pecados que había cometido estaba siendo cometido en aquel momento. Los dos muchachos herederos de la Sangre. Los hijos de Cristo. Y, sin embargo, creía que ese pecado le limpiaría para siempre y restauraría su poder en la tierra.

Regresó adentro. A través de un pasadizo que descendía por un corredor en forma de escalera de caracol, llegó a las profundidades de la fortaleza. Allí estaban las mazmorras. En una de ellas, la más grande y oscura, había solamente un preso: el joven a quien había secuestrado. Estaba apoyado contra el muro del fondo, con grilletes en las muñecas y una cadena que rodeaba a un bastidor en lo alto. Cuando lo llevaron allí estuvo izado, al principio. Su aspecto era lamentable. Apenas comía y sus ropas estaban rozadas y sucias. Pero él se mantenía callado y no se quejaba. En su rostro aún podía vislumbrarse, tras la mugre, su expresión de infinita dignidad.

César no se atrevía a matarlo. Quería que él muriera de pena. No se atrevía a ser el brazo ejecutor o la mente que ordenase el crimen. A pesar de los muchos asesinatos que tenía a sus espaldas. Pero ése no. Era demasiado sacrílego y peligroso. En su retorcida imaginación, abandonarlo allí, con un mendrugo de pan y un poco de agua que le daba el carcelero, día tras día hasta su final, no suponía un crimen tan horrendo como degollarle o arrojarlo desde lo alto de la muralla. Quizá César Borgia estaba empezando a volverse loco.

—¡Muchacho! —llamó al joven en la casi total oscuridad de la celda.

El joven estaba despierto, pero debilitado. Levantó el rostro muy despacio y miró a quien lo tenía preso. Sus ojos y sus labios mostraban dolor, pero no odio, o nada que pudiera interpretarse como desprecio. César se encolerizó ante esa, para él, clara demostración de fuerza y entereza. Hubiera preferido mil veces el odio, el desprecio, incluso el asco. Hubiera querido que aquel chico le diera motivos para tenerlo así, por mucho que el efecto se convirtiera, en su mente retorcida, en causa. Pero ni tan siquiera una pequeña grieta, una rendija ínfima, dejaba escapar la presión que César sentía. Con los ojos encendidos en ira, se dio media vuelta y regresó por donde había venido.

Casi arriba, apretó el puño derecho y golpeó con él la roca labrada. Sus nudillos se descarnaron y la sangre brotó de ellos. César los lamió como lo haría un animal. Sus pensamientos se hallaban lejos de allí. Aunque sólo fue por un breve instante. Después volvió a aquel tiempo, a aquella fortaleza, a él mismo. Y recordó a la hermana del muchacho de las mazmorras. Ella también estaba presa, pero de un modo muy distinto. Sintió deseos de verla. La tenía en una habitación lujosa, la más lujosa de la fortaleza. La ventana estaba tapiada por detrás de los cristales, y la puerta protegida por dos centinelas. César mandó cerrar la ventana por si ella, en un ataque de melancolía, optaba por lanzarse al vacío. Jamás sospechó que haría algo así. Pero suele ocurrirles esto a quienes miden a los demás con el patrón de su mismo espíritu. El desconfiado desconfía de todos, el ladrón esconde lo suyo de cualquier mano, el furtivo busca captar sutiles miradas. La grandeza y la pequeñez son sellos del alma, que no se borran bajo máscaras ni poses, y sólo se ocultan en lo superficial.

La alcoba contigua a la de la joven tenía practicados unos orificios en la pared. Éstos llegaban hasta un gran cuadro mural y se confundían con los ojos de un caballo. César retiró los tapones de madera y contempló a la chica, que estaba en el lecho. Parecía dormida, pero al poco se dio cuenta de que se movía levemente. Aguzó el oído y escuchó los sollozos. Lloraba en silencio, en el silencio que le permitía su dolor. Cuánto deseaba César que aquella joven se le entregara. Cuánto ansiaba poseerla. Era hermosa. Más que eso. Un brillo infinito alumbraba su rostro.

Cuán fácil hubiera sido violarla. Pero, al igual que con el hermano mellizo, César sentía miedo. Había que obrar conforme a la tradición. Si en unos pocos días no lograba convencerla, haría que un sacerdote celebrara la boda y, entonces, ya siendo suya ante Dios, consumaría el matrimonio.

«Suya ante Dios» por una farsa. Así era César Borgia. Para él, la ceremonia sustituía al corazón. Pero los ojos de Dios, de existir en los cielos, no podrían más que verter una lágrima. César además estaba ya casado, desde 1499, con Carlota de Albret, hermana del rey de Navarra. Una mujer a la que no amaba más que a su caballo ni menos que a cualquier mendigo de sus posesiones.

13

Norte de Francia, 2004

Catalina estaba de camino a Gisors. Iba a perder su billete de vuelta a Madrid, que tenía reservado para ese mismo día, al final de la tarde. Ya había llamado al periódico para pedirle a su jefe un día más, el viernes, y no tener que volver al trabajo hasta el lunes. Fue difícil convencerle, y aún le quedaba otra conversación extenuante, en este caso con su tía. Ella querría conocer todos los detalles sobre lo ocurrido con los abogados. Catalina pensaba resumirlo en algo así como: «El abuelo me ha dejado un poco más de seis mil euros y una propiedad que está a setenta kilómetros al norte de París. Y, ya que estoy por aquí y que, al final, no voy a volver hasta el lunes, se me ha ocurrido ir a visitarla».

Aunque eso era verdad, no era, ciertamente, toda la verdad. Faltaba la cuestión de las piezas de puzzle y los libros. Pero ni se le pasó por la cabeza revelarle eso a su tía, que, o bien le diría algo del estilo de «Si ya sabía yo que Claude el chiflado había preparado otra de las suyas», o la sometería a un tortuoso interrogatorio para el que, francamente, Catalina no estaba preparada, entre otras razones porque ella misma no sabía qué pensar de todo esto y porque aún no había decidido si su abuelo estaba mal de la cabeza.

De cualquier modo, era más que natural querer satisfacer la propia curiosidad, averiguar dónde estaba la finca, ver cómo era la casa, visitar el pueblo de Gisors. Estaba muy cerca de París, y no se recibían presentes así todos los días. Catalina se dijo que cualquiera habría tomado la misma decisión en iguales circunstancias, aunque el legado no hubiera consistido más que en la casa y en el dinero, sin objetos extraños de por medio. Eso habría bastado para hacer desistir a cualquiera de su vuelta a casa.

Probablemente. Y para Catalina, una mujer impulsiva, una mujer que a menudo se dejaba llevar por sus intuiciones —en más de una ocasión con resultados nefastos, sobre todo en lo referente a los hombres–, no había escapatoria.

Después de una agradable comida a la que el abogado D'Allaines insistió en convidarle, su secretaria se ocupó de todos los detalles: encontrarle un coche de alquiler, prepararle unas completas y sencillas instrucciones para llegar a Gisors desde París, y darle la dirección exacta de la finca. Lo único que quedó pendiente fue avisar de su llegada al guardés de la casa, un tal monsieur Mourel, que se había hecho cargo de la propiedad desde la muerte del abuelo y al que resultó imposible localizar. El hombre incluso tenía una pensión vitalicia asignada por su antiguo patrón, Claude Penant, y también permiso para vivir en la finca hasta su muerte; permiso este que ni siquiera Catalina, la nueva propietaria, podría revocar. Estaba claro que el guardés era de la confianza de su abuelo. Y gracias a él, el lugar estaba en perfectas condiciones para ser habitado, lo que era excelente, no sólo porque eso evitaba a Catalina tener que buscarse un sitio donde alojarse, sino porque le entusiasmaba la idea de pasar la noche en lo que, en palabras de D'Allaines, era un pequeño *château* típicamente normando.

El tiempo pasó deprisa. Tres cuartos de hora después de salir de París, Catalina se encontraba ya a pocos kilómetros de Gisors. Le rodeaba un hermoso paisaje de pequeños bosques y prados verdes, que cubrían un terreno llano con mansas elevaciones esporádicas. También el cielo acompañaba. Las nubes y la lluvia habían quedado a su espalda, en París; aquí, el sol brillaba en un inmenso cielo azul, cruzado por todo tipo de pájaros y afanados insectos.

Absorta en el panorama, Catalina se saltó un desvío que tenía que haber tomado. Al darse cuenta, pegó un frenazo sin demasiadas contemplaciones, y luego dio marcha atrás hasta llegar al cruce. Pero no continuó de inmediato. Se detuvo unos instantes en el arcén para contemplar la silueta de un castillo próximo, en lo que aparentaba ser el mismo centro de Gisors. Luego, complacida de su primera vista del pueblo y de su fortaleza, y después de recibir los furiosos bocinazos de un par de conductores de otros coches, Catalina tomó la carretera de la izquierda, de nombre D14bis —según las instrucciones de la secretaria de D'Allaines—. Más adelante, ésta se convertía en la sugerente calle de los Templarios y, fuera ya del casco urbano, en la carretera de Ruán.

La etapa final la hizo por un camino de tierra, que partía del lado izquierdo de la carretera, a un kilómetro y medio del pueblo. No muy lejos de aquélla, se adentraba en un denso bosque por el que se iba a parar a la casa de su abuelo, a su casa, que se levantaba en un claro.

—Como en los cuentos de hadas. Ahora es cuando salen a recibirme Hansel y Gretel.

Había llegado. Y la primera impresión no podía ser mejor. El pequeño *château*, como lo describiera el abogado, era un palacete de dimensiones medias, con dos pisos y una buhardilla. Sus paredes de ladrillo, de un rojo brillante, chocaban con el verde luminoso de los prados a su vuelta, aunque el efecto no era desagradable, sino cautivador. El camino de tierra continuaba por dentro de la finca, pero cubierto, eso sí, por una capa de grava. Llegaba hasta la puerta de la casa, donde describía una circunferencia en torno a un seto circular y una pequeña zona ajardinada contenida en su interior.

Catalina aparcó el coche a un lado del camino, un poco antes del seto. En cuanto salió sintió el aire diáfano, dulce, con un olor que le recordó al de la compota de manzanas, y pudo oír el sonido de agua corriendo entre piedras. Debía de haber un río no muy lejos, quizá incluso en la propia finca, detrás de lo que parecían unos establos. Lanzando miradas curiosas a su alrededor, se dirigió hacia la entrada, constituida por una imponente estructura de piedra que tenía dos tramos de escalera, uno a cada lado. Llamó al timbre y esperó. Pasado un minuto, nadie había venido a abrirle la puerta, pero Catalina aguardó pacientemente un minuto completo más. En una casa de este tamaño, las distancias que recorrer eran grandes, no como en los minúsculos pisos de ciudad a los que ella estaba acostumbrada. Además, las personas que moraban en el campo no sentían la irresistible pulsión de ir corriendo a todas partes, como si sus vidas dependieran de ello.

Al final, sin embargo, llegó a la conclusión de que la casa se encontraba vacía; que seguía vacía, pues el guardés tampoco estaba allí una hora antes, cuando trataron sin éxito de hablar con él desde el bufete. Poder resistirse a la tiranía de los teléfonos móviles era otra cualidad innata, y casi exclusiva, de las gentes del campo. O eso creía ella.

Sólo por mera rutina, Catalina probó a girar el pomo. Aunque no se lo esperaba, la puerta se abrió con absoluta suavidad, mostrándole un recibidor con un suelo de parqué, ligeramente gastado en algunos puntos por el arrastrar de los años y de muchos pies, pero aún con buen aspecto.

—¡¿Hola?! —preguntó Catalina—. ¡¿Hay alguien en casa?!

Se quedó en el umbral esperando una respuesta, y aunque no obtuvo ninguna decidió entrar. Bajo sus pies, las maderas emitieron un crujido delator, como si pretendieran avisar al dueño de la casa de la presencia de una extraña. Aun así, Catalina no pensaba guardarles resentimiento: las tablas aún no sabían que quien las pisaba era su nueva propietaria.

Catalina observó con atención a su alrededor. Había un gran perchero vacío en la entrada y unos cuantos muebles dispuestos a los lados, pequeños fantasmas cubiertos por sábanas blancas. El final del pasillo era circular, y tenía una llamativa escalera de caracol, construida en hierro forjado y madera. La escalera estaba iluminada por la luz de una claraboya, de un modo que ella calificó, para sus adentros, de angelical.

A su derecha, quizá a cinco metros de la entrada, se abría un acceso sin puerta, rematado por un arco, que daba paso a un salón. En él podían verse más muebles también cubiertos, y una chimenea no demasiado grande aunque de aspecto tremendamente acogedor. Mirándola, era inevitable pensar en gruesos calcetines de lana, en tazas de chocolate caliente, en noches de invierno con el viento rugiendo entre las ramas de los árboles, en blanquísimos copos de nieve resbalando por los cristales, donde acababan derritiéndose por el agradable calor de la casa, por el calor del fuego de esa chimenea. La imagen resultaba tan apetecible, tan seductora, que Catalina deseó que fuera invierno. Era una lástima que estuviera a punto de empezar el verano, pensó.

No obstante, esperaba tener la oportunidad de encender la chimenea, quizá incluso esa misma noche. Gisors no era Madrid, y las noches estivales de esas tierras de Normandía debían resultar, como mínimo, frescas; incluso frías, se dijo, esperanzada.

—¡¿Quién es usted?! —inquirió una voz ruda a su espalda, sobresaltándola.

Catalina se apresuró a darse la vuelta. Sin duda, con un aire culpable, el de una niña a la que acaban de descubrir con el dedo en un pastel recién salido del horno. Consciente de esto, farfulló:

—Soy la nieta del dueño, y usted debe ser, usted... debe... ser... —repitió, esta vez con una extrema lentitud.

No conseguía acordarse del nombre del guardés. Él permanecía inmóvil en el vestíbulo, y la observaba fijamente de un modo amenazador. Tendría unos sesenta años, pero daba la impresión de encontrarse en buena forma física. Lucía un rostro moreno, coronado por una desaliñada mata de pelo gris a la que el uso continuado de una boina había dado forma.

—¿Se le ha comido la lengua el gato?

—¡Mourel! —recordó por fin Catalina—, el señor Mourel.

—Me llamo Albert —dijo el hombre.

A Catalina no le pareció que la concesión de este trato familiar le hubiera restado dureza a la mirada del guardés, y ninguna sonrisa afloró de repente en su cara, como gesto de reconocimiento e inmediata confianza que habría aliviado la tensión e iluminado la sala; ese tipo de cosas que ocurren sólo en los libros y en las películas.

—Venga conmigo —ordenó Albert, con el mismo tono seco.

Catalina estuvo a punto de quejarse por el áspero trato. Incluso llegó a abrir la boca para hacerlo, con el guardés saliendo ya por la puerta a grandes zancadas. Pero decidió cerrarla de nuevo. Quizá fuera impaciente e impulsiva, pero, siempre que podía evitarlo, trataba de no ser injusta. Y, para ser sinceros, no se merecía un trato mejor.

Andando a buen ritmo para recuperar la distancia perdida, salió tras los pasos de Albert, al que vio meterse en una casa de piedra que había al otro lado del jardín. Su puerta era tan baja que Catalina tuvo que agacharse para entrar. Cuando se incorporó, ya dentro, vio una sala de forma irregular, vagamente redondeada, a la que daban dos puertas, la de la cocina y la de una habitación. Aunque era muy pequeña, la casa tenía el encanto y el hechizo de lo campestre y lo antiguo. Contra las paredes, había estanterías de madera gruesa, toscamente trabajadas; lámparas de hierro descansaban sobre los muebles; y el suelo estaba cubierto por losas de piedra oscura, a las que una alfombra prestaba calor. Y, por supuesto, había una chimenea, con una mecedora al lado en cuyo brazo reposaba una manta de cuadros. Para gozo de Catalina, se veían allí los restos de un fuego reciente. Ésta sí era la verdadera casa de Hansel y Gretel, y no el edificio principal, como ella había pensado al llegar. Este pensamiento casi le hizo soltar una carcajada, que le fue muy difícil contener: ¿Quién iba a decir que el huraño señor Me-llamo-Albert vivía en una casa de cuento de hadas?

Mientras Catalina lo observaba todo, el guardés había descolgado el auricular y marcado un número de teléfono.

—¿Allô? ¿Señorita Bergier? ¿Es usted?… Buenas tardes. Le habla Albert Mourel, de la finca de Gisors. Hay aquí una… —Albert interrumpió lo que iba a decir para escuchar a la secretaria de D'Allaines—. No estaba en casa —explicó, seguramente porque la secretaria acababa de decirle que habían intentado hablar con él—. Tuve que ir al pueblo a hacer unas compras… Sí, ya sé que debería comprarme un teléfono móvil… Lo haré un día de éstos… —Por alguna razón, el guardés lanzó una mirada a Catalina donde se notaba un cierto embarazo—. Sí, sí ha llegado… Entiendo… ¿Y cómo dice usted que se llama la señorita?… Ajá… Espere un momento, por favor.

Albert tapó el auricular y le preguntó su nombre.

—Catalina.

—¿Catalina, qué más?

—Catalina… Penant —dijo, saltándose otra vez un apellido español que parecía no existir para los franceses.

Retirando la mano con la que había cubierto el auricular, Albert preguntó:

—¿Sigue ahí, señorita Bergier?… No, no hay ningún problema. Todo está en orden. Perdone por haberla molestado. Muchas gracias. Au revoir.

Esto puso fin a la conversación telefónica. En cuanto el guardés colgó el aparato, Catalina dijo:

—Creo que le debo una disculpa, Albert. Sé que tenía que haberle esperado, pero la puerta estaba abierta, y la verdad es que no pude resistir la tentación...

—La casa es suya... Ahora tengo que marcharme.

Ésta fue la respuesta de Albert, dada con un tono igual de hosco que el de sus anteriores contestaciones. Pero Catalina habría jurado que algo brilló en los ojos del guardés, una grata sorpresa quizá.

Hechas las paces, Catalina volvió a la casa. Pretendía darle otra vez el aspecto de un sitio habitado, quitando las sábanas que cubrían los muebles, corriendo las pesadas cortinas de las ventanas, y abriendo éstas de par en par, para que el aire se llevara «el olor a cerrado», como muy expresivamente lo llamaba su tía.

Y eso hizo mientras andaba arriba y abajo. Así descubrió que en el piso inferior había, además del salón que viera antes, una biblioteca —con otra chimenea incluso más acogedora que la del salón—, un comedor, una despensa y una gran cocina; también, que en el piso de arriba había cinco habitaciones, con sus respectivos cuartos de baño. En la buhardilla no había nada salvo muebles viejos, revistas y periódicos antiguos, un somier desvencijado, arcones de aspecto oscuro llenos de ropa vieja, jaulas oxidadas, maderas y tablones de origen y utilidad inciertos, dos nidos de golondrina abandonados, maletas antiguas y muy usadas, cajas trampa para ratas pasadas de plazo... Un montón de trastos y cosas inútiles, en definitiva, cubiertos por una gruesa capa de polvo, que Catalina agitó al entrar, inundando el aire de diminutas partículas que le hicieron toser. Pero a ella no le importó. Desde que era una niña sentía una auténtica fascinación por lugares como éste. Le parecía que en ellos podía encontrarse cualquier cosa, hasta lo más inaudito.

La tarde llegó a su ecuador, y fue entonces cuando Catalina se encontró de nuevo con el guardés. Le había visto antes, desde una ventana de la buhardilla, trabajando afanosamente en un pequeño huerto, junto a un riachuelo. El hombre entró en casa, sacudiéndose antes la tierra de los zapatos y quitándose la

boina. Miró a su alrededor, y en un tono neutro, testimonial, le dijo a Catalina:
—Ha limpiado usted la casa.
Ella, a la que Albert había descubierto en mitad del corredor, de paso hacia la cocina, respondió:
—Encontré un cepillo y una fregona dentro de un armario... Ahora tiene mejor aspecto, ¿verdad? —preguntó, tratando de soltarle un poco la lengua al taciturno guardés.
—No tenía por qué hacerlo —afirmó él, enlazando directamente con su frase anterior, como si Catalina no hubiera hablado—. La señora Bonneval llegará dentro de diez minutos. Es la mujer que limpia la casa. No le tocaba venir hoy, pero pensé que, ya que estaba usted aquí...
Cansada por el esfuerzo de limpiar, con las mejillas acaloradas y el cabello pegado a la nuca por el sudor, y diciéndose que sería capaz de matar a alguien a cambio de una ducha refrescante, Catalina no pudo evitar sentirse molesta y, con voz irritada, espetó:
—Podía habérmelo dicho antes.
—Yo no sabía que usted pensaba limpiar.
Desde luego, no le faltaba su parte de razón.
—Está bien, Albert —dijo Catalina, con un suspiro—. Dejémoslo así, ¿le parece bien?
El guardés se encogió de hombros. Para él, no había nada que discutir.
—¿Qué quiere que le diga a la señora Bonneval? —preguntó.
—No le diga nada. La verdad es que sólo he limpiado por encima, y aún me queda parte del salón y toda la cocina...
Albert asintió con la cabeza y luego salió otra vez, sin despedirse.
—¡Ah! —exclamó Catalina, de pura desesperación, levantando los ojos—. ¡Este hombre me crispa los nervios! ¡Es tan...! ¡Ah! —exclamó de nuevo, al no ocurrírsele la palabra adecuada.
Así, refunfuñando, siguió su interrumpido camino hacia la cocina. Diez minutos después entró por la puerta la señora Bonneval.
—¿Señorita Penant? —dijo con su aflautada voz de pájaro, prolongando la «a» del apellido de Catalina—. ¿Está usted ahíií?

73

Catalina se asomó por la puerta del salón, donde había estado esperando a la mujer. Un simple vistazo le reveló mucho sobre ella —algunas veces ocurre—: llevaba casada más años de los que Catalina tenía; su marido le dejaba todas las tardes para encontrarse con los amigos y jugar su partida de naipes, siempre en el mismo bar; por la noche, la señora Bonneval le preparaba la cena a su marido, y parloteaba con él sin cesar mientras el hombre se mantenía callado, más atento a la televisión que a las novedades que su mujer le contaba; su hijo tenía un trabajo estupendo, y vivía en algún lugar fuera del pueblo, puede que en París; venía a verlos todos los veranos, y le había dado ya dos preciosos nietos, niño y niña, ¡qué felicidad!

—Hola —dijo Catalina—. ¿La señora Bonneval?

—Para servirla. Y, por favor, llámeme Marie —respondió la sonriente mujer de tez blanca y carrillos sonrosados—. ¡Oh, le he traído una cosita!

Catalina supuso que se refería a la bandeja cubierta con papel de aluminio que sostenía entre las manos regordetas.

—No tenía que haberse molestado…

—¡Qué tontería! No es ninguna molestia. Cuando Albert me dijo que estaba aquí la nieta del señor Penant, me dije a mí misma, tengo que llevarle alguna cosa, porque, si no, imagínese usted qué vergüenza, aparecer aquí sin nada. Así es que, después de salir de la casa de la señora Rennard, que es donde voy a limpiar todos los lunes y miércoles desde hace treinta años, por eso no he podido venir antes, fíjese qué calamidad, pero a veces se dan estas coincidencias… ¡Pero, ¿qué le estaba yo contando…?! Ah, sí, le decía que después de terminar en casa de la señora Rennard, me pasé por mi casa y fui a buscarle unas cuantas brochetas que tenía para la cena de mi Georges. No se preocupe, que no nos deja sin comida. En casa quedan muchas más, porque, aunque mi pequeño Georges, tiene el nombre de su padre, ya no está con nosotros desde hace tiempo, salvo en verano, la verdad es que no me acostumbro a hacer poca comida. Y luego tengo que tirarla, porque nosotros comemos tan poco, como verdaderos pajaritos. Me da una pena que usted no imagina, así es que en realidad me hace un favor aceptándolas…

La mujer suspiró; o tomó aire, más probablemente, y luego le ofreció la bandeja. Frente a tal retahíla de argumentos, Catalina no se atrevió a rechazarla.

—Muchísimas gracias... ¡Hum, huelen maravillosamente! —exclamó, levantando un poco el papel de aluminio y apreciando el delicioso aroma.

—Las hago yo misma. En la carnicería las venden ya preparadas, pero no son como éstas, se lo digo yo.

Marie bajó la voz, en tono de confidencia.

—Estoy segura de ello.

—¡Oh, qué tarde es! —exclamó de repente la señora, después de una mirada furtiva a su pequeño reloj—. Es que yo me pongo a hablar y es una perdición...

—No, qué va —Catalina fue incapaz de resistirse a la ironía.

—¡A limpiar! —se animó la mujer, remangándose—. Veo que ha estado barriendo y fregando.

—Sí, un poco.

—No tenía por qué hacerlo.

—Sí, eso me ha dicho Albert.

—Un hombre estupendo, este Albert... Aunque un poco callado, ¿no cree?

—Sí, un poco.

Catalina se dijo que resultaría interesante presenciar una conversación entre Albert Mourel y Marie Bonneval. Ver cómo podría el callado guardés ser capaz de decir una sola cosa entre el aluvión continuado de palabras de ella, tenía que ser un auténtico espectáculo.

Marie desapareció por el corredor que llevaba a la cocina. Poco después, Catalina la oyó a su espalda, revolviendo el armario de los utensilios de limpieza.

14

Florencia, 1503

Leonardo no podía quitarse de la cabeza los escritos en clave que César Borgia había interceptado, y que él —estaba seguro— le había ayudado a descifrar. Era consciente de que no debía sentirse culpable, pues en aquel momento ignoraba las consecuencias de sus actos. Una vez más, la fascinación que sentía por aquel despiadado hombre, aquella criatura excepcional a pesar de todo, le llevó a un fin malo. Le ocurrió ya antes y volvía a sucederle ahora. Por fortuna, dentro de la pésima situación actual, tendría el modo de redimirse por todo ello de una vez. Las cosas regresarían a su cauce, su tabla volvería a ser rasa y sin mancha si gracias a él conseguían salvar a los herederos que Botticelli y su sociedad secreta habían protegido con tan poca eficacia.

Leonardo no podía creer aún que la historia relatada por su amigo fuera completamente cierta. No *podía* serlo. Aunque una fuerza que se agitaba en su interior, movida quizá por la solidez de lo referido, no lo sabía, le inducía a pensar que *algo* era cierto. Incluso puede que lo esencial. A menudo el tiempo magnifica y altera los relatos, pero su base de hechos se conserva. Si uno sabe escarbar con las manos de la mente, puede llegar a la verdad. Y además, Sandro le prometió que le permitiría ver los documentos que probaban la veracidad de la historia. En cualquier caso, él estaba dispuesto a ayudarle. Las vidas de dos jóvenes corrían peligro, auténtico peligro. Poco le importaba que fueran nobles o villanos, hijos de los descendientes de Cristo o simples campesinos. La vida vale lo mismo en un gran hombre o en el más miserable, porque éstos no son otros títulos que los que otorga o impone, que los que asigna a su albedrío, la humana sociedad. Nadie es más que nadie ante Dios. Eso es lo que se dice. Para Leonardo tenía que ser cierto, o Dios tenía que ser mentira. Y él no pensaba, desde hacía tiempo, que Dios fuera una falsedad de la imaginación.

Habían pasado dos días desde el primer encuentro en la casa de campo. La fabricación de los trajes iba a buen ritmo, puesto que algunas de las piezas necesarias estaban ya previamente hechas. Aquel traje de inmersión era uno de los inventos recientes de los que Leonardo se hallaba más satisfecho. Comprendía su utilidad en la guerra, aunque siempre trataba de proyectar artefactos para la paz. Incluso las defensas de una fortaleza, en su valor disuasorio, podían servir a fines pacíficos. De todos modos, no era un iluso. Sabía que en su tiempo la paz no podía existir sin fuerza. Y lo peor no era eso, sino el objetivo que esa fuerza tuviera.

Pocas semanas antes de que comenzara aquella aventura, si es que llamarla así no era sacrílego, Leonardo había coincidido con su amigo Nicolás Maquiavelo en la Piazza della Signoria, lugar cercano a su estudio y por el que solía pasear a menudo en busca de inspiración. Allí, bajo los arcos de la Logia dell'Orcagna, ambos estuvieron charlando unos minutos. Ahora le venía esta conversación a la cabeza a Leonardo por su contenido. Maquiavelo era un hombre amable que, no obstante, decía cosas terribles. Su corazón no carecía de temple, y sin embargo mostraba una frialdad en sus ideas que sería capaz de helar otros corazones. Defendía sus ideas porque creía en ellas. No negaba su inmisericordia, pero las consideraba ciertas, y eso para él superaba la conveniencia de expresarlas. Admiraba a César Borgia por ser un reflejo de esa verdad suya. Leonardo no compartía aquellas ideas, pero mantenía una buena amistad con quien las enunciaba. En aquella ocasión hablaron de las masas. Maquiavelo estaba seguro de que algún día gobernarían las naciones; pero ahora debían ser gobernadas con mano de hierro. Si no, se estaba avocado a llegar a la oclocracia. Para él, en aquel tiempo, la fuerza del poderoso era su libertad. El débil debía mantenerse sojuzgado, pues importaba poco su malestar o su infelicidad.

Ojalá el mundo cambiara algún día. Pronto. Ese deseo brillaba en la frente de Leonardo. Su arte era un modo de ayudar a cambiarlo, a mejorarlo. Para todos, y no sólo para quien impera sobre los otros por medio del poder o las riquezas. El *derecho* no lo da la fuerza, pensaba el *Divino*. Maquiavelo, por el contrario, consideraba válido mandar si se podía, sólo por el hecho de poder.

Unos golpes en la puerta de su aposento quebraron las disquisiciones de Leonardo. Salió de su diálogo consigo mismo y preguntó:

—¿Qué sucede?

Era uno de los discípulos. Abrió la puerta y con mucha amabilidad anunció:

—*Signore*, ha llegado el maestro Botticelli. ¿Le digo que os espere o le hago pasar?

—Hazle pasar, Emmanuele. Y tráenos un poco de vino.

Botticelli traía cara de ansiedad. Se le notaba inquieto, y la razón era evidente. A medida que se acercaba en el tiempo la hora de actuar contra Borgia, el miedo a un fracaso y a sus consecuencias se hacía más patente. Leonardo decidió aplacarle explicándole el funcionamiento de su traje de inmersión. Este entretenimiento ayudaría a que Botticelli no se sumiese de nuevo en las dudas y los miedos. Eso esperaba Leonardo, al menos.

—Siéntate, amigo Sandro. Quiero que veas algo...

Mientras Emmanuele, regresado diligentemente con el vino, les servía en sendas copas de plata, Leonardo empezó a contar a Botticelli todos los detalles sobre aquel invento de su genial mente que, para él, no era más que otra idea práctica. Sólo eso.

—Este traje —dijo Leonardo señalando un plano que había sobre la mesa— lo creé para...

Botticelli cortó a Leonardo en cuanto el muchacho salió de la estancia y cerró la puerta desde fuera.

—¿No te parece que deberíamos mantener el secreto incluso ante los discípulos más allegados?

—No te apures. Es mejor ser naturales. Ni en cien años sospecharía ese chico, o cualquier otro, la verdadera intención de nuestras charlas. No temas, amigo. Calma tus nervios. Y bebe un trago de este buen vino. Es de España.

—Bien —aceptó Botticelli y, asintió con la cabeza al tiempo que tomaba una bocanada de aire, que expulsó antes de beber.

–Pues como te iba diciendo, querido amigo, este traje lo creé para la *Signoria* de Venecia hace tres años. Su utilidad era alcanzar los amenazadores buques turcos bajo el agua y barrenarlos. Los náufragos no sabrían ni qué les estaba pasando. Entre el miedo y la confusión, habría sido muy fácil apresarlos.

–¡Ingenioso!

–Lo sé… Fíjate, está compuesto por unas aletas que se enfundan en los pies, unos guantes sin dedos para impulsarse mejor, y una caperuza hermética que tiene un tubo en la parte superior por el que se puede seguir respirando durante la inmersión. Desconozco el motivo, pero si se desciende mucho, el tubo resulta inutilizable y no se puede respirar. Así es que sólo sirve unos pocos metros bajo la superficie, lo que es suficiente para nuestros propósitos. Pero algún día tengo que estudiar esa limitación.

Una característica fundamental de Leonardo da Vinci era su inconstancia, suplida ampliamente por una infinita curiosidad y una sagacidad que le permitía comprender en días lo que otros no sabrían entender en años, o acaso en toda una vida.

–¿Y esta especie de collar de púas? –preguntó Botticelli señalando ese elemento en el plano.

–Es para defenderse de los peces hostiles y otras bestias marinas. Cualquiera sabe lo que habrá ahí abajo… En este caso, será mejor no utilizarlo por cuanto estorbará a los hombres y en el Adriático no debe de haber muchas amenazas acuáticas. He de decirte que las lentes del capuchón permiten corregir sensiblemente la mala visión bajo el agua. Por desgracia, una estancia prolongada no es posible, ya que el hermetismo no es total. No he logrado un sistema perfecto del todo, aunque tengo ya soluciones en mente. En todo caso, insisto, para la misión que vamos a acometer nos bastará el traje que diseñé para la marina veneciana. No se llegó a utilizar, pero en mis pruebas funcionó bien. Lo bastante bien, digamos. Y he añadido además algunas leves modificaciones. Tendremos cuatro trajes listos para dentro de dos o tres días más.

–El capitán ha estado estudiando tus planos de Cesenático. Él cree que lo mejor será llegar por tierra, tomar posiciones a una distancia prudencial de la fortaleza y luego, desde el puerto, alcanzar por debajo del agua las entradas de la fortaleza que dan al canal.

—Lo más importante es que no haya una gran distancia entre el lugar base y la zona sumergida de la fortaleza. Si no, el aire tampoco llegará hasta el traje y será imposible respirar. Lo mejor es que el capitán me explique a mí su plan. Veremos si es realizable.

Botticelli convino con Leonardo en que eso era lo mejor. Pero no quería arriesgarse a que alguien pudiera ver al capitán allí. Le pidió que acudiera en medio de la noche, embozado. Ante cualquier sospecha, sería mejor renunciar a la entrevista. Buscarían otro medio de hablar... Todo esto no eran más que sospechas absurdas de Botticelli, que se había convertido en un maniático. Sin ninguno de los peligros que el artista sospechó, el capitán pudo llegar al estudio de Leonardo pasada la medianoche. Aquel hombre de tez morena y grandes bigotes tenía un rostro que inspiraba confianza. Parecía de naturaleza fiera, pero a la vez templado de ánimo. Era capaz de controlarse. Y es el valor, el arrojo al que se ponen riendas, como al corcel purasangre, el que mejor sirve a los fines, pues no se deja arrebatar por la ira ni actúa irreflexivamente.

En dos horas, regadas con buen vino y aderezadas con panecillos de leche, el plan estaba ultimado. No hicieron falta grandes discusiones. Pero, eso sí, Leonardo en persona habría de acudir a Cesenático. Como sospechó por la mañana, los tubos eran en efecto demasiado largos para que el aire consiguiera llegar hasta las caperuzas por la sola fuerza de la respiración. Los pulmones no serían capaces de aspirarlo. Y eso obligaba a que los hombres llevaran una especie de odre relleno de aire, y con unos pesos para evitar su flotación, adherido a la cintura, bajo la caperuza semihermética. El problema o la dificultad no era su uso, sino su preparación. Los odres no podían llenarse con aire expulsado desde los pulmones, ya respirado por quien los inflara. Tenía que introducirse mediante un artilugio cargado con mercurio y que tenía unas válvulas. Un objeto delicado y de manejo difícil para un profano. Únicamente el propio creador del mismo, Leonardo, sería capaz de usarlo en la práctica. No daba tiempo para poder enseñarle su manejo a otro. Luego necesariamente tendría que ir con ellos a la fortaleza. Y rezar por que todo saliera bien. Incluyendo, y no como algo secundario, mantener su integridad física.

15

Gisors, 2004

Llegó la primera noche en su recién estrenada posesión de Gisors. Catalina estaba a solas, relajada y fresca después de un baño reparador. Había hablado ya con su tía, y la conversación que mantuvieron fue casi idéntica a la que Catalina imaginara. Marie había limpiado a conciencia toda la casa, y luego se había marchado («No dude en llamarme si necesita que vuelva. Y la próxima vez le traeré unos riñones en salsa que me salen para chuparse los dedos. Le gustan a usted los riñones, ¿verdad? Porque hay personas a las que...»). Sobraron al menos media docena de brochetas. Las restantes se las había comido ella sola, porque cuando le ofreció a Albert, éste le dijo: «Gracias, pero ya tengo cena».

Ahora estaba en la biblioteca. No hacía bastante frío para encender la chimenea, ni siquiera un poco que lo justificara. Así que, simplemente, se había acomodado delante de ella, en un amplio y confortable butacón tipo *chester*, junto al que estaba una lámpara de bronce dorado. Entre las manos, Catalina sostenía una foto que se encontraba en el ejemplar de *La isla del tesoro*. La había descubierto por casualidad, al sacar el libro del bolso. En ella aparecía su abuelo, ya mayor, con la impresionante cruz del Valle de los Caídos de fondo. La foto tenía escrita a mano «24-06-1981», una fecha un poco anterior a la muerte de su abuelo. Por detrás había también algo escrito, una especie de dedicatoria con el sabor de un consejo paternal: «Mi querida Catalina, confía sólo en ti misma». El hombre de la imagen, que por entonces tenía ya cerca de ochenta años, mostraba una sonrisa desafiante, en la que no había mucho humor. Su aspecto resultaba imponente, y en su postura se adivinaban una elegancia

81

innata y un carácter enérgico —debía de haber roto muchos corazones, el viejo Claude—. Ocultos tras su fría sonrisa y bajo las sombras oscuras de sus ojos, se adivinaban noches de vigilia y también un cierto desasosiego, esa leve intranquilidad que muestran, en las situaciones más adversas, las personas de auténtico valor, aquellas a las que nada, ni lo más terrible, parece ser capaz de intimidar. No había ni rastro en la imagen del loco paranoico que Catalina había imaginado. Viéndola, ella habría jurado que su abuelo estaba tan cuerdo como el que más. Pero a veces las apariencias engañan, ¿no es cierto? En cualquier caso, la foto y su dedicatoria eran un bonito recuerdo.

La dejó a un lado, sobre una mesita de té, y cogió después una de las piezas de puzzle. Éstas eran, sin duda, los objetos más extraños que le había dejado su abuelo. De hecho, eran estas piezas la única razón de que los otros se convirtieran, a su vez, en objetos extraños. Por obra suya, dejaban de ser simples libros y una simple fotografía, se hacía necesario que existiera algún tipo de conexión entre unos objetos y otros. Pero cuál pudiera ser esa imaginaria conexión era un misterio para ella.

Como había hecho en el despacho del abogado, observó, intrigada, la pieza de puzzle: su cara anterior, con el símbolo en forma de nudo; y la cara posterior, con el fragmento casi borrado de una palabra. El camino sin salida que era aquella pieza la irritó. No quería darle más vueltas a algo para lo que no encontraba una respuesta inmediata. Más adelante se ocuparía de resolver el enigma.

Dejó ahora la pieza sobre la foto, con cierto desdén, y le echó un vistazo al «Códex Romanoff», el libro de recetas culinarias con el error tipográfico en el título —Romanoff aparecía con dos erres, en lugar de con una—. Pero no se sentía con ganas de leer una larga lista de recetas y de recomendaciones para la cocina, aunque se supusiera que eran obra del arquetípico genio renacentista Leonardo Da Vinci. Se le antojaba que un libro de aventuras, de tesoros escondidos y piratas, era más apropiado para un día como éste, lleno de sorpresas. Así es que abrió *La isla del tesoro* por su primera página y empezó a leer:

LA ISLA DEL TESORO, por R. L. STEVENSON

PRIMERA PARTE: EL VIEJO BUCANERO
I. El viejo lobo de mar en la Posada del almirante Benbow

El hacendado Trelawney, el doctor Livesey y los restantes caballeros me han pedido que pusiera por escrito todos los pormenores que conozco sobre la Isla del Tesoro, y que lo hiciera a conciencia, sin omitir nada salvo la localización de la isla: y esto último, porque en ella hay todavía una parte del tesoro sin desenterrar.

16

Florencia, 1503

Los últimos preparativos estaban a punto de concluir. La confección de los trajes había finalizado y todos los elementos se hallaban listos. Leonardo realizó las últimas pruebas. Nada quedaba al azar, como debía ser en un plan bien trazado. Hubo un momento, sin embargo, en que su mente se detuvo, como si las rocas de un alud pudieran quedar congeladas antes de alcanzar el valle, y recapituló. Se sintió como él creía que debía sentirse un hombre que hubiera perdido la razón. Lo que estaba a punto de hacer era una locura. De eso podría tacharse cabalmente. Y, en efecto, cualquier persona cabal lo habría pensado.

Pero había algo seguro y cierto: que dos personas estaban en peligro real. Y, al fin y al cabo, Leonardo ya tenía más de cincuenta años y cada vez sentía menos miedo a la muerte, a la que tarde o temprano, de un modo u otro, acabaría por abrazarse. Su deseo juvenil de obrar maravillas, de crear obras maravillosas, se había cumplido en una gran medida. A pesar de todos los pesares y de las muchas dificultades, no se quejaba de la vida que había tenido. Primero pasó de la fe al ateísmo; luego a ser agnóstico, cuando comprendió con la razón que no podía *saber* la verdad acerca de un hipotético Dios; ahora se había convertido en un creyente crítico, pues el corazón le dictaba que Dios tenía que existir aunque su mente, a la vez, le ponía cotos.

Sandro Botticelli le había pedido que acudiera una vez más a Pisa. Leonardo ignoraba el porqué de ese interés de su amigo en la ciudad. Ya le hizo ir hasta allí cuando le envió la misiva, y ahora de nuevo, cuando el tiempo apremiaba, le pedía que acudiera otra vez. Aunque sospechaba de qué podía tratarse. Y, en efecto, acertó. Sandro quería mostrarle los documentos que recibían el nombre de Santo Grial. Sí, pues el Santo Grial no era una copa. O, mejor dicho, sí era una copa: la copa metafórica que recogía la sangre de Cristo por medio de su Linaje; los documentos en que toda unión Real había quedado registrada para testimonio de las futuras generaciones, cuando el Grial se revelara y los descendientes de la sangre de Cristo reinaran por fin en un mundo nuevo, justo y en paz.

El más oculto secreto desveló Botticelli a Leonardo: la clave de cifrado de los documentos, una matriz especial de Polibio avanzada. Este sistema consistía en ubicar en los extremos vertical y horizontal de una matriz las letras del alfabeto, para luego rellenar las celdas interiores con otras letras de modo que la solución fuese unívoca. Las sospechas de Leonardo acerca de los documentos que descifró para César Borgia quedaron disipadas... para mal. Recordaba el ingenioso sistema de cifra, que modificaba con mucha originalidad la matriz del antiguo historiador griego Polibio. Ya no había duda: había ayudado al malvado en sus innobles fines.

Pero la redención siempre está al alcance de quien quiere redimirse. De modo que Leonardo se reafirmó interiormente en su determinación de salvar a los muchachos presos por Borgia. Aquellos documentos debían de ser un mito, una *reliquia* falsa de antaño, que inflamó la imaginación de los hombres y ahora se había materializado como un pétreo fósil, en el que ya no queda ninguna materia del ser original; nada, salvo su forma. ¿Cómo podía Sandro demostrar que no era ése el caso de sus documentos? De ninguna manera, pensaba Leonardo.

Pero se equivocaba. De medio a medio.

A medida que comenzó a leer los escritos principales, seleccionados por Botticelli —según afirmó éste, el total de documentos no cabría ni en diez carretas—, a medida que empezó a entender lo contenido en esos escritos, Leonardo tuvo que rendirse a la verdad. Pero no lo comprendió o lo alcanzó con los ojos del rostro y con la lógica de la razón. No, para el hombre puro, aquellos documentos eran algo más que tinta sobre pergamino o papel. Su verdad íntima penetraba la mente como una flecha el corazón. Se hacían evidentes. Emergía de ellos una luz invisible que despertaba la conciencia, agitaba el alma, prendía el candil del entendimiento sin necesidad de agudas reflexiones.

Leonardo creyó.

—¿Aceptarás ahora el destino que los acontecimientos nos han impuesto? ¿Aceptarás tu parte, Leonardo querido? —inquirió Botticelli con lágrimas en los ojos.

—Sí, mi buen amigo. Ahora lo comprendo todo. No soy quién para negarlo. Que se haga la voluntad de quien alumbró estas verdades.

—La voluntad de Dios, Leonardo, la voluntad de Dios...

Desde aquel día en Pisa, Leonardo da Vinci sentía que era otra persona. Su espíritu estaba más pesado y ligero al mismo tiempo. La gravedad de su misión tornaba en insignificante todo lo que hasta entonces había hecho. Y, sin embargo, todo adquiría también un nuevo y renovado valor. El *valor en sí*, puesto que había algo por lo que luchar. No todo era pasar por el mundo con miedo. El mundo tenía sentido y lo convertía todo en valioso. El bien era bien y el mal era mal en un sentido verdadero, no relativo. Las intenciones ocultas eran vistas por unos ojos eternos. El hombre justo estaba al lado del Creador. Los seres fuera del redil debían regresar a éste. Nadie sería condenado, pero la prueba de la vida merecía ser jugada.

17

Roma, 1503

Pío III había muerto en un escaso mes de papado. Antes, cuando el papa Borgia, Alejandro VI, fuera elegido en 1492, se negó como cardenal a venderle su voto. Y ahora había rechazado el ofrecimiento de amistad con César. Sin embargo, el sucesor de su padre no era un enemigo suyo tan declarado como quien, según todas las opiniones, acabaría convirtiéndose en Santo Padre: Juliano della Rovere. Éste odiaba tanto a los Borgia que no veía la hora en que el Cónclave le diera el título que sólo Dios debía inspirar, pero que las intrigas y los afanes de los hombres otorgaban a su albedrío.

En un descanso del Cónclave de cardenales, Della Rovere paseaba por uno de los bellos jardines del Vaticano contiguos a la capilla Sixtina, lugar donde se celebraba la elección, en compañía de su hombre de mayor confianza, un sacerdote austriaco llamado Guillermo de Groth.

—Sé que ese malnacido trama algo —dijo Della Rovere refiriéndose a César Borgia.

—¿Y qué habría de tramar, monseñor? Su estrella se ha apagado.

—No subestimes a un hombre como él. Su estrella sólo se apagará realmente cuando haya muerto y esté enterrado... Ojalá eso suceda pronto. No cejaré yo en empeños.

Las terribles palabras de un servidor de la Iglesia contrastaron en ese momento con el trino alegre de un pajarillo silvestre posado en una rama, aprovechando uno de los últimos haces del sol de la tarde que se colaban en el jardín. El belicoso Della Rovere y su asistente quedaban en la sombra. Si Pío III había dicho que sería el «papa de la Paz», Della Rovere iría por un camino muy distinto.

87

—¡Borgia, Borgia, Borgia...! Ese nombre resuena en mi cabeza. Pero no será por mucho tiempo. Volvamos a la capilla. Pronto se votará de nuevo y tendré que contemplar esos techos desnudos durante horas. ¡Señor, dame fuerzas! ¡Y dame la Silla de Pedro!

Su gesto fiero, la voz entre dientes y su puño en alto espantaron al pajarillo, que voló lejos de allí, a donde los traicioneros hombres no podían hacerle daño y las semillas del campo le dieran alimento.

18

Gisors, 2004

La noche anterior, después de ducharse, Catalina se había dado cuenta de que sólo tenía la ropa que llevaba encima. No esperaba pasar más de un día en París, y mucho menos acabar en un pueblo de Normandía, por lo que no se le ocurrió traer una maleta desde Madrid con lo mínimo imprescindible. Sólo iba a quedarse en Gisors hasta el lunes, pero era evidente que le hacía falta un poco de ropa extra. Por eso, se encontraba ahora en una tienda, frente a una larga y colorida fila de camisas, camisetas, blusas, faldas, medias, piezas de ropa interior y conjuntos variados que colgaban de perchas de plástico negro, anhelando un comprador.

Catalina sentía una pasión moderada por «ir de tiendas», así es que fue rápida en elegir, y en menos de quince minutos estaba otra vez en la calle. Dejó las bolsas dentro del coche de alquiler, que había aparcado cerca, en una avenida a la que fue a parar por mera casualidad. Catalina no quiso ni molestarse en preguntarle a Albert, el guardés, porque, de haberlo hecho, probablemente habría recibido una respuesta del estilo de «¿Y por qué tendría yo que saber dónde hay una tienda de ropa de mujer?». Sin embargo, a Catalina no se le presentó la ocasión de comprobar su hipótesis. Albert no estaba en la finca cuando ella se levantó, ni tampoco vio rastro de él durante el tiempo que había tardado en prepararse. Era un hombre realmente esquivo.

Pero en un día hermoso como aquél resultaba difícil no sentirse a gusto con el resto del mundo... Eran sólo las diez y media de la mañana. No tenía nada que hacer salvo pasar el tiempo. Aunque eso no era del todo cierto, se dijo. Había venido a Gisors por dos razones: visitar la finca legada por su abuelo y tratar de saber algo más sobre su desconocido y misterioso benefactor. ¿Y qué mejor sitio que éste para conseguirlo, el lugar donde él habitaba, un pueblo lleno de personas que le conocían, que probablemente se cruzaban y charlaban con él a diario, y que sabrían decirle quién era su abuelo? A Catalina se le ocurrían muchas preguntas que hacer, pero le faltaba encontrar quien pudiera responderlas. Claro que había pensado en Albert; y seguramente la señora Bonneval, Marie, tendría también mucho que contarle sobre su abuelo. Pero el guardés vendía caras las palabras, y la mujer, que no tenía ese inconveniente, tuvo que marcharse a toda prisa la tarde anterior sin darle a Catalina tiempo para interrogarla. Además, temía que hasta la parlanchina Marie se mostrara reservada si Catalina le preguntaba por su abuelo. Ella era periodista. Tenía un sexto sentido para estas cosas que raramente le fallaba. Iba a necesitar un poco de tacto y paciencia para hacerlos sentir a gusto y conseguir soltarles la lengua. El juego siempre era el mismo.

Envuelta en estos pensamientos, Catalina pasó junto al escaparate de otra tienda. Allí, a modo de señal divina, vio algo que podría servirle para romper la coraza de Albert. La sonrisa que iluminó su rostro, y el brillo de sus hermosos ojos verdes, se reflejaron en el cristal impoluto y se dejaron ver también en el interior, haciendo sonreír a su vez al dependiente. Tampoco esta vez Catalina se demoró mucho. En diez minutos había elegido y comprado lo que se le ocurrió llamar, con inofensiva perversidad, su *anzuelo*.

Parecía lógico que sus primeros pasos por Gisors la condujeran a la fortaleza del pueblo. No estaba lejos. Se erguía en una zona ajardinada, llena de árboles, junto a la calle de Viena. Su torre del homenaje sobresalía por encima de la vegetación, y entre las ramas era visible también la doble muralla que la rodeaba. Catalina se dirigió a la entrada con paso tranquilo, disfrutando del aire puro y del calor del sol en las mejillas. En la puerta del castillo se enteró de que, en breves minutos, a las once, comenzaría una visita guiada. Muy satisfecha por haber aparecido en el momento justo —la siguiente visita era ya a las dos y media de la tarde—, Catalina pagó los cinco euros de la entrada y esperó apoyada en las frescas piedras de la muralla entre unos cuantos turistas más, mayoritariamente alemanes.

La visita comenzó. Y el guía dio inicio a su monótono discurso. Con los guías, a Catalina siempre le asaltaba la desagradable impresión de estar oyendo a un autómata. Tantas repeticiones de las mismas palabras las tornaban vacías, les robaban todo rastro de emoción, haciendo que sonara igual un dato histórico o el relato de un hecho sangriento. Por ello, en estos casos Catalina siempre acababa, antes o después, dejando de escuchar, y permitiendo que su mente y sus sentidos sacaran sus propias conclusiones acerca de los lugares que visitaba.

El jardín limitado por la muralla exterior no era especialmente grande, ni tampoco especialmente bonito. Consistía en unos cuantos parches de hierba separados por pedazos de tierra que hacían las veces de avenidas o caminos. En el centro, sobre una elevación artificial de forma troncocónica, se levantaba el reducto más seguro del castillo, aquel donde, en tiempos, se refugiaban sus habitantes cuando las defensas exteriores eran vencidas. Tenía una muralla alta, reforzada por medio de contrafuertes, y una puerta de acceso, además de una torre doble adosada al lado noroeste de la muralla. Desde fuera no parecía gran cosa. Catalina había visto en España varias fortificaciones mucho más admirables, en todos los sentidos, que ésta.

Entró por el arco de acceso del reducto con el augurio de una inminente decepción, que acabó confirmándose en el interior. El lugar era pequeño y sin interés. Además, estaba bastante dañado, lo que llevó a pensar a Catalina en una falta de buen mantenimiento.

La visita sólo empezó a resultar interesante cuando penetraron en los subterráneos de la fortaleza. Éstos eran una red de cámaras y pasadizos que habían tenido diversos usos a lo largo de la extensa vida del castillo. En el pasado, sus frescas profundidades sirvieron para guardar alimentos, y también de medio seguro de desplazamiento y de huida para los antiguos gobernadores de la fortaleza. Luego dejaron de utilizarse, y el tiempo se encargó de convertirlos en ruinas, devolviendo a la tierra el espacio que una vez le perteneciera. Los subterráneos fueron recuperados, sin embargo, durante la segunda mitad del siglo XIX. Aunque más valdría que no hubiera sido así, pues el ejército alemán los usó con fines oscuros durante la ocupación de Francia. Según se contaba, los gritos desgarradores de miembros de la Resistencia resonaron por aquellos sombríos pasadizos, fruto de una inmisericorde tortura a la que ponía fin una muerte brutal.

A Catalina se le pusieron los pelos de punta al oír estas tétricas historias, contadas por una voz, la del guía, que había cobrado vida de nuevo entre las cámaras y los túneles abovedados, eternamente frescos, a los que sólo un puñado de focos de luz ambarina separaba de la más completa oscuridad. Fue aquí también donde Catalina oyó por primera vez el nombre de Roger Lhomoy. Resistiéndose aún a volver a su tono insulso, la voz del guía habló con escarnio de este curioso personaje. Lhomoy creía firmemente en la existencia de un magnífico tesoro oculto bajo la fortaleza de Gisors, riquezas inmensas ocultadas allí por los caballeros templarios, durante su precipitada huida de Francia tras la caída del Temple. Al parecer, aquel hombre tenía a su cargo el cuidado de los jardines del castillo, con lo que la oportunidad de tratar de encontrar las prometidas riquezas se unió al deseo de obtenerlas. Así, cuando las puertas del castillo se cerraban al público, Lhomoy se dedicaba con ardor a su furtiva y extremadamente peligrosa obsesión.

Fueron muchas las galerías que Lhomoy excavó, y a través de varias de ellas acabó más de una vez tropezándose con los subterráneos del castillo. El guía les indicó esos lugares: huecos abiertos en las paredes, protegidos por corroídas barras de hierro, o sellados por muros toscos compuestos de piedras grandes e irregulares, unidas con argamasa.

Pero la más famosa expedición nocturna de Lhomoy, la que más había dado que hablar —normalmente entre burlas— y la que había hecho más célebre al intrépido jardinero, no sólo en Gisors, sino hasta en el propio ministerio de Cultura de París, fue una que se produjo en marzo de 1946. Él mismo lo contó miles de veces. En una noche de ese mes, y por medio de una galería excavada en el patio interior, el jardinero afirmaba haberse topado con un muro a más de veinte metros de profundidad, al otro del cual se hallaba una cámara subterránea que nada tenía que ver con los sótanos del castillo. A Catalina le encantó descubrir que la oculta cámara se llamaba capilla de Santa Catalina: ¡Qué curiosa coincidencia!

La tal capilla era un espacio de treinta metros de longitud y nueve de anchura, con un techo de casi cinco metros de alto, sostenido por cuatro columnas y arcos góticos. Cerca del hueco por el que Lhomoy accedió a la cámara, había un altar y un tabernáculo de piedra. En las paredes, sobre repisas situadas a media altura, descansaban trece estatuas de tamaño natural correspondientes a Cristo y sus doce apóstoles. Acompañándolas a lo largo de los muros, aunque en el suelo, había diecinueve sarcófagos de piedra.

Pero lo que más impresionó a Lhomoy de su visión de la capilla subterránea, la parte en la que su voz siempre temblaba al relatar su historia, era aquella en la que se refería a treinta arcones fabricados con metales preciosos, dispuestos en tres filas de a diez; treinta cofres enormes de más de dos metros de largo, uno y medio de ancho y casi dos de alto.

Catalina aguardaba con gran curiosidad, incluso con cierta impaciencia, el momento en el que el guía les revelaría el contenido de esos cofres y de los sarcófagos. Ni por un momento se le pasó por la cabeza que ello pudiera seguir siendo un misterio, casi sesenta años después del descubrimiento del osado jardinero. Pero la verdad era precisamente ésa.

A partir de un cierto punto en su narración, las explicaciones del guía fueron haciéndose menos vivas y detalladas. Pronto, sus palabras regresaron a la anterior monotonía. Y, para entonces, lo único que le había quedado claro a Catalina es que Lhomoy no consiguió volver nunca a la capilla subterránea, básicamente porque las autoridades municipales se lo impidieron, a lo largo de los años, hasta su muerte. Esta postura del ayuntamiento, aunque no muy piadosa, tenía su lógica, pues habría sentado un delicado precedente autorizar excavaciones ilegales. Pero lo que resultaba inaudito era que *nadie* hubiera vuelto jamás a la capilla, ni siquiera algún grupo de estudiosos o arqueólogos que la propia cámara municipal pudiera haber reunido. El acceso que Lhomoy excavó fue simplemente sellado con hormigón, y el silencio y el olvido sobre la capilla se impusieron *por orden del señor alcalde*. Eso resultaba inexplicable. Era equivalente a haber obligado a Howard Carter a sepultar, de nuevo y para siempre, la tumba de Tutankamón, justo después de haberla descubierto y antes de que pudiera desvelarle sus secretos.

De vuelta a la superficie, el guía les informó de que la visita había terminado. A finales de año estaba previsto ampliar el recorrido, para incluir una torre por la que acababan de pasar. Se llamaba la Torre del Prisionero porque en ella solía encarcelarse a los nobles que caían en desgracia. Con buen sentido comercial, el guía les aseguró que sólo por ver el interior de esa torre valía la pena visitar una segunda vez el castillo —y pagar cinco euros más, pensó Catalina—. Para dar peso a este argumento, les reveló además que en la torre habían sido encerrados varios personajes importantes. De ellos, el más famoso fue un embajador escocés, de nombre Nicholas Poulain, que se tomó demasiado en serio las obligaciones de su cargo y se llevó a la cama no sólo los asuntos diplomáticos, sino a la propia reina Blanca d'Evereaux. Sin nada mejor en que entretenerse durante los largos años que pasó encerrado en la torre, Poulain se dedicó a hacer unos grabados en las paredes de su prisión. La mayoría de ellos mostraban pasajes relacionados con la Pasión de Cristo. Y en uno aparecían las iniciales «NP», que seguramente correspondieran al nombre de su supuesto autor: Nicholas Poulain.

Catalina se dijo que era una pena no poder ver esos grabados. Aunque por supuesto volvería a Gisors en otras ocasiones, y más adelante tendría la oportunidad de visitar la torre, cuando fuera abierta al público, su curiosidad no podía aguardar tanto tiempo. Así es que, reuniendo sus nada despreciables dotes de actriz, adoptó una expresión de disgusto y exclamó en voz alta:

—¡Vaya por Dios!

Todo el grupo se detuvo, incluido el guía, que le preguntó con gesto solícito:

—¿Le ocurre algo?

Catalina unió a su convincente representación los numerosos encantos que poseía, y con una voz dulce como una brisa de verano respondió:

—Me he dejado el bolso... allí.

El dedo de Catalina no señaló a ningún sitio específico; o, más bien, señaló a *cualquier* sitio del castillo. Además, ni siquiera tenía un bolso que pudiera haber olvidado dondequiera que fuese, pero el hechizado guía no se percató de ninguno de estos dos hechos. Con una sonrisa bobalicona preguntó:
—¿Quiere que vaya a buscárselo?
—No, gracias. Ya voy yo. Usted puede seguir. —Ante la leve reticencia que detectó en él, añadió—: No va a quedarse todo el grupo aquí por mi culpa, esperándome debajo de este sol y con este calor.

Tal argumento se unió a los comentarios de algunos turistas franceses que se mostraron de acuerdo con las palabras de Catalina, y al fervoroso asentimiento de conformidad de los obedientes alemanes, que no habían entendido ni una sola de ellas. Tal consenso puso fin a la resistencia del guía.

—Está bien... Pero en cuanto deje al grupo en la puerta, vuelvo a buscarla...

—Como quiera. De todos modos, estaré de regreso en un santiamén.

Catalina vio con satisfacción cómo el grupo proseguía su marcha hacia la salida. Luego, sin perder más tiempo, se dio la vuelta y se encaminó, a buen ritmo, hacia la Torre del Prisionero.

Era una típica torre circular. Se levantaba en la esquina sureste de la muralla, junto a un torreón almenado. Sólo cuando vio una puerta de madera, a Catalina se le ocurrió que el acceso a la torre podría estar cerrado y que, en ese caso, su pequeña escenificación no habría servido de nada. Pero tuvo suerte: la puerta estaba abierta.

Después de una cierta indecisión sobre qué camino tomar, siguió en línea recta, y unos peldaños de piedra acabaron llevándola a una estancia circular que debía de ser el interior de la Torre del Prisionero. Por si le quedaran dudas al respecto, allí, en las paredes, estaban los grabados de los que el guía les hablara. Catalina contuvo la respiración al descubrirlos. No eran demasiado llamativos ni, desde luego, muy elaborados. A esa distancia, en la sala mal iluminada, apenas conseguía adivinar lo que representaban. Pero había en ellos una cualidad rara, una especie de magnetismo.

Para verlos mejor, se arrodilló en el suelo, a su lado. Había diez o doce grabados. En al menos tres de ellos vio, ahora claramente, el tosco diseño de una cruz y de un crucificado: Jesús de Nazaret. Le resultó más difícil comprender qué mostraban los otros, aunque identificó un corazón, una especie de edificio que podría tratarse de una iglesia, y un escudo de armas; también las anunciadas iniciales «NP», firma del insigne autor.

A Catalina le habría gustado quedarse más tiempo, y analizar con detenimiento cada uno de los grabados, pero ya se había entretenido demasiado. Así es que se obligó a levantarse y salió de la Torre del Prisionero casi corriendo. No pudo evitar, sin embargo, detenerse un instante en la entrada y echarles un último vistazo.

Otra vez en el patio, comprobó que nadie la había visto salir de la torre. Al fondo le pareció distinguir la figura del guía. Y, frente a él, la de un turista airado: un manchón rojo con sombrero Panamá que no paraba de hacer aspavientos. Hacia ellos se dirigió ahora Catalina, ya a un ritmo tranquilo.

No supo que sus andanzas clandestinas no habían finalizado hasta que llegó a la altura del reducto interior. Todo comenzó con una simple mirada por completo inocente, rutinaria. Después de haber oído la fabulosa historia del jardinero Lhomoy y de haber visto, con sus propios ojos, los grabados de la Torre del Prisionero, la pequeña fortaleza no le pareció tan insulsa e insignificante. De repente, sintió un deseo casi irreprimible de entrar en ella y de verla una vez más, con sus nuevos ojos.

El infeliz guía continuaba siendo atormentado por el obeso e iracundo turista. Nada le impedía, por tanto, satisfacer esta nueva tentación. Siendo así, ¿por qué razón habría de resistirse? Sólo se vive una vez; y el tiempo que se vive es siempre tan escaso... Furtivamente se dirigió al reducto, por segunda vez en esa mañana. Y, sí, los huecos y las piedras desprendidas en las murallas ya no le parecieron el resultado de la desidia y de un mantenimiento poco cuidadoso, sino el fruto de una historia larga y vieja, seguramente plagada de misterios. El mismo sentimiento le provocó, en esta segunda ocasión, la torre del homenaje.

Ante sus ojos se revelaba la fortaleza de Gisors, la auténtica, aquella que estaba oculta, disimulada bajo una capa de mediocridad. Gracias quizá a este nuevo modo de ver lo que le rodeaba, Catalina percibió un detalle que en su visita anterior se le habían escapado: los destrozos, los pequeños destrozos sobre todo, no estaban homogéneamente repartidos, sino que había una especie de centro, de vértice, en torno al cual se agrupaba la mayoría. Era como si allí se hubiera producido una… explosión. No se le ocurría otra cosa que pudiera haber originado esa cantidad de daños de un modo tan circunscrito.

—¡Señorita!

No le hizo falta darse la vuelta para saber que era el guía quien la llamaba. Le había costado librarse del pertinaz turista, pero al final lo había conseguido. Y aquí estaba, viniendo a buscarla, como le prometió.

—¿Ha encontrado usted ya el bolso?

La pregunta mostraba un innegable reproche. Lo que ya no estaba tan claro era si éste se debía a las crecientes sospechas del guía sobre Catalina —puede que se hubiera dado cuenta, por fin, de su estratagema— o a un efecto secundario de la prolongada discusión con el turista.

—No —dijo Catalina—. Me temo que me he quedado sin bolso. Aunque quizá lo haya encontrado alguien y esté esperándome en la salida.

—Sí, quizá —convino el guía, sin mucha convicción—. Ahora tiene usted que salir de aquí.

—Claro. Después de usted —aceptó Catalina, con su mejor sonrisa.

Desde que podía recordar, tenía la costumbre invariable, la obsesión casi, de mirar una última vez los lugares que abandonaba. Nunca se había preguntado la razón, ni necesitaba justificaciones para ello; decirse cursiladas como la de que ése era un modo de guardar la memoria de tales recuerdos. Simplemente, era algo que siempre hacía. Lo había hecho al salir de cada torre que visitaron y al emerger de los sótanos del castillo, y también cuando dejó a su espalda los grabados de la Torre del Prisionero o en su primera visita al reducto. Y que ésta fuera la segunda no iba a impedirle hacerlo de nuevo: lanzar hacia atrás una postrera mirada.

Pero no se esperaba ver lo que vio. Lo que creyó ver, más bien, porque lo que vio no resultaba posible.

—¡¿Ha visto eso?! —exclamó Catalina, de pronto agitada.

El guía se volvió con un gesto cansino, a pesar del grito de ella.

—Por favor, señorita. Estoy muy cansado y me muero de hambre...

—¡Pero hay alguien ahí dentro! ¡Un hombre! Yo... lo he visto.

Catalina se dio cuenta enseguida de que no debía haber dicho eso, de que tenía que haber dejado el asunto correr y atribuir lo que había visto (creía haber visto) a un simple golpe de calor. Pero no logró cerrar la boca a tiempo. Acababa de dar el primer paso para que en el pueblo la consideraran también a ella una loca. «Es como su abuelo. Le viene de familia», dirían. Y puede que tuvieran razón...

Ante la insistencia de Catalina, el guía se espabiló. En el castillo habían tenido muchos problemas con vándalos y lunáticos ávidos de tesoros legendarios. Se ocultaban en el castillo y esperaban hasta la noche para llenarlo todo de porquería, o excavar agujeros emulando a Lhomoy. Por culpa de esto último, una de las torres, la capilla de Santo Tomás, terminó derrumbándose, y tuvo que ser reconstruida y sus cimientos reforzados.

—¡¿Que hay alguien?! ¿Dónde?

Sin esperar una respuesta de Catalina, que, de todos modos, ésta no pretendía darle, el guía inspeccionó la explanada. Al no encontrar a nadie, se adentró en la torre. Lo hizo con cautela; probablemente no era la primera vez que se había topado allí con un vagabundo o con algún sujeto violento. Salió poco después y, exasperado, preguntó:

—¿Está segura de que ha visto a alguien?

Estaba claro que el guía empezaba a hartarse de Catalina. Pero su pregunta le brindaba a ella una nueva oportunidad. Quizá pudiera todavía arreglar el desaguisado y evitarse la fama de loca.

—No, no ha sido más que una especie de espejismo, como los del desierto. Por el calor.

Quizá fuera por el modo en que Catalina pronunció la palabra «espejismo», o quizá por la inseguridad de su voz, pero el caso es que la expresión del guía cambió. Toda su inquietud desapareció, y también su gesto de reproche. Ahora entendía. La mujer estaba mal de la cabeza, como los otros...
—¿Y dónde dice usted que estaba ese *hombre*?
—Ya le digo que seguro que ha sido sólo por culpa del calor.
—¿Aquí, quizá? —insistió el guía—. ¿Es aquí donde estaba el hombre que ha visto?
Catalina asintió, a su pesar, casi sin darse cuenta. Allí era exactamente donde había visto al hombre. Y reparó en que el lugar señalado por el guía estaba cerca de ese vértice de los destrozos, que estaba precisamente en ese centro que había identificado antes. El hombre se acercó a Catalina, sonriendo, condescendiente. Ella también sonrió, aunque ignoraba la razón de la sonrisa del otro.
—¿Le apuesto lo que quiera a que sé qué aspecto tenía el hombre? —le retó el guía. Y levantando el dedo índice para indicar a Catalina que no le interrumpiera, prosiguió—: Era joven, vestido con un traje de bufón. Atravesó el patio, caminando a duras penas, agarrándose el costado derecho, como si tuviera allí una herida. Luego el joven se arrodilló y levantó una trampilla que no está ahí. Y, después, ¡puf!, desapareció bajo la tierra como por arte de magia.
De nuevo sin pretenderlo, Catalina asintió. Ella sólo había visto la parte final de esa escena, pero estaba segura de que, si hubiera vuelto la cabeza unos segundos antes, habría contemplado justo lo que el guía le acababa de describir.
—¿Quién es? —preguntó Catalina. Ya que iban a tomarla por loca de todos modos, ¿qué diablos?
Antes de responder, el guía saboreó el momento.
—Es un fantasma.

19

Camino de Cesenático, 1503

Leonardo, Botticelli y fray Giacomo viajaban en el coche del primero. Detrás, en otro carruaje más modesto, iban los trajes de inmersión en un gran cofre. Desde Florencia a Cesenático debían atravesar la Toscana y la Romaña, hasta alcanzar el mar Adriático al este. A la altura de Faenza se les unieron el capitán español y los otros tres hombres que luchaban con él a petición de la Orden; soldados todos ellos de confianza y honor. Si otrora la Orden fue protegida por monjes guerreros, en estos tiempos se habían convertido en una especie de mercenarios de la virtud. No era el dinero lo que los movía, sino la fe. El grupo, variopinto, estaba compuesto por un bávaro enorme, rubicundo y de aspecto fiero, aunque de mirada algo extraviada; un borgoñón poco hablador y muy diestro en el manejo de la espada; y por último un napolitano, pequeño y cetrino, capaz de acercarse a uno en pleno conticinio sin que el más leve ruido delatara su presencia.

Don Martín ató las riendas de su caballo al coche de Leonardo y se unió a él y a los otros dos hombres en su interior. Tenían que hablar durante el trayecto y ultimar los detalles que ya habían repasado cien veces. Mejor ciento una que noventa y nueve. En ello ocuparon varias horas, hasta que se detuvieron en una posada a hacer noche. Allí tomaron algo de cena y, cansados por el viaje, se recogieron a sus habitaciones pronto. A la mañana siguiente reemprenderían la marcha temprano, y había que coger fuerzas.

Botticelli soñó con César Borgia y con la traición de los débiles. El capitán estuvo un rato pensando en que una vez más arriesgaría su vida muy pronto, pero que al servicio de Dios todo sacrificio es admisible. Fray Giacomo estuvo inquieto y en duermevela casi toda la noche. Los otros hombres, más sencillos, durmieron bien. Leonardo, por fin, reflexionó durante horas antes de caer vencido por el sueño. Reflexionó sobre el Linaje, su protección, el sentido de la vida, el Creador y sus designios.

Por la mañana, todos se mantuvieron en silencio hasta bien entrado el día. Cada uno por sus propias razones. Leonardo quiso romper el incómodo mutismo en que estaban sumidos y preguntó al capitán:

—Vos, don Martín, sois un bravo español. ¿No deberíais estar en el ejército de Nápoles?

—Favor me hacéis con vuestras palabras —agradeció el capitán—. Estuve con Gonzalo Fernández de Córdoba, sirviendo en estas tierras italianas.

—Don Martín ha vivido mucho —terció Botticelli.

El soldado levantó las cejas con aire de pesadumbre, más que de jactancia, y asintió.

—Nací pobre y de niño tomé sendas torcidas. Pronto acabé ante la justicia de Zaragoza, mi ciudad natal. Antes de que pudiera reformarme, me vi en la tesitura de tomar una decisión vital: el hacha del verdugo o los ejércitos de Sicilia. Opté por Italia. Y no tuve que pensarlo mucho, ya que las cabezas separadas de los troncos pierden esa facultad, según dicen los sabios.

Leonardo no había captado la sutil facundia de aquel hombre. Como soldado, le había atribuido inmediatamente cualidades o rasgos como valor y rudeza. Nunca hubiera pensado que se expresara con ese donaire. La vida es una continua sorpresa. No tenía más que mirarse a sí mismo, de camino a la costa de la Romaña para salvar a los herederos del Linaje de Cristo... ¡Nada menos!

—¿Y cómo llegasteis, si me permitís la pregunta, a servir a la Orden a la que pertenecéis? —Leonardo tenía auténtica curiosidad por ese particular.

—No lo busqué, cierto es. No lo busqué, aunque hoy pienso que la Providencia me guió. Tuvo que ser lo que fue.

—Comparto con vos que las cosas que suceden han de suceder, capitán —dijo Leonardo, que cada vez tomaba más en serio a aquel hombre. Eso le recordó que siempre hay que tomar en serio a las personas–. Pero, ¿cómo ocurrió?

El soldado hizo una pausa larga. Su gesto denotaba que traer a la memoria esos recuerdos no le procuraba placer. Debían de ser dolorosos. Pero él era fuerte. Empezó a hablar muy despacio y con la voz profunda.

–En Sicilia me di cuenta de que matar me gustaba. Sentir el poder de quitar una vida. Contemplar unos ojos llenos de pavor que imploran misericordia y devanar una garganta que los arrastrará a la negrura eterna. Ser despiadado. Era mi afán. Luego mi ferocidad dio paso a terribles dudas y miedos. Algo dentro de mí clamaba. Tuve el ansia de redimirme. Fui llamado por Dios. Y renegué de mi anterior vida. Escapé de la milicia y busqué refugio en un convento. Allí pasé años de recogimiento, meditación y oración. La negrura que había penetrado mi alma fue, poco a poco, disipándose. La luz volvió a lucir en mi corazón. Como si el demonio me hubiera poseído, arrojé de mí el mal. Rechacé al maligno. Mi devoción y servicio fueron entonces mayores que los del hermano más laborioso y pío…

La historia de don Martín estaba empezando a emocionar a Leonardo. Aquel hombre había hecho grandes sacrificios y sufrido mucho. Pero ahora, con su conversión, todo quedaba pagado. Ojalá él mismo, pensó el *Divino*, pudiera alcanzar esa iluminación capaz de espantar de su espíritu toda sombra.

–Entonces lo conocí yo –dijo Botticelli–. El monasterio tenía un núcleo afecto a la Orden. Me llegaron noticias de su virtud y de su pasado. Todo era importante. Cuando un hombre se vence a sí mismo, es capaz de vencer cualquier adversidad. Es lo más difícil. Casi todos ven la paja en el ojo ajeno, pero no la viga en el propio. Don Martín pertenece a la casta de hombres que, por el contrario, han mirado su rostro en el espejo del espíritu.

–Me abrumáis con tantos halagos, maestro –dijo el capitán.

–No son halagos, sino verdades. Y vos lo sabéis, aunque vuestra modestia os impida reconocerlo.

El hombre agachó la cabeza en actitud sumisa. Botticelli era su maestro y su guía, y acataba sus designios. Sólo se puede ser buen soldado cuando se sirve a un digno señor.

–Sólo quiero servir a Dios...

El pesado viaje continuó. Se detuvieron únicamente al llegar la noche, y volvieron al camino con los primeros rayos del sol. En este nuevo día no hablaron más de cuestiones personales e íntimas. Pero a Leonardo le bastaba lo que oyó la jornada anterior para tener la certeza de que había encontrado a un espíritu admirable. Don Martín se había ganado en tan escaso tiempo un lugar en su corazón, y confiaba en que sería capaz de guiar a los otros hombres en aquella dura y casi suicida empresa. ¿Estaría el destino de su lado? Lo que hubiera de ser, sería lo que quisiera Dios. De eso estaba seguro.

Sus destinos caminaban por umbríos senderos tortuosos mientras el camino que tenían delante era recto y claro, diáfano. Es el sino de los hombres en este valle de lágrimas.

20

Cesenático, la Romaña, 1503

La fortaleza se veía como un monstruo mitológico, oteando el horizonte desde su posición en la costa. La noche había caído más lenta que nunca para aquellos seis hombres que buscaban restaurar la justicia. El mar se agitaba levemente bajo una brisa suave y agradable. No hacía frío. Y eso era una gran suerte, pues una temperatura baja en el aire supondría un agua gélida. Un hecho que Leonardo había estudiado, y que atribuía a la distinta densidad de los elementos.

Antes de que los soldados se enfundaran las caperuzas, manoplas y aletas del traje de inmersión, Fray Giacomo y Botticelli pidieron que se rezara una plegaria con la que implorar el favor de Dios en esta empresa que en su nombre estaban a punto de acometer. Todos se arrodillaron y agacharon sus cabezas. Incluso Leonardo, que ya no albergaba dudas sobre la existencia de una divinidad protectora de los hombres, aunque a menudo no se pudieran entender sus caminos desde la limitada mente humana. Por eso, como todos los demás, rezó fervorosamente el paternóster.

Pater Noster, qui es in caelis,
sanctificetur nomen Tuum,
adveniat Regnum Tuum,
fiat voluntas tua,
sicut in caelo et in terra.
Panem nostrum cotidianum
da nobis hodie,
et dimitte nobis debita nostra,
sicut et nos dimittimus

debitoribus nostris;
et ne nos inducas in tentationem,
sed libera nos a malo.
AMEN

—Señores —dijo don Martín—, la hora ha llegado. Antes de que despunte el alba sabremos si la batalla se ha decantado del lado de Dios o del Diablo. Nosotros haremos cuanto esté en nuestra mano, guiados humildemente por los hilos del Creador y Señor nuestro. ¡Que Él nos ilumine!

—Suerte, señores —dijo Botticelli, como en una especie de fórmula, y luego, uno por uno, estrechó las manos de los hombres.

—Suerte —repitió Leonardo.

—Que el Señor os guíe bien —agregó por último fray Giacomo.

La misión de este último en el grupo había sido ayudar, por su preparación militar, en la elaboración del plan estratégico. Ahora, serviría de ayudante a Leonardo y con su espada velaría por éste y por Botticelli, si todo salía mal y se veían amenazados. Aunque, si todo salía mal, poco podría importar ya su integridad...

Leonardo colocó personalmente los odres vacíos en el pecho de cada uno de los hombres. Los fijó a la cintura con dos cintas de cuero y, con otras dos, los ató a los hombros por debajo de las axilas. Era un buen método para que no estorbara demasiado los movimientos del portador. Para evitar que, por el principio de Arquímedes, empujaran demasiado hacia fuera del agua, el *Divino* cargó los odres con el suficiente plomo que contrarrestara el efecto ascensional. Hechas estas operaciones, Leonardo preparó la bomba de aire. El extremo del tubo libre fue conectado a cada uno de los odres alternativamente. Para llenarlo había que ir girando como un péndulo, con sumo cuidado, un recipiente hermético, lleno hasta la mitad con mercurio. La presión generada por este líquido metal iba bombeando el aire a través del tubo, sin perder nunca la presión gracias a unas válvulas.

Dos de los cuatro odres estaban ya inflados, y casi el tercero, cuando ocurrió una fatalidad. El soldado italiano estaba comprobando su daga cuando la hoja de ésta, por descuido, rozó el odre con su filo y lo pinchó. Estaba tan bien afilado que bastó ese leve roce para abrir un orificio, mínimo, pero suficiente para hacer inservible el artilugio. Los cuatro soldados quedaban reducidos a tres. No había más odres. Leonardo hubiera querido llevar algunos de repuesto, pero no dio tiempo a fabricarlos.

Los lamentos sirvieron de poco. Y no duraron mucho. Había el tiempo justo de iniciar la misión. Las cosas eran como eran y así tenían que aceptarlas. Los restantes tres hombres, perfectamente compuestos, se dispusieron a dirigirse hacia la orilla del mar.

—No olvidéis a quién servís. Actuad con sigilo. Intentad matar a los menos guardias posibles. Si debéis morir, que sea con honor —dijo Botticelli, a modo de últimas consignas—. Recordad que Jérôme está prisionero en los calabozos subterráneos y que Abigail se halla arriba, en las estancias privadas de Borgia. Id con Dios.

Era curioso, pero Leonardo se enteraba ahora de los nombres de los muchachos. Eran nombres franceses, seguramente por el origen del Linaje. En cualquier caso, estuviera o no en lo cierto, se trataba de algo poco importante, y no era el momento de preguntar. Ya lo haría después, si es que la misión se acometía con éxito, algo en lo que aún confiaba a pesar de este mal comienzo. En todo caso, no pudo pasar por alto que Jérôme, en griego, significa «De nombre sagrado», y que Abigail quería decir «Fuente de la alegría» en hebreo —si no se equivocaba, pues sólo conocía ese idioma superficialmente—. Claro que, en ese momento, no pudo Leonardo evitar la comparación con el significado de su propio nombre: «Fuerte como el león». Bueno, no es que fuera el más adecuado a su persona, pero qué le iba a hacer. Lo había decidido su pobre madre cuando dio a luz a un bastardo a quien deseó esa fuerza leonina. Quizá en algún sentido no se equivocó, pero la fuerza de su hijo no era física, sino intelectual.

Para él, para Botticelli y para el monje, sólo restaba esperar. Recogieron todo y lo guardaron en unos sacos que escondieron entre unos matorrales. Estaban en un lugar apartado, aunque no muy lejano de la fortaleza, y allí a esas horas no pasaba nadie. Los tres hombres regresaron a donde habían dejado el carro y los caballos. Se sentaron dentro del coche y se mantuvieron en silencio durante más de una hora entera. Fue Leonardo quien rompió el silencio, como ya era habitual. Siempre muy atento al aspecto físico de las personas, se había fijado en que las ropas de Botticelli se mostraban un poco abultadas a la altura del vientre. Era más por causa de su postura que por exceso de grasa realmente, pero Leonardo comentó aun así:

—Ten cuidado con eso, Sandro, o al final terminarás ganándote por ti mismo el sobrenombre que te dieron por tu hermano.

—¿Botticelli? —preguntó el mismo que calzaba ese apodo, encogiendo la incipiente barriga, un poco azorado. Ésa era posiblemente la última cosa que esperaba oír aquella noche de labios de Leonardo.

—Sí, claro que Botticelli: *barrilete*. Hay que ver lo gordo que estaba tu hermano cuando era niño…

A esta conversación breve y trivial, absolutamente baladí, le siguió otra hora más de silencio absoluto. ¿Qué estaría ocurriendo en la fortaleza? ¿Cómo se estaría desarrollando la misión? No podían saberlo y sólo restaba esperar. Una espera que los concomía por la incertidumbre, la mayor incertidumbre de sus vidas.

21

Fortaleza de Cesenático, 1503

Entrar en la fortaleza no resultó difícil para los soldados. La idea de Leonardo había dado su fruto. Los desagües que daban al canal no estaban protegidos con verjas por considerarse que la fortaleza era inexpugnable desde ellos. Así lo pensaba quien reforzó sus defensas, el propio Leonardo. Y habría estado en lo cierto de no haber tenido que enfrentarse con su propia y genial mente: Leonardo contra Leonardo. Una batalla en la cumbre del intelecto humano.

Los hombres tuvieron que desplazarse muy lentamente por el lecho marino y luego dirigirse contracorriente por una sección del canal hasta alcanzar una zona próxima a la fortaleza, desde la que continuaron avanzando a pie, ayudándose de guantes palmeados que llevaban puestos. El aire del odre estaba contrapesado con el plomo, aunque a medida que iban respirando, aquél se vaciaba poco a poco y el peso tendía a vencer al poder ascensional. Pero como quiera que esto sucedía despacio, y el agua es tan densa, no impedía avanzar a los hombres a buen ritmo. Peor era la falta de luz. Sólo la luna, casi llena y muy alta en el horizonte, y la noche despejada, permitían tener una noción de sus posiciones con respecto a la fortaleza y de la distancia que aún faltaba para llegar hasta ella.

Una vez alcanzaron los desagües, caminaron por ellos, levemente inclinados, hasta el nivel que se encontraba por encima del de la superficie del agua. Con la marea baja, los túneles quedaban al aire. Sin embargo, cuando la marea subía quedaban hasta cierto punto sumergidos. Ése era un modo de evitar pestilencias por acumulación de detritus. Y por ese mismo motivo, los tubos estaban razonablemente limpios y despejados.

El agua les cubría ya sólo las rodillas, o poco más, cuando los tres soldados alcanzaron un gran colector en el que desembocaban los conductos de desagüe secundarios de toda la fortaleza. Según los planos de Leonardo, debían tomar el más grueso, que llegaba hasta el patio de armas. Allí tendrían que levantar y apartar una reja metálica. La luna entonces jugaría en su contra. Los ayudó a alcanzar su destino, pero ahora les dificultaría continuar la misión.

Dejaron en el colector las partes de los trajes innecesarias en superficie. Para que la luz no los delatara iban ataviados con ropas negras. Además, el capitán obligó a los hombres a tiznarse el rostro y las manos con el polvo de carbón de un frasco que tenía consigo. Se había dado cuenta de que eso evitaba los reflejos en la piel, haciendo casi invisibles a quienes avanzaran entre las sombras de la noche. Una última mirada entre los hombres y un silencioso apretón de manos dio comienzo a la parte más difícil; acaso las más arriesgada. Leonardo no podía ayudarlos allí dentro con su maestría. Ahora dependían sólo de sí mismos. Quizá muriera alguno de ellos. Quizá todos murieran. Pero estaban dispuestos a entregar la vida por su ideal, si fuera preciso. Para los hombres pragmáticos, esto podía carecer de sentido. Para ellos, sin embargo, lo era todo. No servir a aquello que uno ama y respeta, no estar dispuesto a morir por el honor, es como estar muerto en vida, pues la vida sin honor es un continuo despreciarse o un engaño a uno mismo.

En el carro, Leonardo, Botticelli y el fraile seguían esperando con creciente angustia. Cada uno se enajenó de los otros y, en ese estado de interiorización que le permite a uno pensar de veras, casi en trance, dejaron volar su mente a lugares distantes. Esta vez fue Botticelli quien rompió finalmente el silencio.

—¿Tiene sentido la vida? —Hizo una pregunta, pero no iba dirigida a nadie. Era retórica. Miraba hacia delante con los ojos vidriosos, perdidos—. ¿Tiene auténtico sentido…? Ahora parece que el arte llena los corazones. Hasta las criadas se interesan por la arquitectura, la pintura, la escultura. Pero eso no es dar sentido a la vida.

—El sentido es Dios —dijo con voz muy queda fray Giacomo.
Leonardo separó los labios y tomó una bocanada de aire al tiempo que levantaba el rostro.

—Dios... Dios... —repitió como si la palabra se deshiciera en el aire—. Es lo único que puede dar sentido, sí. Es lo único.

El capitán iba delante. Empujó con sumo cuidado la verja del sumidero en el patio y la desenganchó de sus anclajes. Evitando que arrastrara sobre el empedrado, la colocó en el piso. Había comprobado antes que nadie podía verlos. Por suerte, una torre arrojaba una sombra bastante grande, al interponerse entre esa zona del patio y la luna. Había sido como un guiño del pálido satélite para no estropear la misión. Seguramente estaba de su parte.

Un hombre grueso no habría sido capaz de pasar por la angosta boca. No era el caso de ninguno de los tres. Una vez afuera, se apresuraron a buscar la protección del muro. Cada uno sabía cuál era su cometido. Cuando eran cuatro, previeron separarse dos a dos. Ahora no existía esa opción. Por tanto, don Martín tendría que descender a las mazmorras del subsuelo, al rescate de Jérôme, mientras que los otros dos hombres se dirigían a los aposentos de Borgia, en busca de Abigail.

La guardia no era demasiado fuerte en el interior. César no tenía ya el poder de hacía unos meses, y además no juzgaba posible un ataque. Por eso resultó fácil que el capitán y sus hombres alcanzaran sus objetivos con sólo un par de cuellos rebanados. Aunque la suerte de ambas partes de la misión fue muy dispar.

Arriba, los dos hombres del capitán descubrieron que la joven que iban a rescatar no había sido tratada como una prisionera, sino casi como una reina. Al menos en lo externo, pues Borgia la había recluido en un aposento digno de los cuentos orientales. Una rica alfombra persa cubría la práctica totalidad de la estancia, de por sí bastante grande. A un lado había un aparador de madera noble y dos sillas junto a una chimenea de mármol rosa. El lecho ocupaba el lugar central, junto a la pared del fondo, y tenía un rico dosel de cerezo, columnas dóricas y estaba cubierto de seda. En otro lado había una ventana de vidrios plomados en forma de rombo, tapiada por el exterior, y un sillón corrido. La lámpara que colgaba del techo era de vidrio veneciano, con filigranas de calidad incomparable.

Abajo, por el contrario, el muchacho se hallaba encadenado a una fría pared húmeda, con las ropas convertidas en harapos y demacrado por la falta de alimento y la tristeza. No le habían castigado el cuerpo, aparte del daño de estar prisionero, pero la tortura infligida a su mente era peor que mil latigazos. Don Martín le quitó los grilletes antes de ver la realidad de los hechos: le quedaba muy poco de vida. Su último aliento y su última palabra fueron escuchados por el capitán: pronunció el nombre de su hermana, con los ojos llenos de anhelo, pensando en ella y no en sí mismo. Y expiró. El joven Jérôme había fallecido. Sus labios agrietados estaban semiabiertos, sus párpados no llegaban a cubrir del todo sus ojos. No había expresión de miedo o dolor en aquel rostro. Sólo una imagen desconsoladora. Pobre chico, muerto en la flor de su edad, se dijo don Martín, y rezó en silencio una oración por su alma. Él era un guerrero, pero también una especie de monje, heredero de aquellos lejanos miembros de las órdenes de caballería que otrora velaran por la seguridad de los hombres.

Don Martín hubiera querido llevarse el cuerpo de Jérôme, pero la prudencia lo impedía. Aún había una esperanza con su hermana Abigail, y él no era dueño de elegir: el cuerpo sin vida tendría que quedarse en la mazmorra. Sólo antes de abandonar ésta y regresar al patio de armas, don Martín tumbó en el suelo al muchacho y le cerró los ojos y la boca. Si Borgia tenía aún el menor resto de humanidad en su negro corazón, mandaría que le fuera dada sepultura.

A Abigail fue necesario despertarla con sumo cuidado para que, a pesar del sobresalto, no hiciera ruido. No sabía que iba a ser rescatada, y podría gritar sin querer y delatarlos. Se acercaron al lecho y uno de los soldados le tapó la boca fuertemente. Ella salió de improviso de las profundidades del mundo onírico. Abrió mucho los ojos, pero no pudo emitir ningún sonido. Le fue explicado al oído que sus intenciones no eran hacerle daño, sino salvarla de las garras de César. Abigail comprendió enseguida y dejó de forcejear con sus escasas fuerzas, pues se hallaba enferma, apenas consciente. Fueran quienes fuesen aquellos hombres, más valía ir con ellos que quedarse allí. Aunque ya no sabía siquiera si deseaba seguir viviendo. Tenía mucha fiebre y no pudo ponerse en pie. En los brazos de un soldado sufrió un desmayo del que no se recobraría hasta mucho tiempo después, cuando su cuerpo y su espíritu estuvieron algo más apaciguados.

—¡Silencio! —dijo fray Giacomo con la diestra en alto, y aguzó el oído.

Leonardo y Botticelli le imitaron; sus corazones súbitamente desbocados.

—¡Viene alguien! —exclamó Leonardo.

Los pasos en la tierra eran cada vez más fuertes, como de pies que se arrastran, y era indudable que se aproximaban al carro.

—Deben de ser ellos... —dijo Leonardo con más ansiedad que convicción.

Pero había acertado. El capitán y uno de sus hombres estaban llegando. Así lo anunció, tranquilizándolos, el soldado que montaba guardia. Fue sólo una calma momentánea, no obstante. No todos regresaban sanos y salvos, y la misión no había sido un éxito pleno. Otro de los hombres se había ahogado intentando abandonar la fortaleza. Además, únicamente la chica vivía. El muchacho estaba muerto y su cuerpo tuvo que ser dejado en la fortaleza.

No había tiempo de explicaciones detalladas. Tenían que marcharse de allí tan deprisa como fuera posible. Ya habría tiempo de hablar. Pero una cosa parecía clara: una vez más, Dios escribía, a los ojos humanos, en renglones torcidos.

22

Gisors, 2004

Después de su visita al castillo de Gisors, Catalina había pensado ir al ayuntamiento, para intentar descubrir por qué nadie había inspeccionado la cámara secreta que descubrió el jardinero de la fortaleza, Roger Lhomoy: la capilla de Santa Catalina. Pero decidió aplazar su visita hasta el día siguiente. No se encontraba bien. Al fin y al cabo ¡había visto un fantasma, por amor de Dios! En pleno día, además. Imaginaba que sólo este hecho le hacía subir de una vez varios niveles en la escala de la locura. ¿No se suponía que los fantasmas estaban en casas encantadas, y que se aparecían siempre a partir de la medianoche? Pues no; los guionistas de Hollywood se equivocaban. Y no le valía repetirse a sí misma la justificación que le diera al guía del castillo. Loca o no, estaba segura de lo que había visto. Quizá se tratara de un delirio, de un delirio de loca, pero no era ninguna alucinación provocada por el calor.

No se encontraba bien, no. Necesitaba descansar.

A quien le encantaría oír esa historia era a su tía. Ella, que no mostraba ningún reparo en calificar de chiflado al abuelo Claude, creía en todas aquellas paparruchas de la astrología, la quiromancia y el tarot, junto a otras muchas. La noche antes de ir a París, Catalina le había permitido que le leyera la buenaventura. No es que ella creyera también en ese tipo de cosas, claro que no, pero su tía era una persona insistente. Así, después de muchas negativas, cedió, y ella le echó las cartas. Catalina recordaba lo que éstas le vaticinaron; una serie de predicciones simplonas y tan genéricas que podrían servir para cualquiera: que su situación monetaria iba a mejorar (su tía se mostró entusiasmada cuando salió esto. «¿Ves? Es por lo de la herencia de tu abuelo. A ver qué te dicen mañana»); que encontraría a un hombre maravilloso que, no obstante, le haría sufrir (¡Menuda novedad! Había conocido a tantos hombres que parecían maravillosos y que le habían hecho sufrir…); y que conseguiría resolver algo que llevaba mucho tiempo esperando ser resuelto. Una sarta de tonterías, en resumen.

Resultaba irónico que una incrédula como ella hubiera sido testigo nada menos que de la aparición de un fantasma. A veces se hace cierto, de modos casi escandalosos, el dicho de que la vida es un mar de sorpresas.

El ruido de la puerta al abrirse la sobresaltó. Era Albert. Catalina le sintió limpiarse las botas en el felpudo, y le imaginó quitándose la boina, como era también su costumbre. Después oyó sus cargados pasos recorrer el pasillo en dirección a la biblioteca, donde ella se encontraba.

—Ah, está usted aquí —dijo Albert—. Pensaba que me había dejado la luz encendida. —Dándose cuenta de algo, añadió—: Perdone por entrar con mi llave.

—No se preocupe.

Albert asintió. Luego dijo:

—No sé si ha visto la nota que le he dejado en la entrada.

—La verdad es que no. Hoy ha sido un día muy duro.

—Era para avisarle de que la han llamado del despacho del señor D'Allaines. La llamaron también al móvil. Han dicho que no era nada importante, pero que volverían a llamar el lunes.

—Está bien. Gracias. —Era una sorpresa oír al guardés decir tantas palabras seguidas.

Pero no añadió ninguna más. El guardés salió de la habitación, y el sonido de sus pasos en el corredor se inició de nuevo, aunque esta vez se alejaba en vez acercarse.

—¡Albert! —llamó Catalina.

Instantes después, el guardés surgió en el umbral de la puerta.

—¿Sí?

Catalina no respondió de inmediato. En cambio, observó con atención el rostro serio e impasible de Albert. También su mirada, fija en ella, en la que se unía una cierta curiosidad con su expresión normalmente ceñuda. Llegó a la conclusión de que ése no era el rostro de un hombre dispuesto a escuchar, de al-

guien comprensivo, capaz de levantarle el ánimo al espíritu más apagado, o de resolver, sin vacilaciones, las dudas más profundas. No. Así no era Albert. Desde luego que no.
—No es nada —dijo Catalina—. Hasta mañana.
Esta vez fue Albert el que se quedó mirándola. Y, para sorpresa de Catalina, entró en la biblioteca, cogió una silla y la colocó junto al butacón donde ella estaba sentada.
—Cuéntemelo —fue la única palabra que pronunció.
Y Catalina lo hizo. Empezó relatando su visita al castillo de Gisors. Le describió todos los sitios que había visto, unos sitios que Albert conocía como la palma de su mano. Le narró la historia de Roger Lhomoy que el guía les contara, una historia que aquél había oído ya cientos de veces. Pero en ningún momento Albert la interrumpió. Catalina le confesó también su visita clandestina a la Torre del Prisionero, y la sensación que le provocaron los extraños grabados de sus paredes. El guardés continuó sin abrir la boca, limitándose sólo a escuchar y a mirarla con su expresión ceñuda.

El objetivo de tantos preámbulos era diferir lo que de verdad quería contar:
—Hoy he visto un fantasma en el castillo.
De todas las respuestas posibles que podría haberle dado Albert, la que efectivamente le dio era la única que Catalina nunca se habría esperado:
—¿Cuál de ellos?... ¿La mujer que lleva su cabeza debajo del brazo? ¿El borracho que se cae desde una ventana? ¿El joven malherido vestido de bufón que abre una trampilla?... Es ése, ¿verdad? Sí, es ése —respondió el propio Albert.
—¿Usted también lo ha visto?
—Ajá.
—¿A todos esos?
—A ésos y a otros cuantos más —afirmó el guardés, con una indiferencia tan inapropiada para el tema del que estaban hablando que hizo a Catalina reír. Albert acompañó sus risas con una sonrisa leve pero sincera—. Mucha gente del pueblo los ha visto —aseguró—. Y también varios turistas. Así que no se preocupe. No estamos muy cuerdos en Gisors, la verdad, pero tampoco estamos locos. Y, ahora, duerma bien, señorita.

Albert se levantó de su silla, que volvió a colocar en el lugar donde antes se encontraba. A continuación se dirigió hacia la puerta. Estaba cruzando el umbral cuando Catalina dijo:

—Gracias, Albert... ¿Sabe? —añadió—. Estaba muy confundida con respecto a usted. No podría estarlo más.

Como si entendiera a qué se refería, el guardés asintió de nuevo.

—Hasta mañana —dijo, y se alejó después por el pasillo con sus cargados pasos.

Al día siguiente, Catalina se despertó de un humor excepcional. No recordaba la última vez que había dormido tan plácidamente. Por la ventana abierta entraba un maravilloso resplandor, las cortinas se mecían al ritmo de una brisa agradable. Había sobrevivido a la visión de un fantasma, y eso bien podía justificar su buena disposición... Y la hacía merecedora, además, de un opíparo desayuno. El único problema es que no tenía nada que echarse a la boca.

Una protesta lastimera de su estómago encendió aún más su hambre. Tenía dos opciones: ir al pueblo en busca de una cafetería o comprobar si Albert podía darle algo que comer. El guardés rescató la noche pasada su buen juicio y, hoy, Catalina iba a darle la ocasión de salvarla de su prolongado ayuno. Resulta difícil no pedir a quien parece dispuesto a dar. Ésa es la maldición de las personas que revelan ser generosas.

Con infinita pereza, Catalina se incorporó de la cama. En el aire que aspiró profundamente sentía el olor a hierba recién cortada y a ese ya habitual aroma de compota de manzanas. El tacto de sus pies desnudos sobre el suelo de madera resultaba placentero, como también lo era el tacto sedoso de las ropas de la cama. Éste era un nuevo día, pero no un día más.

De camino al cuarto de baño tropezó con unas bolsas de las que casi se había olvidado. En ellas estaban sus compras de la mañana anterior, las diversas prendas de ropa que había adquirido y lo que pensaba utilizar de anzuelo con Albert, su pequeño soborno para soltarle la lengua. Catalina se sintió avergonzada ahora que conocía un poco mejor al guardés y que se había dado cuenta de que no era, en absoluto, el hombre que ella había imaginado. Menos mal que las circunstancias habían impedido que cometiera la estupidez de intentar comprarle.

En principio, se dijo que lo mejor era devolver la *prueba del delito*. Pero luego recapacitó y se le ocurrió una idea mucho mejor. Así, el instrumento de soborno se convirtió en un genuino regalo. Muy satisfecha con su decisión, Catalina reemprendió el camino hacia el cuarto de baño, de donde salió al rato para vestirse.

Ya completamente arreglada, dejó la casa para dirigirse a la zona posterior de los establos, hacia el huerto en el que había visto trabajar a Albert. Y allí estaba él, entre una selva de tomateras, lechugas, nabos, judías y calabazas, removiendo la tierra con un rastrillo, para ventilarla, y abriendo huecos en los que dejaba caer semillas diminutas.

—¡Hola! —saludó Catalina—. Hace un día precioso, ¿eh?
—Demasiado calor.

Aquí estaba de regreso el viejo Albert, arisco como siempre, frugal en palabras como nunca. Pero Catalina había visto la noche anterior el brillo que ocultaba tan desagradable coraza, así que respondió, condescendiente:

—Sí, hace un poco de calor... Pero, anímese, ¡le traigo un regalo! —exclamó, mostrando la bolsa.

Albert dejó de cavar y se incorporó, pero sólo a medias, manteniéndose apoyado en el rastrillo. Todavía sin responder, se quitó la boina y enjugó con un pañuelo el sudor de su frente.

—¿Sabe lo que decía mi madre sobre los regalos de los desconocidos? —dijo Albert, suspicaz.

—¿Que no había que aceptarlos?

—Ajá. Eso mismo. ¿Y sabe por qué lo decía?

Catalina negó con la cabeza, aunque imaginaba la respuesta.

—Porque la buena mujer pensaba que cuando un desconocido te hace un regalo es porque quiere algo a cambio.

—Bueno —dijo Catalina, transluciendo sólo un lejano atisbo de culpabilidad—, no siempre es así. Quiero decir que a veces los desconocidos sólo dan regalos porque sí, ¿no cree? Por ejemplo, yo no pensaba pedirle nada a cambio. Sólo quería agradecerle lo de ayer.

Resultaba obvio que el regalo de agradecimiento de Catalina lo había comprado antes de tener algo que agradecer. Aun

así, sus palabras eran sinceras. Y Albert debió de notar su franqueza, porque en lugar de rechazar el obsequio, como habría hecho en casi cualquier otra circunstancia, dijo:
—No tiene nada que agradecerme, y no hacía falta que me comprara ningún regalo. Pero mi madre también decía que no hay que ser desagradecido. Ya que se ha molestado, se lo acepto.
La madre del guardés era una sabia mujer, se dijo Catalina, mientras abría la bolsa y sacaba de ella un paquete.
—No, ahora no puedo abrirlo. Tengo las manos sucias —dijo, mostrando una inesperada delicadeza. Como prueba, apoyó la barra del rastrillo sobre el estómago y le enseñó a Catalina dos manos enormes y, realmente, muy sucias—. Hagamos una cosa: vamos a mi casa, me lavo las manos, la invito a desayunar, y luego abrimos ese regalo suyo. ¿Qué le parece?
A Catalina le parecía que, a veces, las buenas acciones reciben su premio. No obstante, simplemente respondió:
—¡Me parece estupendo!

Albert reveló otra de sus cualidades ocultas preparándole a Catalina unas tortitas dignas de la mejor cafetería, que acompañó con un tazón de café y una mermelada casera de frambuesa, elaborada por él mismo.
—Estaba todo buenísimo —aseguró Catalina, terminando de engullir los últimos restos de su desayuno.
—Ajá.
—Bueno. Ya es hora de que vea su regalo, ¿no cree?
Albert rompió el envoltorio. Catalina notó que se le veía animado, y curioso también. Por eso, se sintió por completo decepcionada cuando el guardés terminó de abrir por fin el regalo y le dijo gravemente:
—Es mejor que lo devuelva.
—¡Pero, ¿por qué?! ¿Es que no le gusta? Hay muchos más donde elegir. Podemos pasarnos por la tienda y cambiarlo por otro.
—No vale la pena.
—Pero sé que le hace falta. Y hasta me acuerdo de que le dijo a la secretaria del señor D'Allaines que un día de éstos pensaba comprarse uno.

Sus propias palabras refrescaron la memoria de Catalina, haciéndole recordar también otros detalles de aquella escena, cuando Albert estuvo hablando con el bufete para confirmar su identidad. Entonces, su rostro mostró una expresión extraña, como avergonzada, que Catalina no comprendió pero cuyo sentido le resultaba ahora evidente...
—Ya tiene un teléfono móvil, ¿verdad?
El azoramiento surgió en el rostro de Albert, que, mirándola sin levantar la cabeza, respondió:
—Lo compré hace un mes.
—Pero...
—Pero no consigo aprender a utilizar el maldito chisme. Igual es porque tengo los dedos demasiado gordos para unos botones tan pequeños... En fin, ¿qué se le va a hacer?
El guardés sonrió tímidamente. Había pasado ya lo peor. Catalina no se había reído de él, que era lo que más le preocupaba.
—Yo le diré lo que vamos a hacer, Albert. Va a traer su teléfono y le voy a enseñar a manejarlo. Verá que no es tan difícil como parece si no se hace caso de esas enrevesadas instrucciones. ¿Sabía que muchas veces están traducidas del sueco o el finlandés por adolescentes que no hablan bien ni su propio idioma? A mi tía también tuve que enseñarle a manejar su teléfono.
—Está bien. Pero ¿qué hacemos con el otro móvil, con el que me ha regalado? Lo mejor es devolverlo, ¿no?
—Quédese con él. De repuesto. Por si el otro se le rompe. —Anticipándose a la cuestión que iba a plantearle el guardés, añadió—: Y no se preocupe, porque basta con aprender a manejar uno para saber utilizar los demás. Todos funcionan más o menos igual.
—Si usted lo dice...
Catalina cumplió su palabra. Y no hizo falta siquiera abrir el manual del teléfono para que, después de media hora, el guardés consiguiera ya manejar con suficiente soltura sus funciones básicas.
—El lunes tengo que llamar para decirle a la señorita Bergier mi número de móvil —comentó Albert.
—¡Así se habla! Y de paso aprovechamos para saber qué querían de mí.

23

Vinci, la Toscana, 1503

Vencida por la tristeza y el agotamiento nervioso, Abigail había caído en un sueño febril del que no despertó en casi dos días. Leonardo la había llevado a su casa de campo, e insistió en cuidarla él mismo. Los demás debían marcharse, a excepción del fraile. Cuando ella lograra recobrarse, quizá necesitara confesión, y no era buena idea recurrir al párroco de la iglesia del pueblo. No hubo disputas al respecto. O mejor dicho, sí las hubo, pero Leonardo no cedió, se mostró inflexible y todo se hizo según sus designios.

Entre el fraile y el propio Leonardo se fueron turnando para velar a la joven. Su expresión serena se quebraba en ocasiones, en las que deliraba con algunas frases incomprensibles, frunciéndose el ceño. Más tarde, volvía a su estado de tranquilidad a pesar de la fiebre. El sudor se lo iban enjugando con paños, que le pasaban por la cara y luego dejaban en la frente.

—¡Jérôme! ¡Jérôme! —gritó ella una vez en la noche. Después el silencio durante horas…

Por fin despertó. Entonces sus preguntas fueron ya conscientes. Y lo primero que quiso saber fue la suerte de su hermano. Leonardo no quiso engañarla, a pesar de que estaba débil. Le dijo que Jérôme había muerto en su celda de la fortaleza y que no había sido posible ni siquiera recuperar su cuerpo para darle una cristiana sepultura. Abigail empezó a llorar en silencio, con dignidad, como se llora cuando no se intenta demostrar el dolor, sino únicamente aliviarlo. Su rostro hermosísimo, preso de la tristeza, sobrecogió el espíritu de Leonardo aún más que la muerte del hermano. Aquella joven mujer llevaba escrito que era una criatura excepcional. Por ella, una vida entera podía tener sentido. Ese sentido sobre el que se había interrogado Botticelli. Un sentido que ahora adquiría, para el *Divino*, una dimensión y un color nuevos. Pues cuando se descubre la luz, la penumbra se convierte en un débil recuerdo.

Leonardo trató de consolarla diciéndole que el alma de su hermano había dejado este mundo acompañada de una oración. Y le dijo que tenía que recobrarse y coger fuerzas. Para evitar preocuparla, no añadió, sin embargo, que aún no había pasado el peligro. Los últimos coletazos de un león son los más peligrosos, y había que temer la reacción de César Borgia. Considerar que estaba vencido sería un error que podría llegar a tornarse irreparable.

La mañana en que la joven amaneció consciente y con una clara mejoría en su estado, Botticelli llegó a Vinci. Desoyó a Leonardo y no pudo evitar la incertidumbre de estar en Florencia, o quedarse en Pisa, mientras la última descendiente del Linaje sagrado y milenario enfermaba. Acaso no sobreviviría. Las dudas le llevaron a la casita de su amigo, en contra de sus órdenes. Pero Leonardo no le recriminó nada. Aceptó la visita de Botticelli, aunque le pidió que no hablara con Abigail de momento. Le bastaba con saber que ella estaba mejor y se recuperaría, y que la tristeza de saber que su hermano mellizo había muerto no superaba la esperanza de ver el Linaje a salvo. El honor de su elevado destino impulsaba a la joven, que se comportaba, a su corta edad y con las debilidades propias de su sexo, como un noble y aguerrido caballero en el combate.

Mientras el fraile leía unos versos de *La divina comedia*, de Dante Alighieri, a la joven, que estaba aún en cama, en el piso superior de la casa, Leonardo y Botticelli conversaban abajo, tomando una buena y dulce malvasía.

Del camino a mitad de nuestra vida
encontreme por una selva oscura,
que de derecha senda era perdida.
¡Y cuánto en el decir es cosa dura
esta selva salvaje, áspera y fuerte,
que en el pensar renueva la pavura!
Tanto es amarga que es poco más muerte:
mas, para hablar del bien que allí encontrara,
diré otras cosas de que fui vidente.

121

Yo no sé bien decir cómo allí entrara;
tan lleno era de sueño en aquel punto
que el derecho camino abandonara.
Mas luego, al ser al pie de un monte junto
en donde daba término aquel valle
que aflicto en miedo el corazón me tuvo,
miré a lo alto, y vi que era en su talle
vestido ya de rayos del planeta
que nos guía derecho en cualquier calle.
Fue entonces la pavura un poco quieta,
que en el lago del pecho aún me duraba
la noche, que pasara tanto inquieta.
Y como aquel que con cansadas ansias,
salido ya del piélago a la riba,
se vuelve a ver las peligrosas aguas,
así el ánima mía, aún fugitiva,
se volvió atrás a remirar el paso
que no dejó jamás persona viva.
Cuando di algún reposo al cuerpo laso
proseguí aquella playa desierta,
tal que el pie firme siempre era el más bajo.
Y he aquí, casi al comenzar la cuesta
una onza ligera y presta pronto,
que de pie maculada era cubierta:
y no se me apartaba de ante el rostro,
así tanto impedía mi camino
que muchas veces intenté el retorno…

Cálida era la voz del fraile, y queda, mientras leía el poema. La joven parecía apaciguada, quizá por la cadencia regular de la métrica, más que por el sentido de las palabras. La poesía tiene el poder de imbuir en un trance a quien la escucha o lee, la facultad de introducirlo en un mundo aislado del exterior por una fina burbuja de eternidad, misticismo, sueños de la infancia… Por eso, fray Giacomo creyó que Abigail estaba sufriendo un ataque cuando ella empezó a dar saltos en el lecho. Sus ojos se cerraron con furia al tiempo que emitía una especie de gemidos que denotaban pánico. Se arrebujó entre las sábanas y apretó su espalda contra la pared del cabecero de la cama, ascendiendo por ella como una culebra que huye y se topa con un muro infranqueable.

—¡Señores, venid! —gritó el fraile, sin saber qué hacer.

Leonardo y Botticelli estaban ya subiendo por la escalera que comunicaba con el piso superior, pues habían oído los repentinos gritos de la joven.

—¡¿Qué sucede?! —preguntó Leonardo sin esperar respuesta. Abrazó a Abigail fuertemente contra su hombro y le acarició la nuca—. Ya pasó, ya...

Botticelli contemplaba la escena con espanto desde una esquina. La luz era suave y quedaba casi en penumbra. Tenía una mano en la boca, y mordía, con alguna fuerza, su dedo índice.

Pese a los esfuerzos de Leonardo por calmarla, Abigail sólo abandonó su estado convulso cuando le sobrevino un desmayo. Entonces la acostó de nuevo en la cama y la arropó con suma delicadeza. A continuación, se volvió hacia fray Giacomo y le dijo:

—¿Por qué se ha puesto así? ¿Cómo ha sucedido?

—No lo sé —respondió el fraile aún turbado—. Le estaba leyendo un poema. Estaba bien y de repente...

—¿No ha pasado nada digno de mención? Pensadlo, por favor —insistió el *Divino*.

Fray Giacomo se mantuvo en silencio unos instantes y luego negó con la cabeza. No había nada que hubiera podido inducir el ataque. Estaba desconcertado, al igual que los otros hombres.

—Bueno, pues seguid velándola. Luego vendré a relevaros.

Leonardo apretó a Botticelli el brazo para indicarle que descendiera. Los dos lo hicieron. Ya en el piso bajo, estuvieron un rato pensando qué podía haber sucedido; cuál pudo ser el motivo de tan grande excitación, tan repentina y aparentemente sin ningún sentido. Quizá la joven aún no había sido capaz de asimilar la muerte de su hermano. Pero ni siquiera eso justificaba semejante ataque de pánico extremo. No, Leonardo estaba seguro de que debía de haber otra cosa, algo más.

Botticelli no encontraba tampoco explicación. Aunque, de haberlo reflexionado, quizá habría surgido la respuesta en su mente: una respuesta que no le habría gustado lo más mínimo.

24

Cesenático, 1503

El ruido de un gran cristal estallando en mil pedazos anunció un alarido cavernoso que parecía ascender desde los mismísimos infiernos. Un bello e inocente espejo veneciano había caído bajo la ira de César Borgia, que le arrojó su puñal a cambio de no clavárselo al jefe de su guardia. En otro tiempo lo hubiera hecho, pero ahora necesitaba a sus hombres, a todos sus hombres.

La noticia de la huida de sus rehenes le hizo montar en cólera. Los ojos le destellaban como un buque al fuego de san Telmo. Sí, la huida de sus rehenes. Pues eso eran también: rehenes. Si su plan inicial fallaba, y la unión con el Linaje no obraba el milagro de elevarle sobre todos sus enemigos, aún tendría la opción de usarlos como moneda de cambio. Siempre había que idear un segundo plan. Cuando no se tiene más que una oportunidad, el riesgo es demasiado alto, porque si algo no sale bien, si algo se tuerce, la caída puede ser definitiva.

Ahora estaba empezando a hacerse cargo de lo que realmente sucedía. Su fin estaba cerca y nada parecía poder frenarlo. Lucharía con uñas y dientes, se aferraría al poder. Los hombres como él sólo se sostienen cuando la fuerza está de su lado. Una pequeña debilidad puede acabar con ellos, pues nadie los ama. El miedo los sustenta en las alturas. Cuando el miedo cede, la venganza de los oprimidos, más que la justicia, es la maza que los derriba.

Pero él aún no estaba vencido, no había caído al suelo. No del todo, al menos. Le quedaba un poco de aliento. Debía reflexionar sobre lo ocurrido. ¿Cómo pudo suceder aquello? Resultaba obvio que Botticelli tenía que estar implicado. Aunque, por otra parte, eso era difícil de creer. ¿Cómo se habría atrevido un cobarde como él, fácil de manejar? No parecía posible, y sin embargo... ¿Y cómo habían podido acceder a la fortaleza unos hombres con tanta sencillez y sin levantar la alarma? Necesariamente, alguien que conociera muy bien las defensas había tenido que revelárselas... ¡Leonardo!

25

Roma, 1503

¡Ese malnacido! Las palabras de Juliano della Rovere, acalladas por sus dientes, sonaron extremadamente fieras en los oídos de su hombre de confianza, Guillermo de Groth. Hasta él habían llegado noticias extrañas acerca de unos jóvenes cautivos de su odiado César Borgia y que había tenido ocultos en su fortaleza de Cesenático. Pero su identidad y la razón por la que estaban envueltos en tanto celo y secretismo, eran misterios que los informadores de Della Rovere no habían sido capaces de discernir, a pesar de todos sus esfuerzos. Lo único que parecía claro es que no se trataba de personas principales, que hubieran podido valer un rescate o un chantaje. Pero eso sólo lograba profundizar el enigma.

–Borgia no obra en vano. Esos muchachos tienen que ser importantes, y no sólo para él. Groth, debes acudir de inmediato al lugar donde está César para averiguar lo que puedas. Necesito saber más. No me fío. No puedo fiarme…

Guillermo de Groth hizo lo que su mentor le ordenaba con la prontitud y precisión de un alemán. Cabalgó hasta Cesenático sin detenerse más que lo necesario para dormir y dar descanso a su montura. Pero fue un viaje en balde. César Borgia no estaba allí cuando él llegó. Se había ido y la fortaleza quedó casi abandonada. Parecía evidente que los jóvenes cautivos no debían de estar ya entre sus muros. Groth pensó que quizá Borgia los hubiera trasladado a otra de sus fortalezas, pero un borracho de taberna y unos cuantos vasos de vino, al que le convidó, disiparon las dudas de un hombre inteligente como él. El borrachín era un soldado de la guarnición y no sabía mucho, aunque sí lo suficiente. Contó al sacerdote cómo Borgia había montado en cólera y cómo algunos de sus compañeros habían muerto cierta noche en circunstancias que él ignoraba, pero muy extrañas. Se decía que alguien entró en la fortaleza. Eso era imposible, pero no había otra explicación.

Para Groth, la cuestión era obvia: los jóvenes no estaban ya en poder de César Borgia. Por desgracia, el guardia no conocía la identidad de estos muchachos, ni sabía qué interés podían tener para Borgia. Él sólo estaba al tanto de que había un preso en las mazmorras y una chica que, creía, era la prometida de su señor; o quizá otra amante de las muchas que había tenido en los últimos años. No sabía más.

26

Gisors, 2004

Éste era el sitio. Catalina había llegado hasta él siguiendo las precisas indicaciones de unos adolescentes a los que preguntó. Los dos chicos, de catorce o quince años, no tuvieron ningún problema en explicarle dónde podía encontrar un cibercafé. Lo que antes se llamaba la *edad del pavo*, de un modo poco respetuoso para tan crucial época de la vida, se había convertido en la edad de la obsesión por internet y los videojuegos. Quizá por ser mujer y por pertenecer a una generación ligeramente anterior a la de aquellos muchachos, Catalina no sentía la fascinación por los ordenadores que ellos mostraban, aunque sí reconocía que eran extremadamente útiles. Lo mismo podría decir de internet. Su relación con la red de redes empezó siendo respetuosamente distante, aunque empezaba a estrecharse. No era algo que pudiera menospreciarse, y menos aún teniendo una profesión como la suya, en la que reunir información, y hacerlo con rapidez, resultaba fundamental.

Sin embargo, no era muy asidua de los cibercafés. De hecho, ésta era la primera vez que iba a entrar en uno. Aquel de Gisors frente al que se hallaba era pequeño y destartalado. Empezaba a comprender las risas furtivas de los adolescentes que le indicaron el lugar. No parecía tener ningún cliente ni debía de quedarle mucho tiempo de vida. Los jóvenes del pueblo debían preferir la comodidad de sus casas y de sus propias habitaciones para sus viajes a través de la red.

Al entrar, Catalina accionó algún tipo de sensor. De pronto en la sala vacía resonó la voz profunda y templada de Obi Wan Kenobi, el caballero jedi maestro de Luke Skywalker: «Acabas de dar el primer paso en un mundo sin límites». Que así sea, pensó Cata-

lina. El fin de la grabación fue tan abrupto como su inicio. Y tras las palabras del jedi, el silencio volvió. El dependiente del cibercafé, o su encargado, no dijo nada que rompiera la quietud. Es más, Catalina sospechaba que aún no había notado su presencia aquel individuo desgreñado, de barba crecida y revuelta, vestido con una camiseta negra que decía: «Que le den por culo a Microsoft».
—Perdona —llamó Catalina.
—¿Ah? —respondió el joven guturalmente, retirando con esfuerzo la vista de una rubia de pechos descomunales que llenaba la pantalla de su ordenador.
—Quería usar uno de los equipos.
—Ah.
Por lo visto, el encargado sólo era capaz de responder con interjecciones, y no mostraba ningún reparo en mirar de arriba abajo a Catalina.
—Eso, si no te importa —dijo ésta—, y si eres capaz de dejar de babear por un momento.
—¡Claro, guapa! Todo está *cool.* No pasa nada.
—Por supuesto, no va a pasar nada, así es que no perdamos los dos más tiempo. Y cuanto antes dejemos de hablar, antes podrás volver a tu rubia superdotada...
—¡Buenas tetas, ¿eh?!... Seee —se respondió a sí mismo, con la mirada otra vez en la pantalla, asintiendo embobado—. Elige el equipo que quieras, guapa. Hoy no tenemos muchos clientes.
—Vete tú a saber por qué...
—Seee.
El encargado regresó a sus oscuras y frenéticas navegaciones, mientras Catalina se dirigía al equipo más apartado de él. En cuanto se sentó, se desactivó en su monitor un salvapantallas presente en todos los equipos, y que tenía que ser alguna clase de protección. A lo lejos vio al turbio encargado levantar los dos pulgares y asentir («¡Ya puedes empezar, guapa!»). Dentro de una pequeña ventana se iniciaron en ese preciso momento dos contadores, uno que marcaba el tiempo transcurrido y otro que indicaba el precio acumulado.
Catalina miró su reloj. Le faltaban cuarenta y cinco minutos para volver al ayuntamiento. Había estado allí antes, explicán-

dole al funcionario de la recepción que deseaba hablar con alguien capaz de responderle a unas preguntas sobre el caso Lhomoy. Y la reacción del funcionario no fue nada buena. En un segundo pasó de mostrar una amabilidad casi empalagosa a responder con recelo y desgana. Sólo después de que Catalina insistiera mucho, y de que casi se viera obligada a jurar por lo más sagrado que no pretendía escribir un libro o un artículo sobre el tema, el hombre le dijo que volviera en una hora y que preguntara por un tal señor Dumergue. La responsable del patrimonio municipal era la señora Paysant, pero ella no iba a poder atenderla en todo el día.

Para emplear ese tiempo muerto en algo útil, Catalina había decidido buscar un cibercafé, para consultar en internet ciertas cosas que le rondaban últimamente en la cabeza. Sobre todo, quería saber más sobre el «Códex Romanoff», la recopilación de notas culinarias y recetas de Da Vinci, legada por su abuelo y que aún no había tenido tiempo de leer más que por encima. Así es que entró en Google y escribió «codex romanoff» en el campo de búsqueda. De inmediato, apareció una lista de resultados. Sin embargo, Catalina no llegó a revisarlos. Antes quería hacer una prueba. Borró el término de búsqueda que había escrito y tecleó, en su lugar, «codex rromanoff»; con dos erres, tal como aparecía en la portada de la copia de su abuelo.

Esta vez no obtuvo ningún resultado. Catalina probó varias combinaciones, sustituyendo «codex» por «codice», y quitando y poniendo los acentos en ambos casos, pero tampoco encontró nada. En internet no existía un «Códex RRomanoff», lo que parecía confirmar que la doble erre se trataba de un lapsus tipográfico. Era previsible, pero no le costaba nada asegurarse.

Escribió otra vez «codex romanoff», y al momento surgió la misma lista de enlaces que obtuviera antes. En su rápida y dispersa lectura del «Códex», Catalina había llegado a diversas conclusiones: entre otras, que se trataba de una recopilación de escritos sueltos de Da Vinci, relacionados con la cocina en el sentido más amplio, ya que incluía recetas, dibujos de utensilios de cocina variados, normas de comportamiento a la mesa... Todo ello se suponía que había sido transcrito por un tal Pasquale Pisapia, un personaje oscuro que afirmaba haberlo transcrito a mano del manuscrito original, custodiado, según él, en el Museo del Hermitage de Leningrado, hoy San Petersburgo.

El primer enlace de la lista de resultados ofrecida por Google era un mensaje de un foro de discusión, y se refería a varios de estos hechos. Por lo que afirmaba su autor, existía una gran controversia sobre la autenticidad del «Códex», que, para él, no era más que un curioso montaje. Catalina siguió revisando los enlaces hasta llegar a otro que se refería, con bastante detalle, a un libro sobre el tema y a varios episodios llamativos de la vida de Da Vinci relacionados con su supuesta pasión culinaria.

Mediante la consulta de otros tantos sitios web, confirmó algunos de los datos que ya conocía sobre el «Códex Romanoff», y descubrió otros que ignoraba y que le parecieron de enorme interés. Como buena periodista, había ido tomando notas, y apuntando cualquier duda, aclaración o pregunta que se le ocurría. En condiciones normales habría ido registrando todo en una pequeña grabadora, para luego ordenar las ideas sueltas y pasarlas a un documento de texto, en su portátil. Pero tanto la grabadora como el portátil se habían quedado en Madrid, de manera que su «Lista de Verdades Absolutas», como solía llamarla burlonamente, acabó sobre el papel, y era así:

• *Verdad n.º 1: El «Códex Romanoff» (con una erre, no con dos) es un compendio de recetas, notas y diseños culinarios.*
• *Verdad n.º 2: Se supone que es una recopilación de escritos sueltos de Leonardo Da Vinci (¿hecha por quién?), pero no existe un acuerdo generalizado sobre su autenticidad o falsedad.*
• *Verdad n.º 3: Un tal Pasquale Pisapia (no hay nada sobre él en internet) afirma, en el propio «Códex», haber transcrito a mano esa recopilación a partir del manuscrito original, propiedad del Museo del Hermitage, en San Petersburgo/Leningrado.*
• *Verdad n.º 4: Este museo niega poseer dicho manuscrito, aunque existen testimonios que indican que, en ocasiones anteriores, el Hermitage ha hecho desmentidos similares que luego han resultado ser falsos. (¿Lo consiguieron por alguna vía oscura, quizá?)*

- *Verdad n.º 5: Se supone que el «Códex» se hizo público por primera vez en 1981, cuando una familia italiana del Piamonte lo sacó a la luz. (No se sabe casi nada sobre esa familia, ni tampoco por qué sus miembros decidieron dar a conocer el manuscrito.) Esta familia dice tener una copia mecanografiada del original que está escrita en italiano y que data de la época de la II Guerra Mundial.*

Catalina hizo una pausa. Algo en esta última nota había hecho saltar una alarma en su cabeza. Pero ¿qué sería?... La leyó una vez más, con mucha atención, y entonces lo descubrió.

–¡Te pillé!

Casi se le había escapado, pero ahí estaba: su abuelo murió en 1981, que era precisamente el mismo año en que el «Códex» se hizo público por primera vez. La coincidencia de estos dos acontecimientos quizá fuera casual, pero resultaba llamativa. Puede que su abuelo tuviera su propia copia del «Códex», al igual que la familia del Piamonte, o puede que la copia de ambos tuviera un mismo origen.

No se le ocurría un método sencillo para establecer cuál de las dos opciones era la correcta. Pero se dijo que quizá podría encontrar alguna pista si comparaba ambas versiones del «Códex», la que le había dejado su abuelo y la que había sacado a la luz la familia del Piamonte. Esta última se encontraba disponible en varios libros que Catalina había descubierto gracias a sus búsquedas por internet, y que podía comprar en cualquier librería.

Decidida ya sobre qué hacer y sobre cómo hacerlo, Catalina escribió:

> *Comprobar: ¿Habrá alguna conexión entre el abuelo Claude y la familia del Piamonte que puso en circulación el «Códex Romanoff»? ¿Serán iguales la versión de mi abuelo y la que proviene de esa familia?*

Esta última cuestión le inspiró a Catalina otra duda más, seguramente ridícula, pero que no quiso dejar de añadir:

¿La doble erre del título en la versión del abuelo Claude será en realidad un error tipográfico?

Catalina releyó su lista, esta vez de principio a fin. Al terminar, asintió satisfecha. Aquello empezaba a parecerse, cada vez más, al inicio de una de sus minuciosas investigaciones periodísticas. Y no es que hubiera venido a Gisors con intención de emprender una de ellas. Quería conocer el pueblo, sí, y también averiguar algo sobre el pasado de su abuelo, por supuesto, pero en ningún momento se le había pasado por la cabeza emprender una investigación exhaustiva de cualquier tipo. Aunque después de dos días en Gisors, donde ella esperaba encontrar algunas respuestas, sólo había conseguido multiplicar las dudas y las preguntas. Eso por no hablar de que, además, había visto a un fantasma. Teniendo todo ello en cuenta, no resultaba extraño que emergiera su vena de periodista, de diligente profesional que no puede evitar ir tirando de los cabos para ver qué se esconde al otro lado. Acababa de dar el primer tirón, uno de tanteo, sólo para medir las fuerzas.

Catalina se corrigió, porque éste no era su primer tirón, sino el segundo. Había dejado un cabo suelto en el ayuntamiento. Y ya llegaba la hora en que debía volver allí para seguir tirando del hilo.

Y ver qué pasaba.

27

Vinci, 1503

¿**P**or qué, si la habían salvado y cuidado, si la habían tratado bien, Abigail se escapó furtivamente? Esto se preguntaba Leonardo, mirando aún con los ojos perdidos hacia el lecho de la alcoba que ella había ocupado en su casa.

—¿Adónde ha podido ir? —preguntaba fray Giacomo con las manos en las sienes, turbado.

—Ante todo, hay que mantener la calma y pensar... ¿Qué ha podido hacerla huir? ¿Por qué...? ¡Claro! ¡Qué tontos hemos sido! ¡Ahora lo comprendo! Para ella, que no nos conoce, somos potencialmente enemigos. ¿Qué sabe si realmente la hemos rescatado de su captor o pretendemos lo mismo que él...?

A veces Leonardo pensaba de sí mismo que era capaz de resolver enigmas o problemas imposibles para otros hombres, mientras que, en ciertos casos, se le escapaba lo elemental, lo más obvio.

—Hay que salir a buscarla —dijo al fraile—. No puede estar muy lejos. Esta noche ha refrescado y está aún débil. Ojalá no le pase nada antes de que la encontremos. ¡Dios no lo quiera!

—Dios no lo quiera, pero nosotros no perdamos tiempo y ayudémosle a querer lo mismo que nosotros queremos...

Los dos hombres salieron de la casa y se separaron. Leonardo estimó que, al paso al que la joven era capaz de desplazarse, no podía estar más allá de las afueras del pueblo. El problema estribaba en determinar en qué dirección habría marchado. Leonardo trató de pensar hacia dónde iría él de verse en la necesidad de huir. A un lado, cerca de las casas, se fijó en el bosquecillo en que, durante su infancia, solía jugar con otros niños.

Sí, ése debía de ser el lugar elegido. El bosque oscuro es abrigo de amenazadoras criaturas, pero también puede esconder a una persona que desea desaparecer.

El fraile, mientras, perdía sus fuerzas corriendo sin rumbo, inútilmente. Estaba tan desolado que ni siquiera notó cómo su rodilla derecha se desollaba cuando tropezó con una piedra que le hizo caer al suelo. Se levantó de nuevo, como alma que lleva el diablo, y siguió en su desenfrenada carrera, mirando a todos lados sin ver nada. Cuando el resuello le abandonó del todo se detuvo por fin, jadeante. La sangre de su rodilla estaba coagulada y formaba un reguero por la pierna abajo. Fray Giacomo se mordió el labio inferior, tratando de pensar. Pidió a Dios que le enviara una revelación, que le guiara. Mientras él rezaba y —poco piadosamente— se desesperaba al mismo tiempo, Leonardo tuvo mayor fortuna. Su intuición fue acertada. Encontró a la joven Abigail oculta dentro de un arbusto. No pudo contener la respiración al paso de Leonardo y éste la oyó. Ella intentó correr, pero sus fuerzas ya no le bastaron para hacerlo; apenas logró levantarse.

—No temas nada —dijo Leonardo en el tono más dulce que pudo emitir.

—¡Dejadme! —imploró ella, en un hilo de voz que pretendió ser un grito.

Sus puños se lanzaron contra el pecho de Leonardo cuando éste la asió con sus brazos. En ese momento, Abigail se desmayó. Ahora su expresión era de horror, como si ese último intento de fuga hubiera sido el postrero y ya no tuviera esperanza. Dicen que la esperanza es lo último que se pierde, pero cuando se pierde, es terrible de veras.

Con la joven en brazos, como pudo, Leonardo alcanzó de nuevo su casa. Menos mal que era de noche y resultaba difícil que algún habitante del pueblo los descubriera. Aun así, por si acaso, se aseguró de que no se distinguía a nadie en las irregulares calles o en las ventanas de las casas circundantes. Había muy poca luz. Cuando entró en la casa, cuya puerta había quedado abierta de par en par por el nerviosismo de la salida, el fraile aún no había vuelto. Leonardo no tenía modo de avisarle... O quizá sí: encendió la chimenea con pajas levemente húmedas. El fraile debía ver el humo blanco a distancia, por poca iluminación que hubiera esa noche, y deducir que estaba de vuelta en la casa. Así lo hizo y así sucedió al poco.

—Entrad, fray Giacomo, y sentaos en silencio —dijo Leonardo al monje cuando éste llegó, tratando de que con sus palabras no perturbara los pensamientos en que se hallaba sumido.

Algo de todo aquello no estaba en orden. Una pieza del edificio no encajaba en su lugar. Y el único que podía ayudarle a resolver el enigma era Sandro Botticelli. Él tenía que saber algo.

Transcurrieron horas. Leonardo estaba tan ensimismado que no se dio cuenta de que Abigail abría los ojos.

—*Signore*... —dijo débilmente, y una náusea a punto estuvo de hacer que vomitara.

Fray Giacomo, que estaba afuera pero despierto —cómo dormir esa noche— y con el oído aguzado, entró al punto y acercó al lecho la bacía que estaba en el aparador de la entrada, y que servía para lavarse por la mañana. Pero la joven no vomitó. Sólo tuvo ascos y acidez de estómago. También sintió la necesidad de orinar dos veces en poco tiempo, a pesar de que no había bebido mucha agua. Esos signos le eran familiares a Leonardo, que a pesar de ser soltero conocía bien la fisiología humana de ambos sexos: aquella joven mostraba los síntomas evidentes del... embarazo.

28

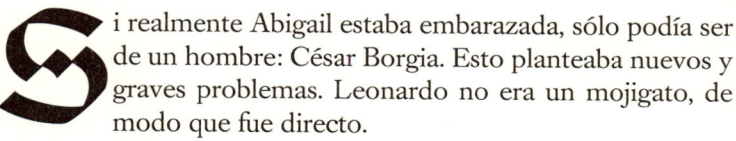

Vinci, 1503

Si realmente Abigail estaba embarazada, sólo podía ser de un hombre: César Borgia. Esto planteaba nuevos y graves problemas. Leonardo no era un mojigato, de modo que fue directo.

–Tengo que preguntarte algo. Sé que es algo incómodo, pero no lo hago por gusto. Esto puede cambiarlo todo. ¿César te…?

Tampoco Abigail era una mojigata. Había abandonado el gesto de disimulo impenetrable que le habían enseñado, desde la infancia, a mostrar en las situaciones de peligro.

–¿Si me poseyó, queréis saber?

–Exactamente.

–Sí.

«Sí», había sido la respuesta. «Sí»… Entonces, era posible la peor de las opciones, que estuviera encinta y que el padre de su futuro hijo o hija fuera César Borgia.

–¿Cómo…? –acertó a decir Leonardo.

–Un sacerdote a sueldo de César nos casó en su fortaleza. Yo consentí para evitar males a mi hermano. César amenazó con torturarle y matarle de no aceptar el matrimonio. No sé por qué tenía tanto interés en representar esa farsa. Dios lo ve todo. Puede conocer el corazón de los hombres. Su mirada era la de un demente.

Ya no había motivo para recelar. Leonardo había asegurado a Abigail que era libre de irse cuando quisiera, pero le rogó que esperara a estar recuperada. No era una prisionera; incluso le ofreció su coche o un caballo. Ella tenía al principio grandes dudas, pero ahora confiaba en aquel hombre; aquel famoso artista amigo de Botticelli, el gran maestre de la orden secreta que quiso protegerla, junto con su hermano, con tan poco éxito. Y había mucho más…

—*Signore* Leonardo, no sé si estoy en estado de buena esperanza, pero sí sé otras cosas y creo que debo contároslas. Al principio, cuando escuché la voz de Sandro Botticelli en vuestra casa, creí que estabais con él. No comprendo qué sucede. Cuando estaba presa en la fortaleza de Borgia, Botticelli, ese traidor, estuvo allí conspirando. Le vi una vez en que traté de escapar. Luego me cogieron de nuevo, pero sé que era él. Lo conozco bien desde niña, y además pude ver su rostro desde una galería elevada que daba al gran salón.

¡¿Botticelli, un traidor?! Leonardo no podía dar crédito a lo que estaba escuchando. Eso carecía de sentido. No encontraba ninguna razón que pudiera llevar a Abigail a mentirle. Era imposible. Y, no obstante... De ser verdad, resultaría obvio por qué ella había huido.

—Pero, pero... —dijo el *Divino* balbuceando.

—Confiaba en que vos podríais explicármelo.

—No, yo no... ¡¿Estáis segura?! Son acusaciones muy graves. Extremadamente graves.

Abigail miró a Leonardo a los ojos con una expresión de infinita entereza. Unos ojos como aquéllos no podían mentir, ni la voz de quien los portaba.

—Estoy segura.

Incapaz de entender el laberinto de acontecimientos en que estaba inmerso, Leonardo optó por hacer llamar a Botticelli. Desprevenido, volvería a Vinci sin sospechar nada, y podría interrogarle. Era su amigo, pero estaba empezando a creer que quizá no lo conocía en absoluto. Pidió incluso a fray Giacomo que tuviera lista la espada bajo su hábito por si era necesario desenfundarla. Ya nada se podía dar por sentado.

Evocó entonces Leonardo para sí los años en que su amistad con Sandro fue más estrecha. Los años en que aprendieron arte en el taller de su maestro Verrocchio; o sus intentos para abrir juntos un negocio y dedicarse en parte a la hostelería, por la que ambos sentían pasión. La vida da sorpresas. La vida es una sorpresa. A veces, demasiadas veces, desagradable. ¿Cómo podía ahora haberse convertido en un traidor y un ser malvado? ¿Era eso posible? Se suponía cabeza de una organización contraria a esa inmoralidad, protectora del Linaje de Cristo, nada menos. Ante los graves acontecimientos de los que César Borgia era responsable, le había pedido ayuda. ¿Por qué? ¿Por qué, si no para realmente salvar a sus protegidos de las garras del abyecto Borgia? Sólo él podría dar respuesta a aquellas preguntas.

Sandro Botticelli llegó al día siguiente. Al principio creyó que la llamada de Leonardo tenía que ver con la salud de Abigail, ya que anteriormente le insistió en que no fuera a Vinci hasta que la situación se calmara. Pero cuando entró en la casa de su amigo, vio a la joven sentada en un sillón y con muy buen aspecto. Quizá aún tenía algún signo de dolor en su rostro, pero nada comparado con como estaba cuando la rescataron de la fortaleza de Cesenático.

—Me alegro de veros mejor... —dijo Botticelli, lanzándose realmente contento hacia ella.

—¡Quieto! —exclamó severamente fray Giacomo.

Botticelli se detuvo, como le ordenaban, y lo hizo con tal expresión de asombro que Leonardo quedó aún más desconcertado de lo que estaba. Su mente era incapaz de comprender. Debía de faltarle algún dato esencial, sin el que el rompecabezas era irresoluble.

—¿Qué sucede? —preguntó Botticelli, alarmado. Tampoco él parecía comprender.

Leonardo optó por hablar sin rodeos:
—Dile a tu criado que espere fuera.
—No es mi criado, es...
—Hazlo, Sandro.

El aludido obedeció. El muchacho que le acompañaba era uno de sus mejores discípulos, y pertenecía a la Orden. Podía escuchar todo lo que allí se dijera. No sabía por qué Leonardo quería echarlo. Cuando estuvieron solos, éste continuó:

—Sandro, tú me pediste mi ayuda para salvar a esta joven y a su hermano. Conseguiste tu objetivo a medias. Él murió, pero ella está con nosotros, fuera del alcance de Borgia. Al menos de momento... Bien, hecho está. Me convenciste. Me diste razones cabales. Leí los documentos que abrieron mis ojos. Ahora creo en la alta misión de tu Orden. Pero entonces, siendo, como es, una causa justa, ¿qué hacías tú en la fortaleza de César Borgia, con él, mezclado en sus asuntos? ¿Qué hacías, Sandro, amigo?

Las palabras de Leonardo comenzaron duras, pero al final eran casi un lamento quejumbroso. Botticelli estaba lleno de espanto, pero no trató de mentir. Al final, debía comportarse como debe hacerlo un hombre que lo sea de verdad, en su corazón.

—No es lo que piensas. No. Fui débil, Leonardo, te lo dije. Denuncié ante Borgia al Linaje. Él me chantajeó. Tuve miedo. No me atreví a contártelo todo. Antes de llamarte estuve, sí, lo reconozco, en Cesenático. Con Borgia. ¡Cómo me arrepiento! Traté de pactar con él un arreglo. Se rió de mí en mi cara. Me insultó. Hasta llegó a pegarme. Nunca antes había sentido el desprecio de alguien con esa intensidad. Casi hizo que me odiara a mí mismo, pues muchas de las cosas que dijo eran ciertas. Por eso mi alma se revolvió. Fui un cobarde maldito y un traidor. Traicioné lo más sagrado, aquello hacia lo que juré lealtad. Tenía que redimirme. Por eso te busqué, Leonardo. Te lo repito: soy débil, cobarde. Desde entonces acepté que mi muerte podía llegar. Y ya nada me importa. Llevo esta ampolla de veneno por si César me capturaba y decidía torturarme. No sería capaz de soportarlo. —En ese momento, sacó una pequeña ánfora de vidrio de entre sus ropajes y abrió el tapón de corcho—. No soy digno de la vida. Ya no...

En un rápido golpe de mano, el fraile logró quitarle la ampolla de veneno a Botticelli, que pretendía beberla. Fue por poco, puesto que la tenía ya entre los labios. Ni siquiera había sido capaz de suicidarse. Su sufrimiento llegó entonces al culmen. No podía aguantar más la vida y el remordimiento.

Fue en ese momento cuando Abigail se levantó. Había estado en silencio todo el rato, observando desde su sillón. Ahora se llegó hasta Botticelli, que había caído al suelo y estaba medio incorporado en actitud pesarosa. Le puso la mano en la cabeza y dijo:

—Sé que decís la verdad. Vuestras sinceras lágrimas me lo dicen. Pedid perdón al Señor, porque yo ya os he perdonado. Lo que importa no es lo que hicisteis, sino lo que hagáis desde ahora. Nadie merece la condenación mientras el hálito de la vida no le haya abandonado.

29

Gisors, 2004

Su conversación con el señor Dumergue no iba a ser agradable. Catalina se dio cuenta de ello en cuanto lo vio. El funcionario tendría un rostro completamente mediocre, anodino, si no fuera por su expresión de mezquina malevolencia. Desde el momento en que tomaron asiento, Dumergue empezó a frotarse las manos de dedos cortos, en un gesto repetitivo que alternaba con otro igual de molesto: pasarse esas mismas manos por el cabello.

—Llega usted tarde —fue lo primero que dijo—. Nueve minutos tarde.

Dumergue comprobó la hora en su reloj, impelido por su sombrío espíritu de funcionario, tan amante de horarios y obligaciones escrupulosamente detallados.

—Lo siento muchísimo. La verdad es que me he entretenido. No tengo excusa.

Las serviles disculpas de Catalina complacieron a Dumergue, y ésa era la intención. «Decir a cada cual lo que quiere oír» es uno de los pilares fundamentales en que se basan muchas investigaciones periodísticas. Y la mayoría de las veces el consejo funciona a la perfección.

—Y dígame, ¿señorita...?

—Penant, Catalina Penant.

—¿Penant, como Claude Penant? —interrogó Dumergue, insinuante.

—Exactamente igual. Yo soy su nieta.

—Vaya, vaya. Bienvenida a Gisors, entonces. —Estas amables palabras tenían un fondo áspero, incluso ofensivo—. Me han informado de que quería usted algunas informaciones sobre

Roger Lhomoy. Pero ¿qué podría contarle yo sobre este hombre a la nieta de Claude Penant? ¿Su abuelo no le habló de él lo suficiente?
—¿Mi abuelo conoció a Lhomoy?
—Por supuesto que sí. Todos en el pueblo le conocían... Pero él y su abuelo tuvieron, digamos, una relación especialmente próxima durante la ocupación alemana.
Dumergue añadió esta última frase con dejadez, pero había una intención oculta, y dañina, detrás de ella.
—¿A qué se refiere?
—Oh, ¡¿no me diga que no lo sabe?!
—Yo tenía seis años cuando murió mi abuelo, y vivo en España, así es que, como podrá imaginar, él no tuvo la ocasión de contarme muchas cosas —le espetó Catalina, mordiéndose el interior del labio justo a continuación. «Sigue la norma —se dijo mentalmente—. Decir a cada cual lo que quiere oír.» Pero aquel tono sibilino y burlón le crispaba los nervios...
—Claro. ¡Qué cabeza la mía! Usted era muy pequeña cuando nos dejó *el bueno* de Claude. En fin, quizá eso fue una suerte, porque hay cosas que es mejor no saber.
—¿Como cuáles?
—¿De verdad quiere que se lo diga, señorita Penant? Mire que no hay vuelta atrás. Uno no puede olvidar lo que ya sabe.
Toda esa condescendencia, esa preocupación, era falsa, vacía. Catalina notaba el ansia en la voz del funcionario. Ocultara lo que ocultase, estaba deseando contárselo. Y ella sólo tenía una respuesta para su pregunta.
—Por supuesto que quiero que me lo diga.
Catalina podría jurar que Dumergue suspiró de puro deleite al oírle decir esto. Luego empezó a contar una historia que ella no se esperaba. Conforme a esa historia, su abuelo llegó a Gisors por primera vez a comienzos de 1944. Nadie en el pueblo sabía a qué se dedicaba ni qué pretendía hacer allí, aunque las sospechas de que Claude Penant se traía algo oscuro entre manos no tardaron en presentarse. El abuelo de Dumergue fue el primero en darse cuenta. O eso había afirmado con orgullo el funcionario. Sólo después se le abrieron los ojos al resto del pueblo.

Penant se instaló en el *château* de la carretera de Ruán, donde ahora se hospedaba Catalina. Pagó de una sola vez el precio de la casa a su dueño, un hombre que lo había perdido casi todo tras la ocupación. («No le pagó en francos, sino en marcos del Reich alemán, ¿entiende lo que le digo?») El abuelo de Dumergue fue un día al *château* y se asomó a escondidas por una de las ventanas. Vio que el suelo estaba repleto de cajas, muchas de ellas aún a medio abrir, con cuberterías y candelabros de plata, finos servicios de mesa, jarrones chinos que debían de costar una fortuna, varios juegos de porcelana, cuadros, trofeos de caza, arañas de cristal reluciente; y vio también muebles lujosos y carísimos, que ningún patriota podría haberse permitido comprar en aquellos tiempos. Fue eso lo que le hizo sospechar. («Y cuánta razón tenía el viejo.») Durante todo el día estuvieron entrando y saliendo camiones cargados de cosas. Y, después, cuando los camiones dejaron de llegar, empezó la tarea de colocarlas. De ello se ocuparon cinco hombres del pueblo, contratados por Penant. Y aunque eran jóvenes y fuertes volvían todas las noches derrengados por andar el día entero transportando muebles y objetos de un lado para otro, escaleras arriba y abajo, cumpliendo incesantes y estrictas órdenes. Acabada también la fase de ordenación, llegó el momento de limpiarlo todo, para lo que Penant requirió los servicios de otras tantas jovencitas del pueblo, que no terminaron en mucho mejor estado que los hombres.

Entre unas cosas y otras, el *château* no estuvo listo hasta una semana después de que Claude Penant llegara al pueblo. Y entonces fue la gran inauguración. Al día siguiente, se dijo que la fiesta no podía haber sido más fastuosa, que todo el *château* y sus jardines estaban iluminados de una punta a otra, que los elegantes coches de los invitados llenaban el camino de acceso y llegaban hasta la entrada, que se comieron las mayores exquisiteces, muchas de ellas traídas desde París en el propio día, cuando toda Francia subsistía a duras penas con cartillas de racionamiento. Todo el mundo comentó la gran fiesta de Claude Penant, todo el pueblo lo hizo, pero a ella sólo fueron invitados los oficiales alemanes. Ni siquiera el alcalde pudo poner allí los pies. («¿Puede imaginarse un ultraje mayor? Entonces le dieron la

143

razón a mi abuelo: Claude Penant sólo podía ser un colaboracionista.») Y eso no era todo. El abuelo de Catalina se pavoneaba por el pueblo, haciéndose limpiar los zapatos impolutos, ajustándose los gemelos de oro y el alfiler de brillantes de la corbata, para llamar la atención y mostrar que tenía más dinero del que podría gastarse en toda una vida de despilfarros. Penant aprovechaba cualquier oportunidad para congeniar con los nazis. Los saludaba efusiva y ceremoniosamente al cruzarse con ellos por la calle, se sentaba a su lado en las terrazas de los cafés, y pagaba una ronda tras otra sin permitir nunca que pusieran un solo céntimo de sus bolsillos.

Y nadie se extrañó cuando el «profesor», como le llamaban en el pueblo, empezó sus trabajos en el patio del castillo. Ahí se inició su relación con Lhomoy y un amigo de éste, Lessenne, a los que contrató para servirle de ayudantes. («Qué remedio les quedaba sino aceptar el trabajo.») Se pasaban todo el día excavando en el patio de la fortaleza, en los lugares que Penant les indicaba. Luego comenzaron a trabajar por la noche, desde la puesta del sol hasta el amanecer, porque hacía demasiado calor durante el día. Y después de una de esas noches, precisamente en la del día en que se produjo el desembarco aliado en Normandía, Claude Penant desapareció como había llegado, de repente, sin previo aviso. Aunque, antes, hizo saltar por los aires medio patio del castillo. («Y no me extraña, la verdad. Seguramente, pretendía cubrir su pista y ocultar lo que estaba buscando allí para los alemanes. Se dio cuenta de que, esta vez, la cosa iba en serio y de que los aliados no tardarían mucho en llegar a Gisors. Y, entonces, él acabaría en prisión por colaboracionista. Eso si tenía suerte y no le cogía antes la Resistencia.»)

Dumergue terminó su discurso con esta frase, cargada de malos deseos. Durante todo el tiempo en que el funcionario estuvo hablando, Catalina no dijo una sola palabra. Y no porque le faltaran las preguntas, sino por tal exceso de ellas que, atropellándose unas a otras, la habían dejado sin habla. ¿Su abuelo fue de verdad un colaboracionista? ¿No había alguna otra explicación que pudiera encajar con esos argumentos que parecían tan irrefutables? ¿No habría nada capaz de exculparle? Éstas eran al-

gunas de esas preguntas que no había llegado a formular. Pero no fue ninguna de ellas la que, por fin, logró salir de sus labios:
—¿Y qué buscaba mi abuelo en el castillo de Gisors?
—¡¿Y eso qué importa, por amor de Dios?!
—A mí sí me importa... Y también me importa saber por qué este ayuntamiento impidió, una y otra vez, que se investigara la capilla subterránea descubierta por Roger Lhomoy.

A pesar del inesperado hallazgo que acababa de hacer sobre su abuelo, Catalina no había olvidado para qué estaba en el ayuntamiento.

—Esa capilla secreta es sólo un cuento inventado por un jardinero con ganas de hacerse famoso, que no nos ha traído más que desgracias y a una jauría de vándalos descerebrados. ¿Sabe que se meten en el castillo por la noche y que excavan y excavan galerías en busca del tesoro de los templarios? ¡Ja, pobres ilusos! —exclamó el funcionario con desprecio—. Ellos son inocentes, en el fondo, pero también resultan dañinos. Una de las torres se desplomó por su culpa y tuvo que ser reconstruida de arriba abajo, hasta los cimientos. No existe ninguna maldita capilla subterránea. Nunca ha existido.

—¿Y cómo puede estar usted tan seguro? ¿Cómo pueden estar todos ustedes tan seguros, si nadie se ha molestado en comprobar la versión de Lhomoy aunque hayan pasado ya casi sesenta años?

Dumergue estaba harto de dar explicaciones sobre el comportamiento de las autoridades municipales de Gisors en el caso de Roger Lhomoy y la capilla de Santa Catalina. Un par de horas antes, su compañero de la recepción le había dicho que una tal Catalina Penant quería hablar con alguien sobre Lhomoy, y que había insistido tanto que le dijo que volviera más tarde, para conversar con él. En otras circunstancias, Dumergue simplemente se habría negado a conceder la entrevista, o habría despachado a su interlocutor en cinco minutos, con una serie de frases vacías que utilizara ya decenas de veces. O bien le habría pedido al recepcionista que le diera largas a la persona en cuestión hasta que desistiera. Pero no hizo nada de ello en este caso. El apellido Penant era muy conocido en Gisors, aunque no por las mejores razones. Nada se olvida en los pueblos, y menos aún las afrentas. Y tal vez se tratara de una mera coincidencia –¿cuántos Penant habría en toda Francia?–, pero ¿qué tenía que perder? A Dumergue le encantó descubrir que Catalina era nieta de Claude Penant, y casi saltó de gozo al darse cuenta de que la joven ignoraba por completo el pasado de su abuelo en Gisors. Oportunidades como ésta eran raras en un trabajo por lo general monótono. El funcionario esperaba divertirse. Confiando en intimidar a Catalina, Dumergue le había contado todos los detalles sobre el colaboracionismo de su abuelo, que, por lo que él sabía, eran estrictamente verdad. Aunque se hubiera inventado la parte de su propio abuelo, eso sí, para aumentar el impacto de la historia y darle un toque dramático. En un primer momento, el funcionario pensó que había tenido éxito en su malévolo objetivo. Pero esa maldita mujer, la maldita nieta de ese cerdo colaboracionista, se había recuperado rápidamente de la abrumadora revelación y ahora se atrevía a plantarle cara. ¡A él! Esto era más de lo que estaba dispuesto a consentir.

–¡Fuera de aquí! –gritó Dumergue, resentido por su derrota e iracundo–. ¡Y no se atreva a volver!

Después de que Catalina saliera, Dumergue se levantó y cerró con violencia la puerta que ella había dejado abierta.

Catalina necesitaba hablar con Albert. Pensaba que él podría confirmarle si su abuelo colaboró o no con los nazis. Se sintió mejor al poder aplazar de este modo un asunto tan sombrío. Inevitablemente, se le pasaron por la cabeza las imágenes de los campos de exterminio, donde millones de personas indefensas fueron aniquiladas. Era duro admitir que su abuelo pudiera haber tenido relación con quienes habían cometido actos tan monstruosos, o que pudiera haber estado buscando algo para los nazis en el castillo de Gisors. Quizá esto último fuera sólo una hipótesis insidiosa, pero, en cualquier caso, era innegable que tenía que haber una parte de verdad en todo aquello.

Al llegar al *château*, Catalina buscó en todos los rincones de la casa y de la finca, pero no encontró a Albert. Sintió un atisbo de esperanza cuando le llamó a su nuevo teléfono móvil y escuchó a lo lejos la tenue melodía del aparato. Pero se dio cuenta de que el sonido provenía del interior de la casa del guardés, donde ya había probado a encontrarle. Albert había olvidado llevarse el teléfono. Entonces se le ocurrió llamar a su tía. Sus familiares nunca le habían hablado de esta otra cara de Claude el chiflado. Quizá ignoraban que existiera o quizá prefirieron guardar un secreto tan sucio. «Hay cosas que es mejor no saber», había dicho el odioso funcionario. Al final, reflexionando sobre ello, decidió no llamar a su tía. No sabría qué decirle si resultaba que no tenía ni idea del supuesto colaboracionismo del abuelo Claude. Realmente, su única alternativa era esperar a que Albert regresara... O puede que no.

30

Nápoles, 1503

El principio del fin quedaba ya lejos. Ahora se aproximaba, estaba enfrente, el fin en sí mismo. César Borgia había atado los cabos de cómo perdió a los muchachos que valían su nuevo triunfo. Aun así, estaba a punto de caer. No tenía ya margen de maniobra. El día de Todos los Santos, Juliano della Rovere había sido elegido papa con el nombre de Julio II, y una de sus primeras acciones desde el Solio Pontificio fue retirar a César todos sus cargos y dignidades. También le arrebató sus posesiones y le concedió sólo permiso para refugiarse en Nápoles, adonde Borgia huyó precipitadamente. Pero no fue una gracia última del nuevo papa, sino una jugada cruel y vengativa. Nápoles estaba bajo el dominio español. César sería detenido allí por orden de Gonzalo Fernández de Córdoba, el *Gran Capitán*, y luego trasladado a España según los designios del rey Fernando el Católico; un hombre, éste, que de católico tenía muy poco.

La estrella de Borgia se apagaba. Es cierto que aún tendría que lucir un breve instante, como la luminaria que arroja sus últimos y más refulgentes brillos antes de apagarse del todo. De apagarse para siempre.

Su destino le había sido comunicado por Guillermo de Groth, el fiel perro de Della Rovere. Haciendo gala de una crueldad tan brutal como la del mismo César Borgia, se entrevistó con él para decirle que estaba acabado. Esto lo simbolizó no con palabras, sino con un reloj de arena al que le quedaban pocos granos en su parte superior. Lo mostró a Borgia y lo giró, de la posición horizontal a la vertical. En breves instantes, la arena desapareció y quedó acumulada toda ella abajo. Era un símbolo: allí estaría él a partir de ese momento.

La repugnante idea del reloj se le ocurrió al nuevo papa. Quería mostrar desprecio, además de fuerza. Groth cumplió bien sus deseos. Aunque en un arrebato final César a punto estuvo de matarle. Le arrancó de las manos el reloj, una fina obra de orfebrería, en plata dorada al mercurio y vidrio pulido, y lo arrojó contra la pared en lugar de cumplir su idea primera, estampárselo en medio de la frente a aquel insultante alemán, que además le hirió con una frase de inquina inigualable: «Nacer en Italia es el pecado original de la hombría». Pero la prudencia ahora era fundamental. Él no estaba loco. Tenía que volver grupas y buscar un modo de sobrevivir. Su último disparo, por así decirlo, se había perdido en el horizonte. El Linaje se le había escapado entre los dedos. Y ya no podría recuperarlo jamás.

Juliano della Rovere nunca supo quiénes eran los jóvenes que César había tenido secuestrados en su fortaleza del Adriático. Pero ya no le importaba. Su enemigo odiado estaba en el fango. Eso era ya lo único importante.

31

Vinci, 1503

La noticia del apresamiento de César Borgia fue un alivio para Leonardo y, sobre todo, para Botticelli. Lo fue para todos, en realidad. El enemigo mayor del Linaje Sagrado había perdido su fuerza. El fiero león estaba en la jaula, y seguramente ya nunca saldría de ella.

Leonardo le había servido en el tiempo en que estuvo en la cumbre de su poder. Era un hombre sin piedad pero muy inteligente. De no haberse malogrado por la ambición, seguro que habría podido ser grande. Grande de verdad, como lo son aquellos poderosos que aúnan la magnanimidad a la fuerza.

Ahora recordaba Leonardo las tardes que había pasado en compañía de aquel hombre, antes de que el hedor de la derrota pudiera siquiera intuirse en el horizonte. Evocó sus palabras, dichas en cierta ocasión en que volvió a ganarle a un juego al que ambos eran muy aficionados. Consistía en tomar unas piedrecillas y esconderlas en el puño cerrado. Cada jugador debía decir el número de piedras que, según él, sumaban las suyas más las del oponente. Casi siempre vencía Borgia, empezara el juego o tuviera el segundo turno. Por eso, un día le dijo a Leonardo: «En este juego no vale la inteligencia, sino la intuición. Yo sé cómo pensáis, maestro, pero vos en cambio no sabéis cómo pienso yo. Por eso gano».

Era cierto que César Borgia poseía una gran sagacidad. Quizá sólo la soberbia reducía un poco esas dotes de su intelecto. Penetraba las almas de los demás hombres. Era capaz de hacerlo como algo innato, como el hecho de caminar o hablar. Estar junto a él daba miedo y, a la vez, era fascinante. Por desgracia, pues resulta algo triste, los malvados son generalmente más atractivos que los buenos, inspiran a los artistas y mueven el corazón de los hombres a sentimientos de rechazo que no evitan el influjo de su atracción. Una lástima que hombres tan valiosos se malogren, quizá en parte por culpa de la época que les ha tocado vivir, llena de ambiciones sin escrúpulos.

En cuanto a Abigail, ya no había dudas de su embarazo, aunque físicamente aún se apreciaba muy poco. Leonardo creyó que estaría desolada por la noticia, pero se equivocó. La joven se había hecho a la idea con abnegación. El origen del niño no parecía entristecerla. Lo único que le importaba es que era suyo. Leonardo estaba recibiendo de esa chica tan joven, que no llegaba siquiera a los veinte años, muchas lecciones que él, con más de cincuenta, no habría sido capaz de ejemplificar.

Parecía que las cosas empezaban a enderezarse. Todo iba razonablemente bien y las amenazas se disipaban, como las nubes de una tormenta gastada. Pero un nuevo problema iba a cernirse sobre la ya única heredera del Linaje Sagrado. El reformado Botticelli llegó a Vinci con la noticia de que el Consejo de la Orden iba a reunirse pronto. Los doce líderes, más el Gran Maestre, el propio Botticelli, tenían que tomar muchas decisiones ante el final de aquélla, la mayor amenaza que el Linaje había sufrido desde sus orígenes. Y a ese cónclave de líderes habrían de asistir también Abigail y el propio Leonardo.

La reunión se celebraría en un lugar indeterminado, que sólo se sabría en el último momento. Botticelli consideraba que no tenían ya sentido esas precauciones, aunque Leonardo le convenció de que mejor sería no confiarse. Borgia no era el único que, de saber la verdad, podría amenazarlos. Era necesario no olvidarse del mismo papa, hombre beligerante y poco dado al recogimiento de la oración. A él, deseoso del poder secular, no le agradaría verse superado por un descendiente de Cristo en la tierra. De modo que todo se hizo como siempre se había hecho: en secreto.

32

En algún lugar del norte de Italia, 1503

La Navidad estaba cerca. El tiempo había refrescado. Los árboles estaban ya casi sin hojas, y no se oía a los pajarillos trinar por la mañana. Era el tiempo en que la naturaleza comienza su sopor anual. O quizá sea una renovación, que toda criatura necesita para alzarse de nuevo con más energía. En todo caso, en esas fechas se eligió, como si fuera una metáfora, el día en que la Orden, su cúpula dirigente, se reuniría para decidir sobre el futuro de la misma organización y su destino.

Leonardo, Sandro Boticelli y Abigail salieron de Florencia en un carro cerrado, con rumbo incierto y secreto. No obstante, Leonardo sabía, cuando arribaron, que estaban cerca de Pisa, aunque no en la propia ciudad por la falta de barullo exterior. Un reflejo del sol dentro del carro cubierto en el que viajaban le había bastado para saber en cada momento el rumbo que tomaban. Era igual que la navegación en el mar. Se dio perfecta cuenta de que daban un rodeo para que la distancia recorrida fuera mayor que la necesaria y así pareciera que el punto de reunión era otro.

No es que los miembros de la Orden ignoraran dónde estaban las casas que podían utilizar. Obviamente las conocían todas, así como su ubicación. Pero eran tantas que difícilmente podrían vigilarse todas al mismo tiempo, de modo que la ignorancia de la elegida para una cierta reunión garantizaba a priori su seguridad. Nada es perfecto, pero aquel método se le acercaba bastante. Por añadidura, no era siempre el mismo miembro del grupo de mando quien elegía la casa. El maestre establecía el orden en que cada miembro debía seleccionar el lugar, y él se enajenaba de esa labor, por demás innecesaria en un líder.

La gran sala circular donde iba a celebrarse la reunión estaba bajo el nivel de la superficie, oculta. Se accedía a ella desde un portón practicado en el suelo de una casa solariega que disponía de una alta tapia circundante. En el jardín quedaron los coches de los distintos miembros, fuera de la vista de miradas indiscretas. Abajo, unas lámparas de aceite y decenas de velas iluminaban la estancia. Trece sitiales la circundaban, sin apoyarse en el muro de piedra. Uno de ellos, el del más alto respaldo, fue ocupado por Sandro Botticelli. A ambos lados se sentaron, en sillas algo más altas también que las demás, los dos hombres que, junto al Gran Maestre, conocían todos los secretos de la Orden. Los restantes sitios estaban destinados a los nueve miembros más próximos a la cúpula, entre los que habría de salir siempre el nuevo Maestre que sucediera al anterior, por fallecimiento del mismo, impedimento físico o mental, o indignidad, que eran los únicos modos de abandonar el honroso cargo.

Para los hombres allí reunidos, Dios mismo inspiraba las deliberaciones y las votaciones. Eran como un cónclave de cardenales, pero mucho más puro, ya que ellos no se dejaban sobornar por seducciones mundanales, materiales, de poder secular o riqueza. No, ellos servían a la Orden con el corazón limpio. Cierto que la condición humana conlleva la imperfección, pero el deseo de ser puro es ya una clase de pureza.

Retrasados respecto de los trece caballeros, Leonardo y la joven Abigail contemplaban el rito desde un parco banco de madera. Fue extremadamente sencillo. Los hombres, ataviados con túnicas blancas, tomaron posición ante sus asientos. Luego, a petición del Gran Maestre, reflexionaron durante un breve instante antes de sentarse. Botticelli se refería a los otros como hermanos. En el uso de la palabra, explicó los hechos. No omitió ningún detalle. Contó cómo había sucumbido al chantaje de Borgia por miedo, cómo le sirvió, su traición, el apresamiento de los hermanos del Santo Linaje, la muerte de Jérôme, la liberación de Abigail, su embarazo...

Los demás escucharon en silencio, sin exaltarse, salvo cuando Botticelli mencionó el estado de la muchacha y quién era el padre de la futura criatura. Una exclamación de asombro recorrió entonces la sala. Las llamas de los cirios parecieron congelarse también, impávidas ante la enorme tensión. Tomó entonces la palabra uno de los hermanos. Estaba a la derecha de Botticelli. Leonardo no le reconoció, al igual que al resto de los asistentes, cuyos rostros eran nuevos para él.

–Hermanos, la situación es más grave de lo que podíamos sospechar. Nuestra Orden ha permanecido siempre, con la ayuda de Dios, firme como una roca. Pero hasta la más dura roca es socavada por la acción del mar. Hoy nos enfrentamos a nuestro tiempo más oscuro. Nunca habíamos estado sumidos en tan aciago momento. Hemos perdido al heredero de Jesús en la tierra; nos queda la heredera. La mitad del cáliz se ha perdido. Y la otra mitad está mancillada por la deshonra. Mi veredicto es que Abigail tenga el hijo y, cuando pueda separarse de la madre, sea llevado a un convento de huérfanos donde las monjas se hagan cargo de él. Y lo olvidemos para siempre, pues no es digno del Linaje de Nuestro Señor.

Ante la mirada de Leonardo, que no daba crédito a lo que estaba escuchando, y la de Abigail, inexpresiva en su abnegación, los hermanos de la Orden fueron levantando sus manos diestras. Botticelli no alzó la suya, pero sí todos los demás.

–Veo que todos, salvo nuestro Gran Maestre –continuó el mismo hombre que había hablado antes–, estamos de acuerdo. Entonces queda decidido. Abigail tendrá a su hijo y, sea niña o niño, lo separaremos de ella, como si nunca hubiera existido. Olvidaremos incluso que existió. Y no le daremos nombre, para que nunca podamos acordarnos de él.

Botticelli, con expresión afligida, dirigió sus ojos a los de Leonardo, y luego bajó la mirada. Parecía aceptar la decisión de sus hermanos sin chistar. Pero Leonardo no estaba dispuesto a ello. Se levantó y, con la voz quebrada por la emoción, vibrante y a la vez vehemente, gritó:

–¡No haréis tal cosa! ¿Y vosotros os llamáis servidores de Dios? ¿Creéis que Dios podría estar de acuerdo con esa decisión? ¡No! El niño que Abigail lleva en las entrañas no tiene culpa de nada. Los caminos del Señor son indescifrables. Quizá él quiso que el hijo de un malvado sea el heredero de Jesús, de la bondad personificada. Puede ser una lección, la lección de cómo el malvado puede redimirse. Si no, ¿qué sentido tiene la vida, esta vida, este mundo, estar aquí, sufrir...? No os llevaréis a ese niño. Yo me haré cargo de él. ¡Estáis equivocados...!

Todos miraron a Leonardo sin interrumpirle durante su intervención. Él esperaba, casi llorando, que le censuraran, pero sucedió justo lo contrario.

–Has superado la prueba. Y eso nos satisface enormemente. Vemos que eres justo. Y valeroso. Te has enfrentado a nosotros sin temor. Has defendido lo que consideras bueno. Eres digno, por tanto, de suceder a nuestro Gran Maestre, Sandro Botticelli. Él está perdonado, pero no puede seguir al frente de la Orden. Abigail tendrá a su hijo, claro que sí, y ese hijo será venerado. No importa quién sea su padre o que sea hijo natural. Cada hombre o mujer es responsable sólo de sus actos. Como tú lo has sido. Esta demostración nos basta. Eres digno de liderarnos porque Dios ilumina tu alma.

33

Gisors, 2004

La trampilla emitió un sonido hueco al chocar contra el suelo. Al momento, pequeñas partículas de polvo llenaron el aire, haciendo a Catalina estornudar dos veces seguidas. La buhardilla de la casa de su abuelo estaba en penumbra, aunque la tarde acababa de empezar. El calor era denso, aplastante. El recubrimiento de pizarra del tejado actuaba como un acumulador, calentando el aire del ático del mismo modo que un horno natural. Aunque el ambiente se hizo un poco más soportable cuando ella abrió todas las ventanas de par en par, Catalina tenía ya la ropa pegada al cuerpo, y gotas de sudor le cubrían la frente, los brazos y las piernas, y le resbalaban por la curva de la espalda.

Al calor intenso se le juntaba un olor a chamusquina que parecía anunciar el incendio inminente de los trastos que llenaban la buhardilla: las maderas, los arcones, las maletas, los periódicos y las revistas... Sí, también los periódicos y las revistas, que eran la razón por la que Catalina estaba en el ático. Nadie los guarda si no es por alguna causa. O quizá sí. Pero ella confiaba en que su primera intuición fuera cierta.

Todavía sin mirarlos en detalle, trasladó al centro de la buhardilla los dos pequeños montones, disponiéndolos en el suelo en la misma posición que tenían en las estanterías para no romper cualquier orden que pudiera existir. Con los ejemplares ya en el suelo polvoriento, Catalina se acomodó lo mejor que pudo justo delante de los montones que había apilado. Tras un primer examen, vio que existía, en efecto, un orden concreto. Había dos grupos. Uno lo formaban principalmente revistas sobre historia y arqueología; y otro, diarios. Dentro de cada uno de estos grupos, los ejemplares estaban ordenados por fecha, del más antiguo al más moderno.

El francés no era el único idioma presente en los ejemplares. Muchas de las revistas, y también uno de los periódicos, estaban escritos en otras lenguas: italiano, alemán, español, e incluso ruso. Calculó que había unas veinte revistas y sólo media docena de periódicos, todos de hojas amarillentas. Esta desproporción le hizo decidirse por revisar los diarios en primer lugar. No empezó por el primero de ellos, sino por el más moderno. Contrariamente a la posición en que ella lo habría colocado, estaba en el fondo del correspondiente pequeño montón y no al principio.

Vio que se trataba del ejemplar de un periódico local de Gisors, datado el martes 15 de febrero de 1944. El hecho de no haber periódicos franceses posteriores a 1944 era una mala noticia, porque sería de esperar que ocurriera exactamente eso en el caso de que su abuelo hubiera sido un colaboracionista y se hubiera visto obligado a huir de Francia ante la proximidad de los ejércitos aliados.

Dejando sus pensamientos y volviendo al periódico, comprobó que su portada decía con grandes letras mayúsculas: «EL EJÉRCITO ALEMÁN MÁS FUERTE QUE NUNCA EN LA CAPITAL DEL VEXIN». Catalina supuso que se refería a Gisors. Bajo el título se veía la imagen de un tren militar. Al fondo se distinguían las figuras de dos personas y, en primer plano, la figura mayor de un soldado alemán emergiendo de uno de los vagones. En una esquina había una mancha negra que al principio Catalina tomó por un borrón de tinta, hasta que se dio cuenta de que se trataba de la boca de un cañón que apuntaba directamente al autor de la fotografía.

Revisó el periódico de principio a fin, pero no descubrió en él nada que le llamara particularmente la atención. Aun así, lo dejó a un lado para echarle un nuevo vistazo después. Era el último, luego algo de especial tenía que tener.

A Catalina le animó comprobar que había una noticia marcada en el penúltimo periódico. En realidad, no era propiamente una noticia, sino el anuncio de una subasta que se realizó en París en agosto de 1941. Los objetos que subastar pertenecían a la colección privada de «una eminente familia francesa, de intachable reputación». Teniendo en cuenta la fecha, Catalina imaginaba que lo de intachable reputación se refería a la ausencia de antepasados judíos. Y esto porque para muchos franceses partidarios del gobierno de Vichy –y no sólo–, la política de eugenesia nazi que buscaba alumbrar una raza superior no fue algo impuesto, sino una práctica bienvenida y anhelada. Para vergüenza de la gran Francia y de la mayoría de los franceses, el cuartel de la Gestapo en París no paraba de recibir a diario cartas en las que *ciudadanos modelo* denunciaban a sus propios vecinos y conocidos judíos, pues lo consideraban un deber cívico ineludible.

En el periódico se indicaban los objetos que iban a ser subastados. Había cuadros de diversos autores, una amplia colección de sellos ingleses, cuya puesta a la venta tenía todo el aspecto de ser un gesto de patriotismo alemán de la tal familia francesa; diversos juegos de naipes antiguos, un piano Steinway & Sons «en un estado impecable», y... ¿Era posible?

–Vaya, vaya. Aquí estás de nuevo, ¿eh, Leonardo?

Otro de los lotes privados que se subastaban estaba compuesto por unos «Cuadernos de Leonardo da Vinci». El periódico no especificaba cuáles eran estos cuadernos, pero era una coincidencia curiosa que Da Vinci fuera también autor de los escritos que eran la base del «Códex Romanoff», del que su abuelo le había entregado una copia como legado. Sería una coincidencia para quien creyera en casualidades, pero Catalina no se contaba entre este grupo de personas. Para ella, ahí estaba probablemente el origen de la copia del códice propiedad de su abuelo. En realidad, eso no respondía a muchas preguntas ni, desde luego, a ninguna pregunta fundamental. Pero era reconfortante obtener, para variar, alguna respuesta, por trivial que pudiera ser.

Catalina leyó rápidamente la lista de los restantes objetos que formaban parte de la subasta, pero no encontró ningún otro que le pareciera significativo. Pasó entonces al siguiente periódico, que daba un salto considerable en el tiempo. Tenía fecha de 9 de marzo de 1935, y lo que estaba subrayado en él era una noticia de segundo orden, que decía así:

La rotura de una tubería de agua en el centro de París lleva a un macabro descubrimiento. Ayer por la mañana, los vecinos de la Place du Châtelet, junto al viejo Pont au Change, tuvieron que mojarse los pies para salir de sus casas. La calle estaba anegada por más de diez centímetros de agua, como consecuencia de la rotura de una tubería del sistema de abastecimiento público. Según declaraciones de Pierre Coudel, jefe de los bomberos locales, la tubería no había sido sustituida nunca y era de esperar que su rotura se produjera antes o después. Lo que nadie esperaba, sin embargo, fue el macabro descubrimiento que hicieron los técnicos de la empresa municipal de abastecimiento de aguas, cuando procedían a levantar el pavimento para sustituir la tubería quebrada. Los picos de los peones abrieron fortuitamente un hueco en lo que parecía ser un sótano o una cámara subterránea de la que no había constancia. Despreciando el considerable riesgo de derrumbe que existía, un valeroso miembro del cuerpo de bomberos se adentró por dicho hueco, acompañado sólo de una linterna. Poco después salió de nuevo a la superficie, con el rostro pálido, según varios testigos presenciales. El bombero, que no quiso dar su nombre, tuvo que dirigirse a un hospital cercano para ser atendido de pequeños cortes producidos durante su arriesgada expedición. Pero, antes de abandonar el local, hizo una declaración escalofriante: en la recién descubierta cámara subterránea bajo la Place du Châtelet, yacían decenas de esqueletos, retorcidos en posturas que sólo podían ser el resultado de una muerte horrenda. También según el mismo bombero, todo apuntaba a que esas personas habrían sido emparedadas en el interior de dicha cámara, pues no existía otra salida salvo el hueco abierto accidentalmente, al encontrarse tapiada su puerta de acceso. Ante estas sorprendentes declaraciones, y tras ser reparada la tubería, se ha acordonado la zona y se han desplazado al lugar varios peritos municipales, que ahora deben intentar descubrir a quiénes pertenecían esos esqueletos y por qué razón fueron tan cruelmente asesinados sus dueños. Y ya se han dado los primeros pasos en este sentido. Después de una primera inspección, el responsable al cargo de la investigación volvió a la superficie y reveló a este periódico otro detalle macabro del insólito descubrimiento:

«En algunos huesos hemos encontrado marcas inquietantes, aunque todavía es pronto para sacar conclusiones». ¿Serán esas marcas pruebas de canibalismo? Probablemente, aunque por el momento sólo podemos especular... Por otro lado, y con independencia de las extrañas circunstancias que han rodeado a este caso concreto, la rotura de la tubería de abastecimiento es un ejemplo más de la desidia de las autoridades de la ciudad y un resultado directo de los continuos recortes presupuestarios que éstas insisten en llevar a cabo a costa de los servicios básicos, que...

Catalina no siguió leyendo el resto de la noticia. Estaba claro qué parte del artículo había llamado la atención de su abuelo. Era una historia espantosa. Le daban escalofríos sólo de imaginarse a personas enterradas vivas en una cámara subterránea, hombres, mujeres y niños, sumidos en una completa oscuridad, sin nada que beber o comer, desesperados hasta el punto de verse obligados a alimentarse de otros seres humanos... Pero ¿qué interés podría tener su abuelo en una noticia tétrica como aquélla?

El cuarto periódico no resolvió ni ésta ni ninguna otra de sus dudas, porque estaba escrito en alemán. Lo único que Catalina logró deducir fue que era de 1928 y que la noticia subrayada tenía que ver con el Museo Hermitage de San Petersburgo: *Das Hermitage Museum, St. Petersburg, Russland*. Todo lo demás era para ella un simple galimatías indescifrable, así que dejó también este diario aparte, sobre el primero que había revisado.

Por fortuna, el idioma del quinto y último periódico era otra vez el francés. Datado el 7 de noviembre de 1926, su noticia subrayada se refería a una pequeña localidad de la costa italiana oriental, de nombre Cesenático, situada al norte de la república de San Marino. El artículo, que se iniciaba con una monótona reseña turística, se hizo interesante cuando empezó a referir el vínculo que tuvo el pueblo con César Borgia y también con el que, durante un tiempo, trabajó para él como ingeniero militar, Leonardo da Vinci. Su abuelo parecía tener una fijación con el genio florentino, y parecía mostrar, además, una obsesión más preocupante, ya que, por segunda vez, se interesaba por cadáveres descubiertos en extrañas circunstancias.

En esta ocasión, era uno solo, y pertenecía a un hombre hallado en una especie de pequeña gruta subacuática, bajo el canal de la localidad. El cuerpo del ahogado se conservaba en casi perfectas condiciones, porque el barro del fondo de la gruta donde se sumergió lo había envuelto por completo, actuando como una capa protectora y reduciendo a un mínimo su grado de descomposición. Incluso las ropas estaban en buen estado. Basándose en ellas, y en otros elementos encontrados en el cuerpo —fundamentalmente una moneda del ducado de Venecia—, los expertos habían conseguido datar con gran precisión la época a la que pertenecía el cadáver: el año 1503.

La noticia continuaba en otra página. Cuando Catalina le dio la vuelta para seguir leyendo se quedó pasmada. Allí había una foto del ahogado que, en efecto, estaba casi intacto. Pero no era eso lo más sorprendente, sino el hecho de que llevara encima lo que, sin lugar a dudas, era un traje de buzo. Uno muy rudimentario, claro estaba, pero aun así un traje de buzo, con un burdo casco que hacía las veces de escafandra, y hasta una vejiga de cuero de la que salía un tubo. Catalina se dijo que estos dos últimos elementos eran lo más parecido que podría encontrarse en el Renacimiento a una bombona de oxígeno y un respirador.

—¡Increíble!

Ese mismo calificativo era el que usaba el autor del artículo para describir el futurista equipamiento de inmersión, cuyas partes y funcionamiento se describían en detalle, confirmando la impresión de Catalina de que la vejiga de cuero debía haber estado llena de aire para permitir al hombre respirar bajo el agua. Según el artículo, los expertos no habían logrado descubrir la identidad del cadáver. Sin embargo, se habían aventurado a suponer que el *protobuzo* formaba parte de una especie de experimento o ensayo. Borgia quizá pretendía establecer la utilidad práctica del traje para usarlo en su ejército con fines bélicos.

Lo que no era una suposición, sino un hecho probado, era la identidad de quien estaba detrás de algo tan inaudito como aquel atuendo de buzo renacentista: Leonardo da Vinci, por supuesto. Entre sus papeles aparecían unos diseños que describían

161

con mucha similitud cada uno de los detalles del traje encontrado. Ante unas pruebas tan irrefutables, el juicio de los expertos era unánime.

El fascinante artículo terminaba con algunas referencias sobre el trabajo de Da Vinci al servicio de César Borgia, y sobre la caída en desgracia de éste tras la horrible muerte de su padre, el papa Alejandro. Eran curiosidades que normalmente habrían despertado el interés de Catalina, pero que comparadas con la historia del misterioso buzo le resultaron insulsas.

Ya no había más periódicos que revisar, así que pasó ahora a las revistas. Sin embargo, tardó muy poco en abandonarlas. Después de revisar una docena, no encontró nada en ellas que pudiera resultar del menor interés para la investigación sobre su abuelo. Se trataba de simples publicaciones dedicadas a temas históricos y arqueológicos.

Ahora empezaba a dolerle la cabeza, en parte por el calor sofocante del ático y en parte por todos aquellos misterios que se mezclaban unos con otros. Ella era una mujer persistente, y no se desanimaba con facilidad, pero empezaba a desesperarse. No tenía la menor idea de qué relación podrían tener todas las noticias subrayadas. Pero debía existir alguna. Mentalmente, a falta de un lugar donde escribir, Catalina hizo una enumeración similar a las de sus habituales Listas de Verdades Absolutas, aunque pensó que esta debería llamarse Lista de Suposiciones Absolutas, porque era así: suponiendo que su abuelo no estuviera loco desde los veinte años, suponiendo que desde muy joven buscara algo, suponiendo que los periódicos fueran uno de los medios que empleó como parte de esa búsqueda, suponiendo que las pistas que éstos le proporcionaron, unidas a otras muchas que averiguó de otras mil maneras, le condujeron a Gisors y a su castillo... Suponiendo todo esto, tenía que haber un hilo conductor que ligara este pueblo con la horrible muerte de las personas emparedadas en aquel sótano de París, y también con el museo del Hermitage, y con el cadáver de Cesenático y su insólito traje de buzo. Y, por supuesto, con Leonardo da Vinci.

Aun admitiendo que estas suposiciones fueran ciertas, no quedaba garantizada, ni mucho menos, la inocencia de su abuelo en lo que concernía a su relación con los nazis. Aunque se abría la posibilidad de que sus gestos de simpatía y sus demostraciones de generosidad tuvieran como objetivo ganarse a los oficiales de la guarnición alemana de Gisors, para que no le pusieran obstáculos en sus investigaciones. Y no es que ésta fuera una actitud correcta. Catalina lo veía como vender el alma al Diablo, por justa y digna que pudiera ser la hipotética causa de su abuelo. No obstante, le parecía también que, al menos, sería algo hasta cierto punto admisible, si la causa realmente valía la pena.

Fuesen o no verdaderos estos argumentos, lo que no podía negarse es que resultaban lógicos y eran el resultado del sentido común. Sin embargo, a Catalina se le ocurrían otras ideas, ideas no tan lógicas ni tan sensatas. ¿Tendrían que ver esos destrozos en los que reparó durante su visita al castillo con los causados por la explosión que provocó su abuelo, y en cuyo centro vio arrodillarse al fantasma de un hombre vestido de bufón?

Catalina encontró la lupa en el tercer cajón. Sabía que estaba en la mesa del antiguo despacho de su abuelo, dentro de uno de ellos. La había visto mientras limpiaba la casa, en su primer día en Gisors. Era un bonito ejemplar con su grueso cristal reluciente enmarcado en un aro de plata, y con su mango de madera noble. Pero toda la atención de Catalina estaba puesta en la foto de la portada donde un soldado surgía como un espectro de un tren. Por detrás de él, de pie sobre el andén, se distinguía la figura de un oficial alemán. Catalina se dio cuenta de esto ya en el piso de abajo, observando la imagen con detenimiento lejos de la calurosa buhardilla. Y se dio cuenta también de que junto al oficial estaba otra persona, un hombre alto y delgado, con una elegancia intrínseca que le resultó vagamente familiar. Quería ver con más detalle a este otro hombre hacia el que el oficial parecía mostrar un claro afecto, y para eso necesitaba la lupa.

Su cristal le amplificó la sonrisa del alemán, que señalaba al tren con un dedo y agarraba el brazo de su interlocutor, para llamar su atención sobre él. «Estupendas tropas, ¿eh? El castigo de toda Europa», decía ese gesto. La lupa le mostró además a Catalina el rostro ampliado del otro hombre; un rostro que ella ya

163

había visto antes, aunque cubierto de arrugas: era el de su abuelo Claude.
Ahora entendía por qué éste guardó el periódico. Allí estaba él, contemplando la llegada al pueblo de tropas del ejército alemán («Más fuerte que nunca en la capital del Vexin»), junto a su amigo el oficial. Sí, en el mejor de los casos, su abuelo Claude le había vendido el alma al Diablo. Y Dios perdona, pero no olvida.

Catalina releyó todas las noticias subrayadas de los diversos periódicos –a excepción de la que estaba en alemán–, para asegurarse de que no se le había escapado ningún detalle importante. Después transcribió al papel su Lista de Suposiciones Absolutas, donde recogía las diversas hipótesis que le habían inspirado esas noticias y sus reflexiones acerca de ellas. Le gustaba tener las cosas escritas. No confiaba demasiado en su memoria, y creía que el papel hacía a las ideas parecer más sólidas.

Pero ya bastaba de darle vueltas a la cabeza. Pensó en continuar la lectura de *La isla del tesoro*, mientras esperaba a que Albert apareciera de una vez. Aunque no le apetecía demasiado. Le había dedicado al libro sólo una noche, pero leía deprisa y la obra no era muy gruesa, así es que le faltaban sólo unas pocas decenas de páginas para llegar al final. Sin embargo, lo más probable es que no se molestara en terminar de leerlo. No creía que esas treinta páginas fueran a revelarle nada que no hubiera encontrado ya en las ciento cincuenta anteriores. Y, de éstas, lo único que había sacado en claro es que todos los tesoros están siempre marcados por una cruz. Menudo descubrimiento, vaya novedad. Por eso, y aun teniendo en cuenta los paranoicos cuidados de su abuelo para hacerle llegar con seguridad el libro, Catalina consideraba a *La isla del tesoro* un camino sin salida, una pista que no era tal, un simple regalo de su abuelo enfermo, como lo era su foto con la paternal dedicatoria «Mi querida Catalina, confía sólo en ti misma». En el fondo, no estaba tan segura de esto, pero la cabeza realmente no le daba para más, al menos no por el momento.

A pesar de su estado mental poco dispuesto a meterse en enredos, Catalina no consideraba un camino muerto al «Códex

Romanoff». Sobre todo por la posible conexión de éste con su abuelo que podría estar en la subasta de París de 1941, una época en la que, casi indiscutiblemente, no estaba loco.

Respecto a las piezas de puzzle, Catalina no sabía aún qué pensar. Le faltaban datos suficientes para determinar si eran el regalo de un paranoico, o algo que pudiera tener algún sentido. No quería descartarlas sólo por ser un legado inaudito. De hecho, no quería descartar nada, sólo porque pareciera inaudito. Ése era su modo de hacer las cosas cuando trabajaba, y no quería ser menos rigurosa en este caso. Como afirmaba Sherlock Holmes (¿Era él quien lo decía? Catalina pensaba que sí): «Cuando se elimina todo lo imposible, lo que queda, por imposible que parezca, es la verdad». Ella tenía una lista llena de preguntas y otra plagada de suposiciones. Y, con un poco de suerte, la verdad sobre su abuelo —parte de la verdad, al menos— se encontraría a medio camino entre unas y otras. Ésa era su esperanza. Y en contra de lo que afirma la manida expresión, ninguna esperanza es vana.

34

Florencia, 1504

De vuelta en su taller, Leonardo aún no había asimilado su nueva condición. Era difícil, pero tuvo que aceptar. Él mismo comprendió que tenía que ser así. Las fuerzas del destino, o los hilos que mueve la Providencia, son superiores al entendimiento. Su razón no comprendía, pero su corazón *sabía*; sabía como sólo el corazón puede saber. Ahora se había convertido en el protector de una joven y su futuro hijo. Fuerzas poderosas querrían derribar en el futuro lo que aquel linaje representaba. Y no repararían en medios ni crueldad. El ser humano no es el único animal que mata a su semejante, pero sí es el único que tiene conciencia de lo que significa asesinar. El afán de poder, y el poder mismo, seduce y quiebra las voluntades de hombres o mujeres que fueron rectos.

No bastaba con las buenas intenciones o el deseo de que el Linaje sobreviviera a todo embate venidero. Ni era suficiente la unión de hombres justos en torno al círculo de la Orden. Leonardo sabía que las cosas debían cambiar. Radicalmente. Por ello, dedicó las últimas semanas del viejo año y las primeras del nuevo a idear un método seguro, seguro de verdad. Lo primero sería podar todas las ramas actuales que pudieran servir para llegar al tronco del árbol. El núcleo debía quedar aislado de cuantos en aquel tiempo conocían la verdad.

Lo primero era elegir un nuevo lugar para esconder los documentos completos de la Orden. Debía ser un sitio de tamaño respetable, pues los documentos podían llenar una caravana completa de carromatos. Seguramente la cripta de una iglesia antigua, que pudiera tapiarse, sería lo más adecuado. Leonardo no tenía intención de seguir consignando toda clase de detalles superfluos, lo cual además aumentaba el peligro de interceptación, como había sucedido con Borgia.

Luego tendría que establecer un código secreto, un cifrado para la información del Linaje más importante: la genealogía. Tenía claro que iba a emplear una *matriz de Polibio*, que era el método más perfecto de su tiempo, pero estaba decidido a mejorarla. Este método criptográfico, sencillo y genial, ideado en la Antigüedad por el pensador griego Polibio, era el más seguro de todos los existentes, aunque ya empezaba a resquebrajarse. Consistía en crear una cuadrícula, una matriz, y rellenar sus casillas con las letras del alfabeto. En los márgenes se colocaban números. El texto cifrado convertía sus letras originales en pares de números. Pero Leonardo quería emplear sólo letras. Si alguien en algún momento del futuro la descubría, no sería tan evidente que estaba escrita en un código cifrado. Los números, para cualquier persona culta, saltaban a la vista, indeseablemente, como una cifra obvia. No, Leonardo quería mejorar el método y ocultarlo de un modo más sutil.

Su mente era muy rápida. A veces resolvía los problemas en cuanto se los planteaba. Escribía en un cuaderno algo como «tengo que buscar la solución a esto», y acto seguido, en la línea de abajo, «ya la he encontrado». Así iba a sucederle ahora. Dedicó unos minutos a la reflexión y la respuesta le surgió como por arte de magia. Bastaba usar otras letras en lugar de los números. Podían ser letras conocidas o inventadas. Si eran inventadas, el inconveniente estaba en transmitir a los futuros protectores el alfabeto. Y eso podría ser una pista, llegado el caso, para los enemigos. Con un alfabeto conocido, el latino o el griego, la cosa sería mucho mejor. El método en sí podría transmitirse de boca a oído, sin papeles ni dibujos. La cuestión era encontrar algo de suma simplicidad pero genial perfección. Un reto más en la carrera de retos del *Divino*.

Y lo encontró. Tomó la cuadrícula de Polibio y escribió en sus márgenes las letras del alfabeto latino; arriba once de las veintiuna letras del alfabeto en italiano, y a la izquierda las otras diez. Quedaban ciento diez casillas, que rellenaría con las mismas veintiuna letras, repetidas cinco veces, y los cinco huecos restantes los completaría con una nueva tanda de vocales, que aparecerían entonces, y en total, seis veces. Y las colocaría al azar, completando los huecos sin orden ni concierto. Parecía algo complejo, pero no lo era en absoluto. La matriz resultante era ésta:

	A	*B*	*C*	*D*	*E*	*F*	*G*	*H*	*I*	*L*	*M*
N	g	o	f	c	t	p	v	i	d	v	c
O	e	b	a	n	e	f	h	m	t	a	t
P	q	h	r	m	u	d	e	l	z	b	r
Q	u	l	o	s	t	p	r	o	c	v	o
R	g	d	s	a	q	i	u	z	p	q	l
S	n	i	b	e	g	b	s	a	m	e	v
T	s	g	h	u	m	t	n	c	d	z	q
U	i	u	f	p	i	s	a	z	o	f	n
V	p	l	g	q	d	e	b	u	v	z	l
Z	m	a	r	o	c	h	f	n	h	i	r

La conversión con la cuadrícula era fácil, pues bastaba ir localizando las letras en las casillas interiores. Como estaban repetidas, podía elegirse una cualquiera de las presentes. Luego, buscando sus correspondencias en los márgenes superior e izquierdo, proyectando a qué dos letras correspondía la buscada, era suficiente anotar esas dos letras como nuevo texto cifrado. El resultado eran palabras de doble longitud, es decir, de doble número de letras; y no siempre una letra se transformaba en otras dos que siempre fueran las mismas.

Para probar el método, Leonardo escribió en una hoja su propio nombre y lo cifró dos veces. En cada ocasión quedaba así:

1) HPGPBNGTGUCZINMQ EVDR LQBSHZMNFR
2) MVEOCQDOHSCZFPHQ FPCO GNAUDODNEU

Completamente distinto uno del otro y, sin embargo, perfectamente convertible en LEONARDO DA VINCI en ambos casos.

Esto despistaría a cualquiera que, eventualmente, interceptara los documentos. No podría guiarse por la comparación de letras, la sustitución, las pruebas habituales para descifrar mensajes. Leonardo estaba seguro de que ni él mismo, de no haber ideado el método, podría haber sido capaz de descifrarlo. Sólo lo conseguirían mil mentes como la suya, mentes calculadoras y frías, trabajando al unísono para analizar el método y romperlo. Y eso era imposible.

La fórmula servía. Pero lo que sí comprendió Leonardo, al acabar su método, es que no era tan sencillo de explicar. Sin embargo, no podía incluirlo entre los documentos de la genealogía, por obvias razones de seguridad. Por tanto, cada nuevo Protector tendría que hacer el esfuerzo de memorizar su aleatoria cuadrícula de letras. Como medida adicional de salvaguardia, los documentos del Linaje iban a quedar protegidos también mediante otra idea que le había surgido en la mente. Hacía poco más de un año que había empleado un método nuevo, invención suya, precisamente en un encargo de los Borgia, para quienes en aquel tiempo trabajaba como ingeniero militar. Aquel método consistía en mezclar ciertos productos alquímicos y dejarlos a la luz. Bajo ésta se impresionaban, formando imágenes. Leonardo los había llamado *luximagos*. Utilizaría la técnica para convertir los escritos de la genealogía en un luximago, aunque de tipo más avanzado, ya que ahora disponía de una sustancia capaz de hacerse visible bajo la luz, si ésta la impresionaba durante un número suficiente de horas, y que luego volvía a convertirse en invisible si se dejaba en la oscuridad. Cada vez que un sucesor suyo tuviera que ampliar la genealogía, esperaría a que ésta se visualizara y añadiría lo nuevo que, en ausencia de luz, volvería a hacerse invisible junto a todo lo demás, quedando oculto a cualquier ojo. Si alguien tenía uno de los papeles en su mano, lo vería vacío. Y no era probable que nadie estuviera durante horas con la vista en una hoja vacía.

La forma de actuar era escribir con la tinta especial capaz de impresionarse con luz, y luego guardar los documentos en un sitio oscuro que nadie conociera. La fórmula de la tinta sería transmitida también de boca a oído. No era difícil de elaborar, en el fondo, y los productos necesarios estaban al alcance de cualquiera. Leonardo tradujo de su puño la genealogía de Jesús y María Magdalena hasta Jérôme y Abigail. Cuando el hijo de ésta naciera, añadiría su nombre a la genealogía. Escribió todo con su tinta invisible en unas finas hojas de papel, y cuando todo se hubo secado las dobló bien en cuartilla. Para terminar, tomó los botes con tinta sensible a la luz y un par de plumas y los puso dentro de una caja negra, fuerte, con cierre de llave.

Una caja negra de la que nunca se separaría mientras viviera.

Se dispuso entonces a esconder también las hojas en su interior cuando, como si fuera víctima de un súbito arrebato, las rompió en mil pedazos y las quemó en una hornacina con un poco de alcohol. Las contempló inexpresivo hasta que se consumieron. La llama era intensamente verde, a causa de los productos que componían la rara tinta.

Convertidos los papeles en cenizas, Leonardo echó mano de un libro cualquiera de los que tenía en su biblioteca. En realidad, eligió un tomo especialmente insulso: la relación de gastos generados durante su servicio como cocinero de Ludovico Sforza en Milán, algunos de los cuales no habían sido satisfechos, y ya nunca lo serían, probablemente. No se le ocurrió otro libro que pudiera despertar un menor interés. En él podría esconder mejor la genealogía que en unas hojas blancas sueltas.

Por lo demás, Leonardo pidió a la Orden que siguiera constituida igual que hasta ese momento. Era una exigencia. Debía servir como tapadera del verdadero Linaje. Uno falso seguiría existiendo, protegido supuestamente por hombres ilustres. Esa cortina de humo valdría como la mejor protección de la verdad. Los hijos, los descendientes de Jesús y María Magdalena, estarían protegidos por una existencia cotidiana, por la monótona y segura normalidad. Ya no conocerían desde niños su auténtica condición. Vivirían como cualquier otra persona en este mundo. Pero siempre un ojo los vigilaría para evitarles el mal. Estarían protegidos por desconocidos. Sólo cuando fuera necesario, sabrían la verdad.

Acaso nunca tuvieran que saberla...

35

Nueva York, 2004

¿**A**lguna novedad, padre Marvin? No hizo falta que su superior fuera más explícito. El joven sacerdote ya sabía sobre quién eran las novedades que el obispo esperaba. Que todos esperaban. Desde el día anterior, cuando al final de su turno se había activado lo que se llamaba un Nivel 1, no paraban de preguntarle una y otra vez.

–Nada nuevo, monseñor.

–De acuerdo –dijo éste, con gesto grave–. Manténgame informado.

–Por supuesto, monseñor.

También Marvin estaba excitado. En los cinco años que llevaba en aquel proyecto sin nombre, nunca había visto a un Nivel 1, a un «Posible Protector». A Marvin siempre le había intrigado ese apelativo, *Posible Protector*, cuyo significado ignoraba. Y esto era sólo una de las cosas que no sabía. Ese lugar, y lo que Marvin y otros como él hacían allí, estaba lleno de secretos. Sus cinco años en el proyecto eran un intervalo de tiempo insignificante comparado con los años, los siglos, que duraba ya «la búsqueda». El objetivo, fuera cual fuese, había sido siempre el mismo, aunque, por supuesto, los métodos se fueron refinando, habían ido *creciendo*. Con una profunda satisfacción, Marvin observó las blancas paredes de piedra caliza y las placas de mármol rosado, las altas columnas, los techos abovedados y sus pinturas de estilo renacentista, las mesas de madera ricamente labradas, las losas centenarias del suelo... Todo el opulento y antiquísimo envoltorio de un espacio, sin embargo, que no podría ser más parecido a una sala de control de vuelos espaciales, lleno de relucientes y coloridas pantallas de plasma y avanzados equipos informáticos, que emitían un continuo e incansable zumbido. El mundo entero estaba a su alcance desde aquella sala; lo estaba de verdad: todas las bases de datos, también las restringidas —especialmente las restringidas—, todas las cuentas bancarias, millones de conversaciones telefónicas, de mensajes de correo electrónico, de foros de discusión, de sitios web; centenares de empresas y centros de gobierno eran puestos bajo escucha y observación, con micrófonos y cámaras ocultas... Era una especie de «Echelon», la red global de espionaje administrada por la Agencia de Seguridad Nacional de Estados Unidos y el Cuartel General de Comunicaciones del Gobierno Británico. Sólo que esta otra red, aunque mucho más pequeña, era verdaderamente secreta. Todo era analizado, todo era filtrado por sistemas automáticos inteligentes, específicamente diseñados para servir a «la búsqueda» y para identificar a los «candidatos», personas o entidades que pudieran llevarles al objeto de la misma. Esos «candidatos» eran rastreados e investigados, después de serles asignado un nivel de prioridad. Cada uno de estos niveles tenía asociada una serie de medidas, desde un mero estudio remoto hasta el *pinchazo* de todas las comunicaciones de un sujeto, el seguimiento físico y total de sus actividades. Medidas extremas como estas últimas se reservaban a los niveles más altos de la escala y, por supuesto, a su tope, el de «Posible Protector», el Nivel 1.

Por norma, los «candidatos» más relevantes habían ido ascendiendo en la escala poco a poco. La visita reiterada de ciertos sitios web, por ejemplo, los situaba en el Nivel 5. Si a eso se añadía la compra de determinados libros o su consulta en bibliotecas, se llegaba al Nivel 4. Actividades de investigación más profundas, como las necesarias para la redacción de artículos periodísticos acerca de ciertos temas, podrían llevar al Nivel 3. Y sólo investigaciones exhaustivas y eruditas sobre esos temas justificaban un Nivel 2. Marvin ni siquiera sabía qué era necesario para que alguien se convirtiera en un Nivel 1 y, por lo que se contaba, sólo una persona había alcanzado ese grado de la escala en los últimos cien años. Un hombre.

El nuevo Nivel 1 era, sin embargo, una mujer que había ascendido a ese puesto directamente, sin pasar por los anteriores. El corto historial sobre ella al que Marvin tenía acceso no le daba demasiadas pistas sobre el porqué: la mujer había visitado unas páginas web relacionadas con unos supuestos escritos de Leonardo da Vinci, recopilados bajo el nombre de «Códex Romanoff»; lo hizo desde un ordenador perteneciente a un cibercafé de la localidad de Gisors. Por razones que Marvin desconocía, este pequeño pueblo normando aparecía con frecuencia en los informes, y era objeto de una vigilancia particularmente minuciosa. Otro de los registros del historial de la mujer indicaba que había utilizado una tarjeta para pagar en el cibercafé. Gracias a ello, los sistemas automáticos pudieron asociarla con el equipo informático anterior, teniendo en cuenta el momento en que se efectuó el pago, el valor del mismo y el tiempo de conexión. Eso era todo… En realidad, no. Había una cosa más: la mujer se entrevistó en el ayuntamiento de Gisors con un funcionario. La entrevista estaba grabada por medio de una de sus cámaras espía.

36

Gisors, 2004

Desde el interior del despacho de su abuelo, Catalina oyó a un coche detenerse en la entrada y apagar el motor. Por fin había llegado el guardés. Ella salió a recibirle.

—Hola, Albert, estaba esperándole.
—¿Ah, sí? Pensaba que había ido al pueblo.
—Y allí he estado. Pero he vuelto.
—Ya veo —comentó el guardés. No se le ocurrió otra cosa que decir ante tal obviedad—. Ha abierto las ventanas del ático...
—Sí. He estado echando un ojo a las revistas y los periódicos que hay allí guardados, y hacía un calor insoportable.
—Eran de su abuelo.
—Eso imaginaba... ¿Usted le conocía bien, Albert? —preguntó Catalina de improviso.
—Trabajé para su abuelo durante casi veinte años, y en ese tiempo descubrí algunas cosas sobre él, sí —dijo el guardés, al que la pregunta no pareció cogerle por sorpresa.
—Entonces tendrá que contarme esas cosas —afirmó ella categóricamente.
—Será mejor que prepare un té, ¿no cree?
—Sí. Eso estaría muy bien.

Como había dicho, Albert empezó a preparar un té. Y lo hizo tranquilamente, sin prisas. Mientras tanto, Catalina le seguía con la mirada de un lado para otro, por la cocina de la pequeña casa del guardés, esperando a que terminara.

—Aquí está —dijo el guardés, poniendo sobre la mesa una bandeja con dos grandes tazas humeantes y un pequeño plato de pastas caseras—. Tiene que probarlas. Son de la señora Bonneval.

En un primer momento, Catalina no identificó ese apellido. Luego recordó que era el de Marie, la mujer que venía a limpiar la casa de su abuelo periódicamente y que le trajo unas deliciosas brochetas a su llegada al pueblo.

—¿Qué son todas esas noticias marcadas en los periódicos de la buhardilla? —preguntó Catalina, cogiendo también una pasta y mordisqueándola sin demasiada convicción.

—Son una pequeña parte de las investigaciones de su abuelo. De su búsqueda, como él la llamaba. Casi todos los libros que hay en la biblioteca también lo son. Y los viajes que hacía a menudo de una punta a otra de Europa, muchas veces repentinos. Más de una vez le vi preparar una maleta a toda prisa y salir en mitad de la noche hacia París, Hendaya, Florencia o Madrid. Todos en Gisors pensaban que hacía este tipo de cosas porque era un excéntrico, como dice la gente, pero no es verdad. Lo que pasaba con su abuelo es que estaba obsesionado por esa búsqueda suya. Ésa era la única razón de su vida desde que era un crío. Esto me lo dijo él mismo en una ocasión. Era un buen hombre. Y muy reservado. Aunque creo que, en el fondo, tenía espíritu de maestro, de profesor. Algunas noches se acercaba a verme, cansado después de haber pasado todo el día metido en su despacho, trabajando entre una montaña de papeles. Y se sentaba justo ahí, donde está usted —dijo Albert, señalando la mecedora—. Y entonces empezaba a hablarme de cosas que había leído en algún libro o en algún artículo, y me explicaba las razones por las que estaba a favor o en contra de lo que se decía en ellos. Y tengo grabada la expresión que tenían sus ojos en esas noches, en las que al final no nos acostábamos hasta las cuatro o las cinco de la madrugada. Le brillaban, ¿sabe? Los ojos le brillaban. Él amaba todo eso, era su pasión. La verdad es que al principio yo no entendía casi nada de lo que él me contaba, pero luego fui cogiendo cada vez más cosas. Y atando cabos me di cuenta de que todo giraba en torno a un mismo tema: el Priorato de Sión.

No era la primera vez que Catalina oía hablar del Priorato de Sión, aunque no sabía mucho sobre él; poco más que el hecho de que se trataba de algún tipo de secta o grupo secreto, cuya misión era proteger, a lo largo de los siglos, a los supuestos descendientes de Jesucristo y María Magdalena.

—¿Mi abuelo se creía eso de que Cristo tuvo descendientes?
—Su abuelo no se creía nada, señorita Penant —comentó Albert, casi ofendido—. ¿No ha oído lo que le he dicho? Se pasó toda la vida investigando el tema. Él no era un hombre de fe, sino un estudioso. Sólo aceptaba las verdades que podía probar.
—Entonces, ¿tenía pruebas de que Jesús tuvo descendencia con María Magdalena?! —inquirió Catalina, sorprendida e interesada. Su vena de periodista se había despertado.
—No lo sé, pero es posible que sí.
—¿Y dónde pueden estar esas pruebas?
—Si existen, imagino que estarán un poco por todos lados: en los periódicos de la buhardilla, en los libros de la biblioteca de su abuelo, en los otros miles de libros, manuscritos y artículos que consultó en centenares de librerías y bibliotecas de Europa entera, en las conferencias a las que asistió, en los castillos, iglesias, registros y monasterios que visitó. Y sobre todo estarían dentro de su cabeza, donde él conseguía juntar los miles de pequeños detalles que iba reuniendo.
Era extraño oír al parco guardés expresarse de un modo tan elocuente. Se ve que había aprendido algunas habilidades de su abuelo durante los años que pasaron juntos. Su explicación era muy razonable; obvia, en realidad. Había sido una ingenuidad por parte de Catalina suponer que existía una sola prueba, un conveniente documento donde se afirmara, conforme a pruebas sólidas e irrefutables, que Jesús tuvo descendencia.
—Comprendo —dijo ella.
Catalina no diría de sí misma que era atea. Pensaba que había algo, un Algo con mayúscula. Pero todo lo relacionado con la Iglesia y con sus ritos lo consideraba superfluo. Por tanto, que Jesús hubiera tenido un hijo con María Magdalena, como cualquier otro hombre, le parecía normal, mucho más creíble que las poco verosímiles historias de la Biblia. Esto la llevó a preguntar a Albert:
—Si mi abuelo de verdad consiguió esas pruebas, entonces supongo que no creía que Jesús fuera Hijo de Dios.
—¿Y por qué no? Jesús era un hombre. Que pudiera llegar a amar a una mujer y tener un hijo con ella antes de morir en la cruz no significa que no fuera también Hijo de Dios.

Catalina no sabía si Albert dijo esto en su nombre o en el de su abuelo, o en el de ambos. Era una afirmación con la que se podría ciertamente discordar, pero que desde luego no resultaba absurda.

—¿Qué estuvo buscando mi abuelo en el castillo de Gisors durante la II Guerra Mundial? ¿Más pruebas sobre el Priorato de Sión?

—Eso tampoco lo sé, aunque supongo que sí. —Hubo un leve cambio en la voz del guardés—. Como le he dicho, todo lo que él hacía tenía que ver de una forma u otra con el Priorato.

—¿Y qué contaron los hombres que contrató para ayudarle, Lhomoy y Lessenne?

—Siempre dijeron que su abuelo no les hablaba de sus planes y que nunca habían encontrado nada.

—¿Y en la última noche en la que estuvieron excavando, la del día en que se produjo el desembarco en Normandía, mi abuelo lo mandó todo por los aires borrando su rastro?

—Ajá.

—¿Sabía usted que el último periódico de la buhardilla es precisamente de 1944?

—No.

—Pues así es. ¿Tiene alguna idea de por qué?

Albert meditó durante unos segundos, antes de responder:

—No... Pero a lo mejor le interesa saber que, en un cierto momento, a finales de 1976, lo recuerdo perfectamente, su abuelo lo dejó todo.

A Catalina no le pasó desapercibido que ésa fue justo la época en la que, según D'Allaines, su abuelo cambió su testamento para incluirla a ella.

—¿Cómo que lo dejó todo?

—Dejó de investigar. Hizo un montón con las anotaciones que tenía y las quemó en el patio. Los periódicos se salvarían porque estaban olvidados en la buhardilla. A partir de ese año se dedicó a hacer el tipo de cosas que hace la gente normal y que él nunca había hecho, como ir de pesca o pasear por el pueblo y junto al río.

—Pero ¿por qué?

—Me he hecho muchas veces esa pregunta. Muchísimas. Y sólo se me ocurre una respuesta... Él finalmente encontró lo que buscaba, y entonces dejó de tener razones para seguir buscando.

Catalina recordó lo que le había dicho D'Allaines sobre la última fase de la vida de su abuelo, y sugirió:

—¿Y no sería que se volvió loco? El señor D'Allaines me dijo que, al final, actuaba como un paranoico.

El guardés se mostró de nuevo ofendido ante aquella sugerencia, aunque fuera la nieta de Claude quien la había hecho.

—Su abuelo sólo empezó a comportarse de un modo extraño mucho después, en sus últimos meses de vida. Y no es igual un paranoico que un loco. Hasta la persona más cuerda puede tener razones a veces para comportarse como un paranoico. Su abuelo no estaba loco. Ésa no fue la razón.

—¿Y qué le hace estar tan seguro?

—Yo le conocía.

—¿Y D'Allaines no?

—D'Allaines es un buen hombre, y su abuelo le apreciaba, pero se veían sólo una o dos veces al mes, cuando él se pasaba por el despacho o iba de visita a París. D'Allaines no vivió a su lado durante veinte años.

Era una opinión respetable, pensó Catalina, pero quizá poco objetiva, precisamente porque Albert vivió al lado de su abuelo durante todo ese tiempo.

—Está bien —concedió Catalina. No tenía sentido discutir el asunto.

Se produjo un nuevo silencio. La historia había llegado a su fin. Su conversación con el guardés había confirmado varias de las suposiciones que ella había hecho al leer los periódicos de la buhardilla. Eso resultaba alentador, pero aún quedaban muchas sombras que disipar. Catalina tendría que darle vueltas a todo esto, intentar hacer también ella como su abuelo, y conseguir juntar en la cabeza los detalles que había ido descubriendo y a los que ahora se había unido uno más: el Priorato de Sión y la posibilidad de que su abuelo hubiera encontrado pruebas irrefutables sobre la descendencia de Jesús. No parecía algo muy cabal, la verdad. Además, era un tema que debía aplazarse hasta otro momento, porque quedaban cuestiones por tratar…

—¿Conoce a un tal señor Dumergue?

—Sí. Trabaja en el ayuntamiento. No es de fiar.

—Hoy he estado hablando con él. Quería que me explicara por qué el ayuntamiento de Gisors no ha permitido en todos estos años que se investigue la capilla subterránea descubierta por Roger Lhomoy, la capilla de Santa Catalina.
—Ajá —dijo el guardés, con cautela.
—Y, bueno, la verdad es que después de mi entrevista con Dumergue me he quedado igual que estaba, porque sigo sin saberlo.
—¿La conversación se fue por otro lado…?
—Sí, eso es lo que ocurrió. Aunque más que irse por otro lado, me da la impresión de que Dumergue *la llevó* hacia ese lado. Y lo que me dijo, en esencia, es que mi abuelo fue un colaboracionista durante la ocupación alemana.
—A-já —repitió el guardés, ahora más despacio, partiendo en dos la palabra.
—Por favor, Albert, dígame claramente si mi abuelo estuvo o no del lado de los nazis. Soy una adulta. No voy a ponerme a llorar ni a lanzarme por una ventana si me responde que sí. Sólo quiero saber la verdad.
—Creo… que no.
—Cree que no, pero ¿no está seguro?
Albert se agitó en la silla, como si se le hubiera transmitido al cuerpo la súbita incomodidad que invadidía sus pensamientos.
—Verá, señorita Penant, yo empecé a trabajar para su abuelo en los años sesenta, así que no sé mucho sobre qué hizo antes de eso.
—Pero usted le conocía. Acaba de decírmelo ahora mismo. Y ha vivido siempre aquí —insistió Catalina, frente a la respuesta evasiva—. Tiene que saber lo que dice la gente sobre mi abuelo.
Albert se quedó mirando a Catalina en silencio. Y ésta notó que algo le rondaba la cabeza, que estaba debatiéndose sobre si debía o no contarle lo que sabía. Tras un profundo y resignado suspiro, el guardés volvió a hablar:
—Lo que la gente dice es que, durante la ocupación, su abuelo daba fiestas sólo para los oficiales alemanes, y que se codeaba el día entero con ellos. Sobre todo con uno que era el encargado de la guarnición del castillo.
Ése debía de ser el alemán sonriente de la foto, pensó Catalina. Ya sabía todo esto. Esperaba que Albert pudiera responderle a la

cuestión de un modo categórico, pero el guardés no parecía saber más que lo que se decía en el pueblo, más que aquello que le había contado el funcionario del ayuntamiento. El problema era que Catalina no le creía... Por su trabajo, los periodistas aprenden a distinguir los síntomas de la mentira, igual que los policías. Y ella sabía que Albert le estaba ocultando algo. Pero ¿qué? ¿Y por qué razón? Y, entonces, se le ocurrió...

—¡Marie! —exclamó Catalina.
—¿Eh...?
—Marie lo sabe todo sobre el pueblo, ¿verdad? Ella sabe todo sobre todos, ¿no es así?
—Sí, bueno, ella sabe muchas cosas, desde luego.

Catalina había notado rigidez en las palabras del guardés. Por eso insistió:

—Apuesto a que sí. Y apuesto también a que sabe muchas cosas sobre mi abuelo que no sabe nadie más. Nadie salvo, quizá, alguien a quien ella se las haya contado, alguien de su entera confianza, alguien a quien Marie considera un buen hombre aunque poco hablador... Alguien como usted, Albert.

El honesto guardés la miró con gesto desconsolado. A él nunca se le había dado bien mentir.

—Yo no puedo contárselo. Traicionaría la confianza de Marie. Y ella no querrá contárselo a usted.

—No querrá si yo se lo pido, pero quizá sí lo haga si se lo pide usted. ¿Hará eso por mí, Albert?

A un silencio casi imperceptible siguió la respuesta del guardés:
—Sí.

En ese preciso momento, la escandalosa melodía de su teléfono móvil retumbó en la pequeña sala. Él se echó la mano al bolsillo esperando encontrarlo ahí, pero Catalina le señaló un mueble sobre el que descansaba, olvidado por su dueño.

—Esta cabeza mía... —dijo el guardés, levantándose para ir a cogerlo. Luego, como le había enseñado Catalina, comprobó el número de quien le estaba llamando antes de oprimir el botón para descolgar—. ¿Sí, dígame, señor Boulain?... Me lo había dejado en casa. Es la falta de costumbre...

Segunda parte

Fe es no querer saber la verdad.
FRIEDRICH NIETZSCHE

37

El Reinado del Terror

Desde los tiempos de Leonardo, a lo largo de casi tres siglos, la Orden de Sión protegió el Linaje sin graves contratiempos. La sabiduría y la intuición del *Divino* sirvieron bien a ese fin. Pero todo iba a cambiar en los últimos años del siglo XVIII. Francia se había sublevado contra la tiranía de los monarcas que daban fiestas fastuosas mientras el pueblo moría de hambre. La Bastilla cayó en manos de una nueva potencia, la de las gentes unidas. Se proclamó la república. Se escribieron cartas con los derechos humanos.

Pero la utopía se quebró. De tan fuerte que se había lanzado, la flecha atravesó la diana. Comenzaron las purgas, las injusticias, los procesos falsos contra inocentes... Entre 1789 y 1793, en esos escasos cuatro años, Francia se convirtió en lo contrario de lo que quiso ser. Europa estaba en armas contra su régimen, y en el interior se gobernaba mediante el miedo, el terror a los ajusticiamientos sin explicaciones: todo el mundo era potencial traidor a la patria y reo de muerte. La pólvora y la sangre imperaban.

Ante ese panorama insostenible, a mediados de año la Convención entregó el poder, la presidencia del Comité de Salud Pública, al partido jacobino. Los ánimos se caldearon. Tres días después de la toma de posesión de los jacobinos, el mítico líder revolucionario Jean-Paul Marat era asesinado por Charlotte Corday, una simpatizante del partido contrario, el de los girondinos.

Este crimen calentó aún más los ánimos e hizo aumentar las simpatías del pueblo a favor de los atacados jacobinos. Maximilien de Robespierre entró en escena de la manera más fuerte, como miembro del Comité. Su aguda inteligencia y su tacto, rayano en la manipulación, le granjearon el ascenso rápido. No tardó mucho en convertirse en el líder del partido, con la ayuda de Saint-Just y de otros personajes destacados, como Couthon y Carnot.

La obsesión fanática de Robespierre era mantener el avance y el desarrollo de la Revolución. Para él era como un ser vivo, que necesita crecer, aumentar, respirar. Por miedo a los contrarrevolucionarios, emitió leyes de enorme dureza que iban contra cualquier persona que pareciera sospechosa. Francia se convirtió en un estado policial. Los ejércitos luchaban en diversos frentes contra Prusia, Inglaterra, España... La situación parecía imposible de empeorar. Incluso dos facciones de los propios jacobinos estaban enfrentadas, ya que tanto moderados como radicales pretendían llevar adelante sus propias tesis.

Toda oposición interna fue barrida. Robespierre estaba ahora a punto de barrer también a las facciones de su propio partido que amenazaban con vulnerar su poder. Pero no se había dado cuenta de que la inestabilidad exterior y el apoyo, como dos piernas, de las facciones que pretendía eliminar, eran su verdadero y auténtico sustento. Pudo resistir mientras el pueblo veía la muerte en la guillotina de quienes lo habían oprimido: María Antonieta, los monárquicos, los miembros del clero. Pero cuando empezaron a rodar las cabezas de los girondinos y de miles de ciudadanos que tan sólo se consideraron sospechosos de ser enemigos de la Revolución, las cosas empezaron a cambiar. La balanza se fue inclinando hacia el lado contrario, en el que no estaba el favor a Robespierre.

Muchos miles de personas murieron en París, y muchas más en otras ciudades, como Nantes o las poblaciones del departamento de La Vendée.

Se eliminó el calendario gregoriano, que pasó a convertirse en uno nuevo, el Calendario Revolucionario, con meses como termidor, floreal, nivoso o germinal. Robespierre ansiaba crear una República de la Virtud, sin darse cuenta de que convertía a Francia en un estado de la corrupción. El humanitarismo se volvió ferocidad; el idealismo social se convirtió en afán de venganza; el patriotismo, en locura y fanatismo ciego. Robespierre odiaba, no sólo a la Iglesia católica, sino a la misma religión de Cristo o a los valores que encarnaba. Se prohibió la asistencia a las iglesias de París, que quedaron clausuradas. Luego secundó esta medida todo el Estado. Las ideas del filósofo Rousseau se proyectaron en el culto al Ser Supremo, una especie de nueva religión en que se adoraba la Razón y un principio creador universal ajeno a las tradiciones judeocristianas, y fundamentado en los postulados de la francmasonería. El radical Hébert, responsable de tumultos en París, y el moderado Danton pugnaban para llevar el gobierno hacia su lado. El primero se hacía fuerte en la Convención y en la Comuna de París. Por fortuna, el general Jourdan daba las primeras victorias bélicas a Francia contra sus enemigos. Las ofensivas se sucedieron al inicio de 1794. Todo estaba a punto de caer, aunque parecía que el edificio de Robespierre era sólido como una montaña...

38

Gisors, 2004

La señora Bonneval vivía en el extremo noreste del pueblo, no muy lejos de la estación. Fueron a su casa en el coche del guardés. Albert conducía por las calles estrechas hacia su casa, sorteando con pericia los vehículos aparcados en todas partes.

Al salir de la finca, Catalina reparó en algo aparentemente trivial. Junto a la cuneta había un vehículo parado, cerca de la entrada del camino que unía la carretera y el *château*. Era normal encontrarse por los alrededores con turistas y habitantes del pueblo, familias enteras la mayor parte de las veces, que se detenían en cualquier lado para dar un paseo por el campo. Sin embargo, el conductor de este coche no se había bajado a pasear, ni tampoco estaba delante del capó abierto, como sería de esperar si acabara de sufrir una avería. Simplemente, se encontraba allí dentro, sentado, esperando. Aunque pensándolo bien, quizá se le había averiado el coche en realidad y aguardaba al vehículo de la asistencia en carretera. A pesar del razonable argumento, Catalina se echó hacia delante, para mirar por el espejo retrovisor lateral, donde casi esperaba ver cómo el vehículo salía del arcén en cuanto pasaran ellos a su lado. Aunque, por supuesto, eso no ocurrió; el coche siguió tranquilamente parado en el mismo lugar. ¿En qué estaría ella pensando? No iba a empezar ahora también con locuras. Había de sobra con un paranoico en la familia.

Tampoco esta vez sus juiciosos argumentos lograron evitar que echara un último vistazo hacia atrás, cuando entraban ya en el casco urbano. Albert, que la había visto hacer el gesto de mirar por el espejo también la vez anterior, le preguntó entonces si temía que alguien estuviera siguiéndolos. Catalina se apresuró a decir: «Claro que no, ¡qué tontería!».

Albert paró el coche de improviso, diciendo a continuación: «Aquí es». Estaban frente a un pequeño edificio de dos pisos, con un balcón en la planta superior del que colgaban maceteros con flores de tonos vistosos y alegres. Catalina contuvo el aliento.

—Vamos —dijo el guardés.

Tuvieron que llamar al timbre dos veces antes de que apareciera en el umbral una alegre Marie, secándose las manos en un delantal de chillones estampados.

—Hola, Marie —saludó el guardés.
—¡Hola! —saludó también Catalina.
—¡Hola, Albert, señorita Penant! ¡Vaya sorpresa! Pero, adelante, adelante. Justo ahora estaba terminado de preparar una tarta de arándanos. ¿A que huele de maravilla?

Marie no paró de hablar mientras los conducía hasta el salón por un estrecho y mal iluminado corredor. Esta parte de la casa tampoco era demasiado grande ni acogedora, aunque la agradable luz del final del día que entraba por una ventana creaba una falsa ilusión de espacio.

—Pero, siéntese, señorita Penant. No te quedes ahí como un pasmarote, Albert, y ofrécele una silla, por amor del cielo. ¿Dónde está la educación que te dieron tus padres? —reprendió al guardés, que, escarmentado como un muchacho, se apresuró a cumplir sus órdenes—. Yo voy a buscar la tarta y el café. Ahora mismo vuelvo. ¡Pero qué sorpresa más agradable!

Marie regresó poco después, precediéndose, como era de esperar, por un torrente de nuevas palabras.

—Mi Georges está en el bar con los amigotes, jugando su partida de cartas. Ay, estos hombres... Sólo piensan en sus cartas, en sus cigarros y en sus vasos de vino. Son todos iguales —afirmó, revirando los ojos y con una cómica expresión resignada—. Todos menos el buen Albert. Nunca le he visto poner un pie en ese antro.

—Ya bebí lo mío cuando era joven —se justificó el guardés.

—¿Y mi Georges, no? Si tuviera un franco por cada litro de vino que se ha bebido, podría forrar las paredes con oro. Así es

187

que no digas tonterías. Te conozco muy bien, Albert Mourel. Conmigo no hace falta que te hagas el duro. Eres un hombre recto, sí, señor, y no tienes por qué avergonzarte de ello. ¿Verdad, señorita Penant?

—¡Amén! —Los francos habían pasado a la historia, pero Catalina se dijo que la señora Bonneval podría seguir forrando las paredes de oro si, en su lugar, le dieran un euro por cada litro de vino bebido por su marido, así es que, ¿para qué decírselo?

Haciendo una breve pausa en su interminable discurso, Marie sirvió el café y partió dos trozos generosos de tarta de arándanos, para Albert y Catalina, y uno menor para ella.

—Tengo que mantener la línea, porque me estoy poniendo un poco gorda. Aunque a mi Georges no le importa. A él siempre le han gustado las rellenitas —aseguró, guiñándole un ojo cómplice a Catalina y dando a continuación un pequeño mordisco, casi pudoroso, a su pedazo de tarta—. Pero, bueno...

Antes de que Marie pudiera dar inicio a un nuevo ciclo de verborrea, Albert intervino:

—No hemos venido aquí sólo de visita, Marie.

—¿Ah, no? —dijo ella, mostrando una sonrisa vacilante.

—No.

—Estás empezando a asustarme, Albert. ¿Ha pasado alguna cosa en la finca?

—Si yo te pidiera que me contaras algo, ¿lo harías?

—Eh, sí, claro —afirmó Marie, aunque antes de responder le lanzó una mirada fugaz a Catalina, que permanecía en completo silencio—. Si es algo que yo sepa...

—Es algo que tú sabes, sí. Quiero que me cuentes, que nos cuentes, todo sobre el abuelo de Catalina. Todo. ¿Me entiendes?

El rostro de Marie adoptó una expresión absolutamente seria, que Catalina habría jurado que era imposible ver en él.

—Pero, Albert...

—Por favor, Marie. Hazlo por mí. Ella necesita saberlo, y yo jamás se lo contaría si tú no quieres que lo haga.

La mujer se quedó mirando al guardés, que no añadió nada más. Después volvió sus ojos hacia Catalina. Ésta la observaba con gesto suplicante.

—Está bien, está bien —dijo, suspirando. Luego, con voz decidida, empezó a hablar—: El profesor Penant, así le llamaban todos en el pueblo, llegó aquí en febrero de 1944. Él compró esa propiedad en las afueras y, una semana después, dio una gran fiesta, a la que sólo invitó a alemanes. Imagínese el revuelo que se armó. Él se gastaba ríos de dinero invitando a los alemanes y haciéndoles regalos caros. En Gisors pensaban, y siguen pensando, que su abuelo lo hacía porque era un colaboracionista, pero yo no estoy tan segura.

Catalina sintió un vuelco en el corazón al oír esto. Marie se detuvo, y ella supo que ahora venía la parte difícil de contar.

—Mi suegro, el padre de mi Georges, también estaba siempre en ese bar del que le he hablado antes, se pasaba allí la vida. Y no dejó de ir durante la ocupación. Pero, por aquel entonces, el vino no era barato y nadie tenía mucho dinero. Nadie del pueblo, porque su abuelo lo gastaba a espuertas. Él siempre llevaba encima una cartera de cuero. No se separaba nunca de ella, ¿entiende? Pero es mejor que empiece desde el principio... Hace muchos años, mi marido me contó una historia que le había contado a él su padre. Mi suegro llegaba muchos días borracho, y lo normal era que cayera en la cama con ropa y zapatos incluidos, y que se pusiera a roncar a los tres minutos. Pero, una de esas veces, o no había bebido lo suficiente, o el vino le había soltado la lengua y dado ganas de hablar. Y a la hora a la que llegó el único que estaba despierto para escucharle era su hijo. Según me contó mi Georges, su padre empezó a lamentarse de que él podría ser un hombre rico en vez de un pobretón. Luego añadió «Aquel maldito Claude...». Como mi Georges pensaba que todo esto eran sólo delirios de borracho, le dijo a su padre que era mejor que se fuera a dormir. Mi suegro se indignó al ver que su hijo no le creía, y entonces decidió contarle la historia que yo voy a repetir ahora...

»Ya sabe cómo son los sitios pequeños. A uno se le ocurre cualquier disparate y la gente empieza a repetirlo, a pasar palabra y, al final, todo el mundo se cree el disparate como si fuera la palabra del Señor. Y alguien empezó a decir que su abuelo no se despegaba nunca de su cartera porque ahí era donde guardaba su dinero. Después, otro simplón dijo que sí, que era verdad, porque él le había visto una vez sacar de allí un fajo de billetes. Todo paparruchas, pero en fin... Mi suegro nunca fue demasiado listo, y acabó convencido de que era dinero fácil. Y entonces se le ocurrió un modo de, bueno, de..., ya sabe. Era un plan tan tonto que mil cosas habrían podido correr mal, pero el caso es que tuvo suerte y todo salió justo como él esperaba. Bueno, todo no, porque no había dinero en la cartera.

»Una noche, su abuelo apareció por el bar, como solía hacer antes de empezar a trabajar de madrugada. El sitio estaba completamente lleno y esa vez su abuelo no iba acompañado del oficial alemán. El burro de mi suegro vio en esto una señal divina. Se levantó de su mesa y se dirigió a la barra, para ponerse al lado de su abuelo. No habló con él, simplemente se quedó allí a seguir bebiendo su vaso de vino. Comprobó que traía consigo su cartera y que, como era su costumbre, la había dejado apoyada entre la barra y sus pies. Esperó a que su abuelo pidiera su bebida y, aprovechando un revuelo por causa de una mano de cartas (se pasan la vida discutiendo por sus estúpidos juegos de cartas), mi suegro le echó en su copa un buen chorro de algo que había comprado en la botica esa misma tarde. Era uno de esos purgantes fuertes que le hacen a uno, bueno... No tengo ni idea de si su abuelo notó algo raro en la bebida, pero el caso es que se la terminó.

»Cinco minutos más tarde, el purgante hizo efecto. Gracias a Dios que no pasó nada realmente grave, porque mi suegro debió de echar una barbaridad. Al parecer, su abuelo salió disparado de la barra, pero ni aun estando tan apurado se olvidó de llevar con él su cartera. Mi suegro había contado con eso. Él le siguió a los oscuros cuartos de baños. Allí tuvo que esperar a que salieran un par de borrachos, pero luego se quedó a solas con Claude, que estaba descomponiéndose en el váter. Dándose mucha prisa, mi suegro se puso una especie de capucha, abrió de una patada la puerta del váter y le propinó un fuerte puñetazo a su abuelo, sin darle siquiera tiempo para recuperarse del golpe de la puerta. El pobre se quedó tirado en el suelo, inconsciente. Y entonces mi suegro aprovechó para robarle la cartera. Después se la metió debajo del abrigo y atravesó el bar tranquilamente, sin levantar sospechas. Y se dirigió a un callejón de las traseras del bar. Esperaba encontrar millones en su interior. Pero, como le he dicho antes, no había dinero en la cartera. Revolvió por todas partes, pero no encontró ni un céntimo. Sólo había unos papeles grandes, de esos medio transparentes, en los que su abuelo había copiado los grabados de la Torre del Prisionero. ¿Ha llegado a verlos, señorita Penant? –Catalina asintió, y Marie prosiguió con su relato–: También había un extraño artefacto y varios libros y papeles. Uno de esos papeles tenía un aspecto muy antiguo. Mi suegro pensó que quizá podría sacar algo vendiéndolo, así es que lo cogió. El resto lo dejó allí mismo, en la calle. Y luego se fue a casa. Cuando su abuelo consiguió recuperar el conocimiento, se dio cuenta de que le habían robado la cartera, que acabaron encontrando donde mi suegro la había tirado. No vio la cara de quien le golpeó, ni tampoco fue capaz de decir ni siquiera cómo iba vestido, así es que mi suegro se libró de ser descubierto. Y ésta es la historia...

Ciertamente, Catalina había descubierto detalles nuevos. Ahora comprendía tanto secretismo y tantas reticencias: no se contaba a cualquiera que el suegro de uno había sido un ladrón.

–¿Aún tiene ese papel, Marie? –preguntó Catalina–. ¿El manuscrito que su suegro le ro... le cogió a mi abuelo?

Marie asintió, y dijo:

–Él intentó venderlo. Hasta se fue a París a hablar con un anticuario, pero se asustó cuando el hombre le dijo no sé qué de un sello medio borrado y le amenazó con denunciarle a la policía. Después volvió a Gisors y no se atrevió a intentar venderlo de nuevo. Cuando mi suegro murió, mi Georges se quedó con el papel. Al principio pensamos en quemarlo, porque al fin y al cabo era una prueba de un robo, ¿no? Pero después decidimos quedárnoslo. Es una cosa que seguro tiene mucho valor, y nos dijimos que, bueno, que era una pena destruirlo.

–¿Puedo verlo?

–Claro. Supongo que, ahora que su abuelo ha muerto, el papel ese es suyo... –Marie lo dijo convencida, pero también con lástima. Era obvio que le costaba desprenderse de él.

–Sólo quiero echarle un vistazo –aseguró Catalina–. Por mí, se lo puede quedar.

El rostro de Marie se iluminó.

–¡Voy a buscarlo ahora mismo!

La vieron desaparecer por el corredor, y luego la oyeron subir rápidamente por las escaleras. Al poco bajó por ellas de nuevo. En las manos traía un papel amarillento y apergaminado, un manuscrito que sostenía entre los brazos, casi acunándolo. Se lo entregó a Catalina. A ésta le temblaba un poco la mano cuando lo agarró. Por el corte irregular del lado interior de la hoja pensó que, más que un manuscrito independiente, parecía una página arrancada de un libro. En una esquina de la parte inferior estaba un sello que habían tratado de borrar intencionadamente, pero en el que aún lograba distinguirse de un modo tenue la inscripción ЭРМИТАЖ. Ella no entendía una sola palabra de ruso, pero el significado de la palabra escrita en el sello le resultó obvio: «Hermitage». La presencia de esa marca sólo podía implicar que el manuscrito, esa página de un libro, había pertenecido en algún momento al museo del Hermitage de San Petersburgo; y el hecho de que el sello estuviera casi borrado quería decir que su abuelo lo había conseguido de un modo oscuro. A Catalina le pareció todo esto evidente. Igual de obvio le pareció, sin necesidad de ninguna traducción, que el artículo sobre el Hermitage del periódico alemán que encontrara en la buhardilla se refería al libro del que fue arrancado este manuscrito.

En el silencio expectante de Albert y de la parlanchina Marie, Catalina empezó a leer el manuscrito. Afortunadamente no estaba en ruso, sino en francés, y aunque se tratara de un francés algo arcaico, Catalina no tuvo demasiados problemas para comprenderlo. En él se hablaba de una capilla muy antigua y secreta, oculta en las entrañas de la tierra, bajo el patio de una fortaleza, y cuyo acceso se realizaba a través de un pozo y de una galería igualmente secretos. El autor del manuscrito no revelaba el nombre de la fortaleza bajo cuyo patio se encontraba la capilla subterránea, aunque sí indicaba el modo preciso de localizar el pozo de acceso a partir de un ángulo y una distancia marcados desde un punto concreto: «La entrada del corazón de la fortaleza». Estos datos estaban ocultos, y se obtenían mediante una serie de medidas y complejas operaciones que era necesario realizar en dos toscos grabados. En el manuscrito aparecían esos grabados, que a pesar de estar burdamente delineados y sin ningún tipo de escala, no le costó identificar a Catalina: los había visto en la Torre del Prisionero de la fortaleza de Gisors.

Terminó de leer, y le dio la vuelta a la hoja para asegurarse de que no había nada escrito por el otro lado. Entonces le vino a la memoria una película que vio ya hacía años, la tercera parte de la saga de Indiana Jones. Recordaba que, en ella, el intrépido arqueólogo encontraba el camino hacia el templo donde estaba oculto el Santo Grial, gracias a una especie de...

—¡Esto es un mapa... Un mapa sin nombres!

Marie, que sin duda habría leído ya el manuscrito, pero que no llegó a entender del todo lo que significaba, preguntó:

—¿Es un mapa para encontrar qué?

—La capilla de Santa Catalina, por supuesto.

Era obvio. ¿Cómo pudo no darse cuenta antes? Lo había tenido justo delante de los ojos todo el tiempo: lo que buscaba su abuelo en el castillo de Gisors era esa capilla.

—¿La capilla que encontró Lhomoy? —exclamó Marie, pasmada.

—Esa misma —confirmó Catalina—. Aunque le apuesto lo que quiera a que fue mi abuelo el que la encontró primero. Y hasta le puedo decir cuándo: la noche del 6 de junio de 1944, cuando mi abuelo huyó de Gisors después de hacer explotar una bomba en el castillo.

—Lo que no entiendo —dijo Albert, que se había mantenido callado— es por qué su abuelo no la descubrió a la primera. Si consiguió ponerle un nombre al castillo desconocido del que se habla en el manuscrito, y consiguió también encontrar los grabados de la Torre del Prisionero y hacer con ellos todo lo que se dice ahí, ¿por qué no encontró la entrada del pozo a la primera?

Catalina le dio vueltas a la cuestión durante más de un minuto. En ese tiempo encontró una respuesta posible:

—En los grabados de la Torre, ¿no había más de una escena en la que aparecía Cristo en la cruz?

El guardés hizo memoria y respondió:
—Sí, creo que sale en tres.
—Entonces, el autor del manuscrito debió de confundirse y poner uno que no era el correcto. Por eso, mi abuelo tuvo que hacer pruebas hasta dar con la combinación adecuada.
—O, a lo mejor, el que escribió el manuscrito lo hizo aposta... ¿No? —sugirió Marie con una inesperada agudeza. Y al ver que el guardés y Catalina se quedaban mirándola, añadió—: Para despistar...

Catalina se recostó en el butacón del despacho de su abuelo, el que estaba delante de la chimenea y se había convertido ya en su lugar oficial de descanso. Y ella necesitaba descansar. Después de un día lleno de incertidumbres y revelaciones, estaba completamente exhausta. Su cuerpo le imploraba que se fuera a dormir, obligando a los párpados a cerrarse, a modo de chantaje. Muy pronto estaría en la cama, pero no antes de cumplir la obligación ineludible de dejarlo todo puesto por escrito. Al tiempo que releía concienzudamente sus dos listas, la de las Suposiciones y la de las Verdades Absolutas, iba tachando algunas de las primeras y añadiendo nuevas de las segundas, aunque con ciertas reservas en algunos casos. Así, a la Lista de Verdades Absolutas se le unieron las siguientes:

• *Verdad n.º 6: El abuelo Claude adquirió el manuscrito de Da Vinci en que se basa el «Códex Romanoff» en una subasta realizada en París en 1941.*
• *Verdad n.º 7: Seguramente de un modo ilícito, consiguió también una página arrancada de otro manuscrito (¿Título? ¿Autor?), que pertenecía al museo del Hermitage, en San Petersburgo. En esa página manuscrita se habla de una fortaleza cuyo nombre se mantiene oculto adrede, y bajo la cual existe una capilla secreta. La localización de su pozo de acceso escondido viene dada por una serie de medidas y operaciones que deben realizarse en dos de los grabados de la Torre del Prisionero.*
• *Verdad n.º 8: El abuelo logró descubrir el nombre de la fortaleza desconocida a la que se refiere el manuscrito. Era el castillo de Gisors. Él se presentó entonces en este pueblo a principios de 1944.*

• *Verdad n.º 9: La antigüedad de la búsqueda del abuelo y el hecho de que continuara hasta mucho después de la Guerra, me llevan a creer que no trabajaba para los nazis. Aun así, es indudable que hizo todo lo posible para ganarse a los oficiales alemanes, en especial al que estaba encargado del castillo (seguramente le sobornó), para poder realizar allí sus excavaciones en busca de la capilla. Mediante los grabados de la Torre del Prisionero, trató de determinar su pozo de entrada. No lo consiguió a la primera, quizá porque el autor del manuscrito se equivocó de grabado o porque intencionadamente indicó uno erróneo «para despistar». (¡Marie es un genio!)*
• *Verdad n.º 10: El abuelo consiguió por fin encontrar la capilla oculta de Santa Catalina, a la que se refiere el manuscrito del Hermitage. Eso ocurrió la noche del 6 de junio de 1944. Para borrar su rastro y el acceso a la capilla (puede que incluso pretendiera destruirla por completo), provocó una explosión que selló las galerías que conducían hasta ella. No obstante, Roger Lhomoy consiguió encontrarla de nuevo después de la II Guerra Mundial, en 1946.*
• *Verdad n.º 11: En la capilla de Santa Catalina estaba oculto algo relacionado con el Priorato de Sión, objeto principal, según Albert, de la vieja y larga búsqueda del abuelo. (¿Quizá una prueba, una realmente importante, sobre la descendencia de Jesús y María Magdalena?)*
• *Verdad n.º 12: De* La isla del tesoro, *lo único que se saca en claro es que los tesoros están siempre marcados por una cruz (JA JA JA).*

Y esto era todo. Muchas verdades nuevas para un solo día. Puede que incluso demasiadas. Catalina se desperezó, mientras la boca se le abría en un bostezo prolongado. Se dijo que nunca en toda su vida se había sentido tan cansada. Y puede que estuviera exagerando, pero lo creía sinceramente. Después de ordenar los papeles y tapar el bolígrafo, se levantó y se dirigió hacia la puerta. Pensaba dormir diez horas seguidas, aunque el mundo se acabara mañana.

39

París, 1794

Ah! Ça ira, ça ira, ça ira,
Les aristocrates à la lanterne.
Ah! Ça ira, ça ira, ça ira,
Les aristocrates, on les prendra!

Aún resonaban las notas de aquella canción revolucionaria, la primera que el pueblo en armas contra la tiranía había hecho suya y cuya letra había ido variando para hacerse más sanguinaria con los tiempos, cuando el nuevo gobierno de Francia, lejos de los primeros ideales de la Revolución, ejercía una opresión mucho mayor que la de la monarquía derrocada. La guillotina elevaba su hoja y la dejaba caer en tantas ocasiones, y con tan pocas pruebas de culpabilidad de los reos, que todo el mundo empezaba a experimentar el miedo de ser el siguiente. Ya no importaba la condición social. No había que ser un aristócrata o un clérigo para ir al cadalso: de *les aristocrates à la lanterne* se había pasado al terror omnímodo. Y un hombre por encima de todos los demás encarnaba ese terror: Maximilien de Robespierre.

Ahora el turno le llegó a uno de los revolucionarios extremistas que se habían hecho más populares entre las gentes: el periodista Jacques René Hébert. Sus delitos, infundados; su juicio, una farsa. De que Hébert era un mal hombre no había duda. Pero ni siquiera a personas de mal fondo se les debe negar la comparecencia ante un tribunal independiente y ecuánime. Robespierre sentía grandes recelos hacia él, y optó por eliminarlo de su camino. Eso era más fácil que tenerlo vigilado permanentemente o verse obligado a capear sus críticas y ataques políticos. Había llegado a llamarle «moderado», el peor insulto que un verdadero revolucionario como él podía sufrir. No, su eliminación fue *necesaria...*

Esto pensaba Robespierre, el *Incorruptible*, como le llamaba el pueblo. Y con razón: incorruptible en su inmisericordia, ambición, mezquindad. Empezaba el mes de germinal en el calendario de la Revolución, el primer mes de la primavera, en irónico contraste con el rodar de cabezas separadas de los troncos. Hébert era sólo un ejemplo notorio. Nada más.

Había otros asuntos mucho más importantes que ocupaban la mente de Robespierre. Él sabía que los peores enemigos no son los seres de carne y hueso, los hombres o mujeres que empuñan las armas. Los peores enemigos sostienen el peso de las ideas o las propagan. Incluso las mismas ideas, las ideas, son el rival más temible. La veracidad o falsedad no importa. Lo que importa es cuántos crean en algo. El pueblo ignorante no se rige por esas categorías, por la verdad o la mentira, sino por la fuerza de las ideas en que cree, por la vehemencia de quien las expresa y por la costumbre atávica de haberlas aceptado. Robespierre era ateo, no tenía Dios ni más señor que él mismo, pero temía al cristianismo más que a ningún hombre de carne y hueso. A la fe no se la puede matar, y quien la posee de veras es refractario a sobornos o amenazas, incluso ante la perspectiva de la muerte. Le da una fuerza invencible; una demencial, pues para Robespierre el creyente en mundos lejanos era un pobre fanático y un iluso; un ciego, en suma. Pero un ciego temible.

Por ese motivo tenía un asunto de la máxima gravedad sobre la mesa de su despacho. Leía un informe de su espía de mayor confianza, Toussaint Conroy, un hombre proveniente de los bajos fondos que había sido ratero y estafador antes de haber encontrado su verdadera vocación: el espionaje, el disimulo, la denuncia. Antes de trabajar para Robespierre había estado recluido en el presidio de Toulon, con la sucia camisa roja y el raído pantalón amarillo, condenado a trabajos forzados en la construcción de buques para la patria.

–¿Qué es lo que me traes? ¿Sólo esto...? –gritó Robespierre con creciente enfado cuando hubo leído el informe del espía.

—No, ciudadano, tengo algo más. Eso era el abreboca. He traído a un amigo que quiere hablar contigo. Lo está deseando.

La dulce voz de aquel hombre, casi cantarina, helaba la sangre. Tenía más bien el aspecto de una víbora traicionera que de un ser humano, aunque su rostro y sus expresiones, a una sola mirada, hubieran engañado a cualquiera. Como si fuera realmente una sonrisa lo que, en su caso, era antes bien una mueca de jactancia y malevolencia propias de un ser despiadado.

—¿De quién se trata? No tengo tiempo para tonterías.

Robespierre sabía bien que no podían ser tonterías. No con un hombre como Conroy, que carecía de todo sentido del humor y sólo vivía para sentir la satisfacción del daño ajeno. Así pagaba su resentimiento.

—De ese al que llaman Gran Maestre.

—¿Aquí? ¿El Gran Maestre? —exclamó Robespierre levantándose de la silla como por resorte. Al suelo cayeron el tintero y la pluma, el primero con tinta bermellón, tan roja como la sangre, que parecía anunciar futuros y terribles desenlaces.

—Aquí. En persona. ¿Lo hago pasar?

Robespierre se compuso la chaqueta y asintió. Tenía que recobrar la calma que hacía a su rostro impenetrable antes de que aquel hombre, cuya búsqueda le había dado tantos quebraderos de cabeza y cuyo encuentro ansiaba desde hacía tiempo, accediera a su despacho. Se puso también unos lentes para ocultar el brillo de sus ojos tras el brillo del cristal. ¿Quién sería? ¿Alguien de sonoro nombre o alguien vulgar?

Conroy salió un momento y regresó al punto con un hombre alto, engrilletado y de rostro doliente, en el que exhibía las marcas de una cruel tortura. Caminaba lentamente y ladeado, arrastrando un pie, la mirada fija en el suelo. A aquel hombre, de porte que debió de ser digno y gallardo, que sólo tenía un par de años más que el propio Robespierre, le habían arrancado todo su orgullo por medio de la violencia. Estaba derrotado y parecía un viejo marchito.

A pesar de su aspecto, de las manchas en la cara, del pelo desaliñado, Robespierre logró reconocerlo: era Maximilien de Lorraine, arzobispo de Colonia y primo del que fuera comandante en jefe de los enemigos ejércitos austriacos; pero más conocido por su parentesco con la decapitada reina consorte, la que fuera esposa de Luis XVI: María Antonieta de Austria, a la que el mismo Robespierre había mandado ejecutar hacía unos meses.

—No ha sido difícil secuestrarlo. Lo cogimos como a un pavo real en los jardines de su palacio. Con un poco de fe, todo se consigue —dijo Conroy con una sonrisa burlona y tonillo falsamente dulce—. Nadie sabe que está en París... Bueno, sólo hombres de total confianza.

—¡Traidor! —gritó Robespierre, y señaló a Lorraine con el índice de la diestra tan extendido que parecía pujar por abandonar la mano.

El arzobispo levantó por fin la vista para dirigir la mirada a quien insultaba su honor. No era ni sería nunca un traidor. Eso pensaba él. Se dijo que podría sucumbir, ser muerto, pero que jamás traicionaría al único ideal que colmaba su alma, y que, para él, era la fuente de todas las cosas buenas del género humano: la libertad. Algo que situaba por encima incluso de su vida, porque ninguna patria, ni Francia ni Austria ni cualquier otra, es más que las gentes que la conforman, nunca los territorios cerrados por una frontera o los gobiernos que los rigen.

Pero para el incorruptible Robespierre, aquel hombre tenía en sus venas la sangre de la reina opresora e impopular. Y para él no había más colores en el mundo que los que habían sustituido a la flor de lis borbónica: el rojo, el blanco y el azul de la bandera *Tricolore*; Francia por encima de todo y de todos, a toda costa, justa o injusta.

Era necesario que otro líder de la Revolución presenciara aquel maravilloso espectáculo. Robespierre ordenó a un guardia que fuera en busca de su lugarteniente, Louis Antoine Léon de Saint-Just. Cuando él llegara, juntos podrían sacar de Lorraine lo que necesitaban saber. Si hacía falta, lo exprimirían como a una piedra hasta que diera agua. Y la daría, la daría en manos de Saint-Just, que ahora se dedicaba al proceso de Georges Danton. La idea de Robespierre era eliminar a los más radicales de su partido —ya había guillotinado a Hébert—, pero también a los más moderados, los llamados «indulgentes». Danton era uno de ellos. Había servido a la causa y ahora sobraba a la revolución. Su nombre y su reputación estaban ya deshechos. Sólo faltaba llevarlo al cadalso. Debería rodar su cabeza para que la rueda de Francia no se detuviera.

Así pensaba Robespierre mientras contemplaba, en presencia de Conroy, esperando a Saint-Just y henchido de una satisfacción sanguinaria, al hombre que le conduciría a la destrucción del mayor peligro para la patria y la Revolución: el Linaje de Cristo. Pues aunque Robespierre no creía en Jesús ni en Dios, veía el peligro de que una idea como aquélla surgiera entre el pueblo de Francia. Sus informadores, en el estado policial que había instituido, le habían hablado de una extraña sociedad secreta que tenía la pretensión de salir a la luz. Querían reemplazar a los antiguos reyes y a los revolucionarios de un solo plumazo. Aún anidaba la llama primitiva y absurda del catolicismo en los corazones de sus compatriotas. ¿Cómo osarían rechazar a un descendiente de Jesucristo para gobernarlos? Y más teniendo en cuenta el lamentable estado de las cosas.

Pero allí, firme como una roca, estaba él, el *Incorruptible*, para evitarlo.

Antes de su decisión de acabar con el Priorato, Robespierre no había tenido noticia de él más que como antigua leyenda sin fundamento. Los masones de su logia, como él mismo, hablaban de un Linaje que se inició en Francia al principio de la Era Cristiana. No creían en él, aunque en las fábulas se decía que aquel Linaje estaba protegido por los caballeros del temple, que también habían auspiciado el nacimiento de la francmasonería. Pero aquellos orígenes eran legendarios, falsos, nada más que un cuento de viejas... ¿O no? ¿O eran algo más?

Robespierre había averiguado que sí: aquella leyenda era algo más que una mera invención. Sus informadores le habían llevado a conocer los hechos, a conocer la existencia verdadera de esa organización que pretendía mantener vivo el Linaje Real de Cristo. No podía confirmarse que existiera desde los inicios de nuestra era, pero sí había documentos que la situaban en los primeros siglos del segundo milenio. No eran datos suficientes para corroborar la historia. No obstante, Robespierre pidió que se investigaran a fondo. En los documentos interceptados se especificaba claramente que existía un plan para reinstaurar la monarquía en Francia. Una nueva monarquía cuya cabeza habría de ser la de uno de los supuestos herederos de Cristo.

El *Incorruptible* se alteró mucho ante esa perspectiva. El regreso de la monarquía, aunque fuera con una estirpe diferente de la de los Borbones, supondría destruir otra vez todo lo que él había construido sobre los escombros del régimen totalitario anterior. Y, de materializarse, significaba también su segura caída del poder, ya que nunca un antimonárquico convencido podría estar al servicio de un rey o siquiera próximo a él.

No. Era obvio que debía dar crédito a lo que sus espías habían averiguado hasta ese momento. Por si acertaban, y para que no acertasen. Evitar la restauración era en el horizonte de Robespierre un asunto principal, tanto si luchaba contra los realistas que pretendían devolver el trono a un Borbón —el niño al que llamaban Luis XVII–, como si se trataba de los protectores del supuesto Linaje de Cristo.

Los últimos le daban más miedo; o si no miedo, les temía por la fuerza de sus argumentos. El enfermizo delfín, el hijo de Luis XVI, no le preocupaba demasiado. Contaba nueve años de edad, y hacía uno que, separado de su familia, vivía con un zapatero del que aprendía el oficio a fuerza de palos. Su padre, Luis XVI, había muerto en la guillotina cuando se lo llevaron. A su madre, María Antonieta, le quedaban pocos meses de vida. Al pobre niño, raquítico y tuberculoso, le emborrachaban y le enseñaban obscenidades en casa del zapatero. Le habían convertido en un desecho social por odio a su condición egregia. Si es verdad que todos los hombres son iguales en su calidad humana, aquellos que destruyeron a un niño por odio a una idea eran menos que perros. Nada los enterneció. Para ellos, el hijo de un rey era como una rata, aunque le llamaran despreciativamente «lobezno».

201

40

Gisors, 2004

Oh, oh, oh, mira tú quién está aquí otra vez. ¡Hola, guapa! ¿Qué hay de nuevo?
—Para ti, nada —respondió Catalina al dependiente del cibercafé.

Allí estaba otra vez, sí. Tenía más cosas que buscar en internet, aunque en esta ocasión no iba a estar sola. En el cuarto equipo, contando desde la puerta, se hallaba un hombre de unos cuarenta años. Le había visto a través del escaparate, antes de entrar, totalmente enfrascado en la pantalla de su ordenador, con un aire vago de desesperación que ella reconoció de inmediato. Catalina también había experimentado este sentimiento de frustración al dar sus primeros pasos en el mundo de la informática. Pobrecillo. Ni siquiera había desviado los ojos del monitor cuando Obi Wan Kenobi anunció la entrada de Catalina («Acabas de dar el primer paso en un mundo sin límites»). Pero sí lo hizo ante la alborozada bienvenida del dependiente y la contundente respuesta de ella.

—Hola —saludó Catalina, al llegar junto al desconocido.
—Hola —contestó él, incorporándose en un gesto de anticuada y encantadora educación, y dirigiéndole una leve sonrisa que le pareció tremendamente seductora.
—¿El mismo ordenador de ayer, guapa? —preguntó el dependiente con su deje vulgar, rompiendo el hechizo.
—¿Por qué no?
—Un segundito... Ya lo tienes. ¡A disfrutar!

Eso le hizo recordar a Catalina la imagen de una mujer rubia de pechos descomunales que vio en la pantalla de su equipo durante la visita anterior.

–No creo que disfrute tanto como tú.

–¡Ahí *m'as pillao*, guapa! –exclamó, complacido, el dependiente.

Catalina se sentó en su lugar, que quedaba dos puestos a la izquierda del sitio que ocupaba el desconocido. Éste había vuelto a clavar los ojos en su pantalla, así es que ella se puso también a trabajar. Lo primero que hizo fue ver si encontraba informaciones adicionales sobre el «Códex Romanoff», ya que el día anterior tuvo que interrumpir sus pesquisas para encontrarse con el despreciable funcionario del ayuntamiento de Gisors.

Después de un rato llegó a la conclusión de que, a fin de cuentas, había encontrado ya todo lo que internet podía revelarle. Pasó entonces a la siguiente tarea que se había marcado, la de traducir al español el artículo del diario en alemán. Para ello, accedió a las herramientas de lenguaje de su preciado Google. Allí, buscó en la lista de pares de idiomas, y descubrió que del alemán sólo podía traducirse al inglés o al francés. Entre uno y otro, prefería el segundo. Decidido esto, quedaba aún la labor más difícil. Si estuviera en Madrid, podría escanear el artículo y convertirlo luego en un archivo de texto mediante técnicas de OCR, que utilizaba muy a menudo. Después, le bastaría copiar el texto del archivo y pegarlo en el campo de traducción de Google. Sin embargo, estaba en Gisors y, a falta de escáner, el único modo de hacerlo era copiar a mano esas larguísimas y enrevesadas palabras alemanas (¿Cómo podía aquello ser un idioma?).

La engorrosa tarea no le llevó tanto tiempo como había pensado. Transcrito ya todo el texto, oprimió el botón adecuado de la página web y, en un segundo, le apareció el equivalente en francés. No era una traducción demasiado buena, pero le permitiría hacerse una idea suficientemente clara del contenido del artículo.

Lo leyó con rapidez y curiosidad. Y le satisfizo comprobar que tenía razón con respecto a él. En verdad se trataba de una reseña sobre un manuscrito adquirido por el museo del Hermitage en la época de que databa el periódico, 1928. Al parecer, era el único ejemplar existente de una obra inédita y anónima, llamada «Señales del Cielo». Catalina no había oído nunca hablar de ese libro, y la breve reseña no consiguió decirle mucho sobre él. Tampoco en internet encontró nada, aunque indirectamente descubrió un dato llamativo, relacionado con un clérigo que vivió entre finales del siglo XVII y principios del XVIII, Alexandre Bourdet. En una obra suya de 1696, *Comentarios sobre la historia de Gisors,* aparecía un dibujo de la capilla de Santa Catalina. Tal documento fue incluido en una obra moderna: *Los templarios están entre nosotros,* de Gérard de Sède.

Y esto no era todo. Al buscar información en internet ocurre algo parecido a lo que sucede cuando se trata de localizar una palabra en un diccionario: en la definición de la palabra se encuentra otra que llama la atención, y que se va seguidamente a buscar. En la definición de esta segunda palabra vuelve a pasar lo mismo, y así sucesivamente. De igual manera, los sitios web llevan unos a otros. Y las páginas sobre Bourdet y Gérard de Sède llevaron a Catalina hasta una no muy bien escrita pero muy completa, dedicada al Priorato de Sión y a un pueblecito del sur de Francia, Rennes-le-Château, que, al igual que el propio Gisors, estaba estrechamente ligado con él.

Breve historia del Priorato de Sión

Los orígenes del Priorato son muy oscuros. Se supone que la Orden de Sión, pues de este modo se denominaba el Priorato en un principio, fue fundada en el año 1099 por el noble francés Godofredo de Bouillon, justo después de la toma de Jerusalén, en la Primera Cruzada. Bouillon estableció la sede de la Orden en la abadía de Santa María de Sión, construida sobre el cenáculo original de los Apóstoles, en el monte Sión, que dio nombre a la Orden. A esta abadía, y a otros monasterios repartidos por Palestina, Francia y la Calabria italiana, acudieron unos enigmáticos monjes, llamados por Bouillon. Casi treinta años antes, los cabecillas de esta congregación misteriosa habían aparecido en los dominios de la duquesa de Lorraine, madre adoptiva de Bouillon, que les concedió unas tierras en la zona de Orval, donde ellos erigieron una abadía. Todo parece indicar que estos monjes pretendían estudiar de cerca a Bouillon, ya que al final del siglo X, en una reunión secreta y restringida a la que ellos acudieron, el noble francés fue elegido legítimo rey de Jerusalén. A favor de Bouillon, frente a otros pretendientes, los monjes dieron pruebas de que él era el verdadero heredero de la dinastía merovingia. Ésta era fruto de la unión de la familia real franca con el linaje de un descendiente directo del rey David de Israel, Jesús de Nazaret, y de María Magdalena, y estuvo a punto de sucumbir ante una conspiración de varios nobles francos y de la Iglesia de Roma, que veía una amenaza y una herejía en los descendientes de Cristo. El resultado de esta conspiración fue el asesinato del rey merovingio Dagoberto II y de casi toda su estirpe, en un lugar próximo a aquel en el que, siglos después, sería levantada la abadía de Orval. Sólo uno de los hijos del rey, de nombre Sigisberto, logró escapar de la matanza, y continuar de este modo el linaje sagrado, que a partir de entonces quedó sumido en la clandestinidad, en el secreto, para salvaguardarse de sus múltiples y poderosos enemigos. Además del absoluto sigilo, el último superviviente de los merovingios buscó protegerse reuniendo un pequeño grupo de acólitos, de lealtad incuestionable, que se convertirían en la semilla del futuro Priorato. La misión de éste sería siempre la misma: proteger a toda costa la identidad y la seguridad de los descendientes de Cristo, del auténtico Santo Grial, que no consistía en la copa que Cristo utilizó en la Última Cena ni en ningún otro objeto, sino en los propios descendientes y en su Sangrial, *su sangre divina y real, heredada del Hijo de Dios.*

Sólo ahora, Catalina había caído en la cuenta de que los herederos de Cristo no eran algo puramente espiritual o dogmático, sino que tenían implicaciones en lo que podría llamarse el mundo real. Si el linaje de Jesús y María Magdalena entroncó, en cierto momento de la Historia, con el de la monarquía francesa, entonces sus descendientes podrían tener derecho a reivindicar el trono de Francia. Y eso era relevante, aunque este país fuera en la actualidad una república. Lo mismo podría decirse de Israel, donde, por añadidura, la existencia de un posible heredero al trono sería un elemento capaz de complicar, aún más, la situación en una zona del mundo ya demasiado convulsa.

Bouillon rechazó humildemente el título de rey de Israel que le fue otorgado en el cónclave secreto, y adoptó sólo el de Defensor del Santo Se-

pulcro, y el de primer maestre de la Orden de Sión. *A él le sucederían otros a lo largo del tiempo, y durante casi dos siglos, hasta 1188, la Orden de Sión se mantuvo muy unida a otra Orden religiosa creada más adelante en Tierra Santa por nobles franceses: la Orden de los Pobres Caballeros de Cristo, el Temple de Hugo de Payns. Un año antes de esa fecha, se había producido la catastrófica pérdida de Jerusalén, que el Priorato atribuyó a una indigna traición del propio gran maestre del Temple de entonces, Gérard de Ridefort. La separación entre ambas órdenes se consumó en el pueblo normando de Gisors, quedando definitivamente sellada de un modo simbólico por un episodio conocido como «El corte del olmo de Gisors», que, en realidad, no tuvo una relación directa con el Priorato o el Temple. El olmo de Gisors era un árbol centenario usado muy a menudo, a lo largo de la Historia, como punto de encuentro neutral entre los reyes de Francia e Inglaterra. En agosto de 1188, uno de esos encuentros acabó en una sangrienta batalla por hacerse con los lugares bajo la sombra, como resultado de la cual muchas vidas fueron segadas, también la del viejo olmo.*

El primer maestre del Priorato de Sión completamente independiente respecto al Temple fue un noble del lugar donde se consumó la división, Jean de Gisors. Ambas órdenes siguieron entonces caminos distintos, aunque su origen próximo y los largos años de unión llevaron a que mantuvieran aún muchas cosas en común durante largo tiempo, y varios de los más ocultos secretos de una y otra organización siguieron estando en conocimiento de los dirigentes del antiguo aliado.

Uno de esos secretos fue la capilla de Santa Catalina del castillo de Gisors, un templo subterráneo cuya localización exacta era conocida por muy pocos, y donde se cree que los templarios ocultaron buena parte de su legendario tesoro, en su precipitada huida hacia Inglaterra tras la disolución del Temple por el inteligente y ambicioso Felipe IV de Francia. En esta huida y en la ocultación del tesoro en la capilla, los ayudó el entonces gran maestre del Priorato de Sión, Guillaume de Gisors, que al mismo tiempo simulaba estar del lado del rey. Fue él también el que destruyó los documentos más secretos del Temple, en un último gesto de ayuda hacia los viejos hermanos ahora caídos en desgracia.

Y hay rumores de que la capilla también podría haber sido usada por el Priorato, para ocultar en ella tesoros o documentos relevantes cuando le llegó su hora, en la Revolución Francesa, a finales del siglo XVIII.

Cuanto más descubría Catalina sobre la Capilla de la santa que llevaba su mismo nombre, más interesada se mostraba en ella y en lo que pudo encontrar su abuelo en su interior. Porque era obvio que fue un lugar de extrema importancia tanto para los templarios como para el Priorato de Sión.

El misterio de Rennes-le-Château

A mediados de 1885, la pequeña localidad de Rennes-le-Château, una aldea de menos de trescientos habitantes situada en el Languedoc francés, recibió a su nuevo párroco, François Bérenger Saunière. Nadie podía imaginar entonces que él iba a convertir al insignificante pueblo en un fenómeno mundial.

Al poco de llegar, las radicales ideas políticas de Saunière le hicieron ganarse una dura amonestación de sus superiores –le retiraron el sueldo de párroco–, y también una especie de destierro en un seminario, que duró un año, y tras el que fue enviado otra vez a Rennes-le-Château. Sin apenas recursos, y estando su parroquia en tan mal estado que resultaba inhabitable, Saunière alquiló una habitación a una señora del pueblo, Alexandrine Dénarnaud. Cuando por fin le levantaron el castigo y empezó de nuevo a cobrar su sueldo, Saunière contrató a la hija de ésta, Marie, como gobernanta. A partir de entonces, ella se mantuvo siempre al lado del párroco, hasta la muerte de él en 1917.

No está demasiado claro cuándo empezó lo que acabaría llamándose «El misterio de Rennes-le-Château», ni tampoco se conocen a ciencia cierta las circunstancias que envolvieron su génesis. Pero la versión más extendida es que, durante unas obras de reparación de la muy degradada iglesia del pueblo, Santa María Magdalena, fue retirado el altar mayor, compuesto de una losa sostenida por dos columnas de piedra, una esculpida y la otra no. Dentro de la primera, o quizá en un hueco secreto de una barandilla como afirma una versión alternativa, se encontraron unos misteriosos pergaminos.

Al leer esto, inevitablemente Catalina pensó en el pergamino que el suegro de la señora Bonneval había robado a su abuelo, y que éste había robado a su vez, con toda probabilidad, al Museo del Hermitage. Se preguntó por qué sería que, de un modo u otro, parecía haber siempre pergaminos envueltos en todos los enigmas y misterios.

Además de ellos, las obras pusieron también al descubierto que un bloque de piedra, llamado «La losa de los caballeros», ocultaba el acceso a una cámara funeraria, cuyo contenido fue inspeccionado únicamente por Saunière, que se apresuró a echar a los trabajadores de la iglesia.

También según la tradición, al día siguiente el párroco mostró varias monedas de oro y joyas antiguas a diversas personas de su confianza. Es de suponer que unas y otras pertenecieran a la cripta encontrada. Pero, aunque se tratara de objetos indudablemente valiosos, no pudo ser éste el origen de la inmensa y repentina riqueza de la que, poco después, hizo gala Saunière, y que todos relacionaron enseguida con los pergaminos hallados.

Se supone que estos manuscritos eran originalmente cuatro y que su contenido era el siguiente: dos de ellos mostraban la genealogía de la dinastía merovingia, de los descendientes de Cristo, entre mediados de los siglos XIII y XVII; un tercer pergamino era el testamento de un noble de la zona, François Pierre d'Hautpoul; y el cuarto pergamino, compuesto por dos documentos, era obra del confesor de otro personaje noble perteneciente también a la familia D'Hautpoul, la marquesa de Blanchefort. El clérigo, de nombre Antoine Bigou, era a su vez tío del sacristán de la parroquia de Saunière.

De los cuatro pergaminos, sólo existen copias del último. Salieron a la luz en los años sesenta, dentro de una obra de Gérard de Sède, El oro de Rennes, *que puso también al descubierto otros muchos detalles sobre el misterio de Rennes-le-Château y su enigmático párroco.*

Los dos textos que formaban el pergamino superviviente estaban escritos en latín y contenían frases sacadas del Nuevo Testamento. En uno de ellos, el más corto, algunas palabras estaban cortadas, para continuar, de modo innecesario, en una línea distinta; además, había una separación anómala entre ciertas palabras, y varias letras se elevaban un poco por encima de las demás. Gracias a estas pistas tan obvias, se obtenía sin demasiados problemas la frase: «Este tesoro pertenece al rey Dagoberto y a Sión, y él se encuentra allí muerto».

El proceso de descifrado del segundo documento fue, sin embargo, infinitamente más complejo, y algo confuso en varios puntos. En este documento, las pistas fundamentales que hacían pensar en la existencia de un mensaje oculto eran tres: la presencia de letras sueltas y, en apariencia, colocadas aleatoriamente, que no estaban en los textos bíblicos originales; y la aparición de letras de un tamaño menor que las del resto, y de otras que, aun siendo de tamaño normal, estaban apiñadas sin necesidad.

Todo esto se combinaba con palabras clave y otras pistas obtenidas de un epitafio presente en la tumba de la marquesa de Blanchefort –obra también de Bigou–; dos transformaciones matemáticas, según un método denominado «Transformación de Vigenere», hechas en dos momentos del proceso; cambios de unas letras por otras, también en dos ocasiones; y hasta un método gráfico, que se usó para hacer una última selección de las letras adecuadas, basado en uno de los posibles caminos que permitirían a un caballo del ajedrez recorrer las sesenta y cuatro casillas del tablero mediante su particular movimiento de salto en ele.

El resultado de esta compleja cadena era la obtención de un texto a partir del original, que decía: «Pastora sin tentación que Poussin Teniers guardan la llave paz 681 [esto, en números romanos] por la cruz y este caballo de Dios destruyo a mediodía al demonio guardián manzanas azules».

El significado completo de este mensaje cifrado se desconoce, pero sí existen algunas pistas. Por ejemplo, Poussin es el apellido de un pintor barroco francés, autor de la obra Pastores en Arcadia, que supuestamente fue a ver Saunière al Louvre, tras el descubrimiento de los manuscritos. En ella aparecen varios pastores alrededor de un túmulo con la inscripción «Et In Arcadia Ego», «Yo también estoy en Arcadia», célebre porque con las mismas letras se puede formar la frase «I tego arcana dei», «Marchaos (pues) yo oculto los secretos de Dios».

También el nombre de Teniers, que aparece en el mensaje descifrado, pertenece a un pintor, en este caso flamenco y contemporáneo de Poussin, y autor de un cuadro sobre san Antonio en el que puede verse de fondo un pastor, o una pastora, quizá, y en el que el santo no aparece siendo tentado por el demonio, como era habitual representarlo. Este cuadro podría estar relacionado entonces con la frase inicial del mensaje «Pastora sin tentación».

Estas pistas, junto con otras que Saunière desveló por sí mismo o que le ayudaron a desvelar, le condujeron supuestamente al fabuloso tesoro del rey Dagoberto, que sí sería el origen de su repentina e inconmensurable riqueza.

Catalina pensó que iba a estallarle la cabeza ante la sobreabundancia de información, y frente a tantos y tan complejos lazos entre los descendientes de Jesús y el Priorato de Sión destinado a protegerlos: congregaciones misteriosas de monjes, caballeros templarios, Gisors, tesoros escondidos, Rennes-le-Château, túmulos de marquesas, mensajes cifrados, cuadros que ocultaban secretos. Era una auténtica locura.

Lo que más contribuyó a la súbita jaqueca de Catalina fue haber encontrado en internet a acérrimos defensores de la veracidad de todo aquello, y a convencidos detractores opuestos a ellos, que lo negaban casi todo al respecto. Y lo más frustrante era que tanto unos como otros ofrecían pruebas *irrefutables* de su particular creencia: ambos bandos mostraban declaraciones de eruditos, exhibían documentos incuestionables, aducían la imposibilidad de ciertas casualidades, sacaban a la luz registros públicos, manejaban datos objetivos. ¿Dónde estaba la verdad, entonces?, se preguntó Catalina.

Lo que sí era común a ambos grupos era la insistente repetición de los nombres de ciertas personas, a las que unos casi adoraban y concedían la más absoluta credibilidad, y a las que otros denostaban, acusándolos de embusteros y de haberse inventado una infinidad de completas mentiras, disfrazándolas con alguna que otra tibia verdad. O, en el mejor de los casos, tachándolos de ingenuos por haber caído en ellas. Entre estos personajes *ingenuos* estaba el escritor Gérard de Sède, que Catalina había descubierto mediante sus pesquisas, y que era autor de varias obras sobre temas enigmáticos y sociedades secretas relacionados con Gisors y Rennes-le-Château.

Pierre Plantard y Philippe de Chérisey eran otros de los omnipresentes personajes de esta complicada trama. El primero era una misteriosa figura ligada a la extrema derecha francesa durante el periodo de Vichy, que había asesorado —según unos—, y «contaminado» –según otros–, las investigaciones de Sède y de varios otros escritores y periodistas sobre temas relacionados con Gisors, Rennes-le-Château y el Priorato de Sión. Catalina se quedó pasmada al descubrir que ¡Plantard era el fundador del Priorato! De una versión moderna del mismo, en realidad, que registró en la sub-prefectura de Saint-Julien-en-Genevoise, en 1956. Entonces se dio a sí mismo el cargo de secretario de esa organización, que afirmaba tener por objetivo restaurar la antigua orden caballeresca y fomentar la solidaridad entre los hombres. Años después, sin embargo, Plantard se declararía legítimo heredero de la dinastía merovingia y descendiente directo de Cristo.

Por su parte, Philippe de Chérisey fue durante muchos años un amigo íntimo de Plantard. Excéntrico, culto y aficionado a los jeroglíficos, muchos suponían que fue quien forjó, junto con aquél, la mayor parte de las invenciones sobre el Priorato de Sión, Gisors y, en especial, Rennes-le-Château.

En este caos, donde nada era seguro y todo parecía poder estar manipulado, tanto por un lado como por su contrario, ni siquiera resultaban creíbles las declaraciones hechas supuestamente por el propio Chérisey, en los años ochenta, donde reconocía que el asunto del manuscrito cifrado de Rennes-le-Château y muchos otros detalles sobre el párroco Saunière eran puras fantasías suyas, fabricadas durante los años sesenta.

Una vez más, Catalina se preguntó dónde estaría la auténtica verdad, y también si su abuelo tuvo o no alguna relación con esos personajes fundamentales, especialmente con Plantard y Chérisey. Concluyó que era casi imposible pensar que no fuera así, dada la pertenencia de ellos a un nuevo Priorato, organización que había sido desde siempre el centro de las investigaciones y la vida de su abuelo.

41

Colonia, 1794

Saint-Just y Conroy habían cabalgado toda la noche. Despuntaba el alba cuando, a lo lejos, distinguieron las increíblemente altas torres de la catedral de Colonia. Aquellas moles parecían irreales bajo la escasa iluminación del nuevo día. El aire era tan claro que daba la impresión de haber dejado de existir, y, a pesar de la lejanía, la mente creaba la ilusión de que la catedral estaba al alcance de la mano.

Buscaban allí a Marie Joseph Motier, el marqués de La Fayette. Este hombre arrojado, liberal, idealista, había luchado en la guerra de Secesión norteamericana del lado de los rebeldes. Allí se le consideró un héroe, y luego participó también en la Revolución de su patria de 1789. Su nobleza de cuna no era tan grande como su nobleza de espíritu, a diferencia de muchos otros cuyas cabezas rodaron en el cadalso. Él deseaba la justicia social para todos los hombres. Servía a los ideales de la Revolución: libertad, igualdad, fraternidad. Para él no eran meras palabras hermosas, sino una realidad que debía establecerse.

Político moderado, fue miembro de la Asamblea Nacional y participó en la Declaración de los Derechos Humanos. No era antimonárquico, y de hecho quiso restaurar la monarquía en una versión constitucional. En 1792, después de que una turba sitiara el palacio de Versalles y él tuviera que rescatar al rey Luis XVI y su familia, los jacobinos —de los que Robespierre sería líder— lo acusaron de traidor y tuvo que huir de Francia. Salvó la cabeza y consiguió llegar a Flandes, pero eso no le dio la libertad. Los ejércitos austriacos dominaban esa región y fue apresado y llevado a varias cárceles de los países alemanes.

A una de estas prisiones, situada en la ciudad de Colonia, se dirigían los enviados de Robespierre: su lugarteniente y su mejor espía, pues ambos hablaban suficientemente bien la lengua alemana. Los dos hombres viajaban con identidades y documentos falsos. Se suponía que eran comerciantes franceses que iban a Colonia para adquirir sus excelentes productos textiles. Conroy no había estado allí en persona para secuestrar al arzobispo Lorraine, Gran Maestre del Priorato. Y los que lo habían hecho no dejaron constancia de ser franceses o de cualquier otra nacionalidad: llegaron, asestaron el golpe y se fueron como un mal viento.

Sin embargo, convenía precaverse. Las autoridades de la ciudad estarían conmocionadas y seguramente sospecharían de unos extranjeros. No porque pudieran tener relación con el rapto, lo cual sería absurdo para cualquier mente lúcida –aunque el pensamiento más retorcido a veces acierte–, sino por la situación general de desasosiego y precaución.

Los dos hombres tan dispares, el esmirriado Conroy y el esbelto y joven Saint-Just, buscaron hospedaje en una posada. Era obvio que el primero representaba el papel de ayudante del segundo. Si hubieran sido caballeros medievales, Saint-Just habría sido el señor y Conroy el escudero, o incluso un simple criado.

La posada estaba cerca de la prisión. En los primeros días, los dos enviados de Robespierre se dedicaron a visitar los telares, en busca de ficticios paños, y luego a visitar las tabernas próximas a la cárcel. Necesitaban entablar relación con algún carcelero que pudiera llevarlos ante La Fayette a cambio de un soborno. El dinero no era problema. Saint-Just tenía de sobra y estaba dispuesto a gastarlo con prodigalidad. El erario de Francia se abría de par en par cuando las misiones eran de tal relevancia. No importaban los gastos ni los medios con tal de conseguir el fin, era lo que pensaban aquellos seres corruptos, por mucho que al principal de todos ellos le llamaran «incorruptible».

Siempre con cautela y reserva, durante un par de días Saint-Just y Conroy se dedicaron a escuchar las conversaciones, a ver qué clase de hombres frecuentaban las tabernas, quién bebía más de la cuenta, a cuál de ellos le gustaba soltar la lengua, si había alguien con aspecto y ánimo débiles. Y por fin encontraron a su *víctima*. Se trataba de un hombre rechoncho, de mediana edad, nariz abultada y poco pelo, que parecía cumplir todos los requisitos para ser sobornado. Conroy conocía a esa clase de hombres. Había que acercarse a ellos con sutil zalamería. El traidor siempre se jacta de su fidelidad, igual que el cobarde de su valentía. La máscara de la fingida virtud oculta el rostro de muchos. A veces, el más natural, aquel que no usa máscaras de fariseo, acaba siendo un héroe de verdad.

—¿Permitís, señor? —dijo Conroy señalando una de las sillas vacías en torno a la mesa que ocupaba el hombrecillo.

Saint-Just había salido de la taberna. Su presencia ahora no era necesaria. Ya habría tiempo de aparecer en escena, cuando el vil metal ocupase el centro de la conversación.

—Señor mío... —respondió el hombre, algo extrañado pero aceptando que quien le hablaba se sentara con él.

—Permitidme que os invite a una jarra de cerveza. Soy extranjero.

—¿Francés?

—Así es. Veo que sois sagaz y observador.

El hombrecillo se relamió de gusto al escuchar la vulgar adulación.

—Me llamo Nomit Changrel. No conozco a nadie en la ciudad —añadió Conroy, que utilizaba un nombre completamente inventado. Al fin y al cabo, sólo un francés podría darse cuenta de que ese nombre no podía existir en Francia.

—Yo soy Abel Dorgendorf, carcelero... Pero ¿no estabais antes con otro hombre, señor Nomit?

Conroy hizo un estudiado gesto de cansancio mezclado con desagrado. Éste era otro truco para ganarse la voluntad de aquel hombre; una tarea que cada vez le parecía más simple.

—Sí, es mi patrón, un comerciante que viene en busca de géneros textiles. Por fin se ha marchado.

Entonces llegó la camarera, una rolliza mujer de grandes moños dorados a ambos lados de la cabeza, y a la que Conroy había llamado con la mano. Pidió dos jarras de cerveza y siguió hablando.

—Lo cierto es que se trata de un hombre jactancioso y prepotente. No le soporto.

Conroy no tuvo que fingir este desprecio. Eso es lo que pensaba realmente de Saint-Just, y ahora le venía muy bien para denostarlo y seguir ganándose la confianza de su interlocutor.

—Os comprendo... —dijo el hombre, y suspiró.

—¿Me comprendéis? —remarcó Conroy como si esa revelación le hubiera extrañado.

—Sí, amigo francés. Os comprendo muy bien. Yo mismo, aunque desempeño una labor alta en la prisión de la ciudad, me veo sometido por ciertos...

Conroy le cortó en seco. Era el momento de hacerle entender que respetaba su intimidad, para engañarle mejor.

—No tenéis que contármelo si os incomoda, *monsieur* Dorgendorf. —Y pidió otras dos jarras de cerveza.

—Creo que no voy a deciros nada que os sea extraño. Siempre es el hombre más incompetente el que oprime a los que hacen el trabajo. Les basta a los superiores con ordenar y esperar. Pero las cosas no se hacen solas.

—¡Qué razón tenéis!

Entre adulaciones y fingidos gestos de confianza, transcurrió el tiempo. Tres jarras de cerveza después, Abel Dorgendorf era el mejor amigo de Conroy, confiaba en él como en su propio hermano y estaba dispuesto a contarle lo que quisiera. Era el momento de atacar. Conroy afiló su lengua con las palabras que manaban del traicionero caudal de su mente.

—Yo sé lo que necesitáis, amigo Abel.

—¿Ah, sí...?

—Sí; lo sé.

—¿Y qué es ello?

—Abandonar esa prisión de mala muerte, cambiar de vida, iniciar una nueva en otro lugar.

Dorgendorf abrió mucho los ojos, llevado por esos pensamientos. Pero enseguida agachó la cabeza y negó sacudiéndola a ambos lados.

—No es posible. Ojalá lo fuera. Pero qué otra cosa iba yo a hacer. No es posible.

—Claro que es posible, buen Abel. Os bastaría hacerme un pequeño favor...

42

París, 1794

La situación estaba poniéndose muy negra para el Priorato. Su Gran Maestre había confesado bajo tortura, y aunque en esas condiciones confesar no es equivalente a cometer traición, el nefasto resultado era el mismo. Robespierre quería conocer todos los detalles sobre la Orden: quiénes eran sus miembros, dónde estaban los documentos que probaban la realidad del Linaje, cuál era el paradero de los supuestos descendientes... Todo. Y lo consiguió mediante los más sutiles métodos de tortura que Conroy, con ayuda de un temible cirujano del hospital de los desamparados, había ideado para él, y que se llevaban aplicando en Francia desde el último año. Éste era un gran avance para una sociedad dictatorial, ya que el sujeto torturado se mantenía despierto y perfectamente consciente a pesar del dolor. Así resultaba imposible ser un héroe y resistirse. Lorraine hizo cuanto pudo para guardar el secreto; incluso hubiera preferido morir a revelarlo. Pero los nuevos métodos científicos de tormento doblegaron su voluntad.

Confesó que había otros dos miembros del Priorato que sabían la verdad del Linaje. Uno disponía del plano con los documentos y archivos de la Orden, y el otro, de la relación completa de miembros. El Gran Maestre ignoraba dónde se escondían ahora los archivos. Éstos fueron trasladados por causa de la Revolución —o más bien de los últimos acontecimientos—, y aún no había sido informado al respecto por los miembros de la cúpula, que no se habían reunido desde entonces. Los tiempos convulsos no aconsejaban llamar a capítulo a los miembros del Priorato, poniendo a la Orden en peligro por algo que carecía de la suficiente importancia si se comparaba con la función principal: proteger a los descendientes de Cristo en la tierra.

Éstos, los descendientes, tampoco podían ser apresados, ya que Lorraine en persona había decidido, sólo con el acuerdo de La Fayette, que fueran conducidos a Inglaterra, donde amigos poderosos podrían ocuparse de ellos mientras durara el terror en Francia o las guerras en Europa. La isla sería un perfecto escondite, lejos de las garras de toda amenaza.

Para Robespierre, la situación era ésta: necesitaba el plano que poseía La Fayette para llegar a los archivos del Priorato y destruirlos, pero éste se encontraba preso en Colonia —preso sobre el papel, pues el arzobispo Lorraine le protegía en la sombra—; y era necesario idear un plan viable para eliminar a los supuestos herederos de Cristo, que vivían ahora en una mansión de la campiña inglesa, bajo la protección de la viuda del que fuera miembro del Parlamento británico, el duque de Farnsworth.

Por de pronto había mandado a sus hombres de mayor confianza a Colonia, con la misión de obtener el plano de La Fayette. En cuanto al resto del plan, aún tendría que madurarlo más, porque era difícil, complejo, arriesgado. Sin embargo, una idea nueva y brillante empezaba a emerger en su fría cabeza...

43

Gisors, 2004

Catalina seguía *pegada* a su asiento en aquel cibercafé de Gisors, buscando más pistas en internet. Pero de nada le sirvió la red en su intento de rastrear la pieza de puzzle. Desde que la recibiera de su abuelo, la llevaba siempre encima, como si se tratara de un amuleto, aunque creyera tan poco en el poder de éstos como en la capacidad de predecir el futuro de las cartas. En esta nueva pesquisa, se le había ocurrido buscar en internet fabricantes de puzzles para comprobar si el nombre de alguno de ellos encajaba con el fragmento impreso en la pieza. En ese caso, descubriendo el nombre del fabricante, quizá podría determinar a qué puzzle concreto pertenecía la misma. Era un buen plan. Pero no dio resultado: o el fabricante no tenía página web o ella no era capaz de encontrarla. Por tanto, las piezas de puzzle eran aún un enigma, un rompecabezas sin resolver.

Durante el tiempo que Catalina había estado escudriñando la red, notó que el desconocido que la acompañaba en el local se movía incómodo en su asiento de vez en cuando, en un claro síntoma de que su desesperación iba en aumento. En una de estas ocasiones, incluso le oyó murmurar: «Pero ¿adónde se ha ido la página?». Así es que no se extrañó cuando la llamó con un discreto:

—Perdón.

Catalina dejó lo que estaba haciendo, agradecida por tener una excusa para interrumpir su tediosa faena, que, de todos modos, ya podía dar por terminada.

—¿Sí?

—¿Sería capaz de echarme una mano con esto si, a cambio, le prometo ser su esclavo durante el resto del día?

El hombre lo dijo con tanta convicción, y su rostro masculino y atractivo mostraba un desaliento tan cómico, que Catalina soltó una breve risa a la que siguieron las sugerentes palabras:
—Tenga cuidado, porque soy capaz de aceptar la propuesta... ¿Y el nombre de mi futuro esclavo es...?
—¿Ignorante? ¿Incapaz? ¿Negado? ¡¿Pedazo de burro?! Elija el que prefiera, por favor.
Catalina se dijo que era simpático, muy simpático.
—Me temo que el mío es un vulgar Catalina.
El hombre se levantó de su asiento, lo que le permitió a ella reparar mejor en su buena presencia y en su cuerpo alto, atlético y bien formado. Siendo simpático y guapo, para ser el ideal de Catalina sólo le faltaba la inteligencia. Pero según su considerable experiencia en asuntos amorosos, pedir que estas tres virtudes estuvieran juntas en un mismo hombre era esperar demasiado. Por tanto, casi podía ver a su esclavo respondiendo alguna tontería, o pasando de hombre encantador en apuros a baboso seguro de poder llevársela a la cama esa misma noche. Sin embargo, con él no ocurrió ni lo uno ni lo otro...
—Debo confesar que le he mentido. En realidad, «ignorante», «incapaz» y «negado» son mis apellidos. Mi nombre no podría ser más mediocre. Lo tienen la mitad de los irlandeses del mundo: Patrick —le dijo, ofreciéndole la mano.
—¿Y lo de «pedazo de burro»? —inquirió Catalina, estrechándosela.
—Ah, eso es lo que termina llamándome mi madre cada vez que hablo con ella por teléfono.
Irlandés y con madre, pero ¿tendría una familia propia en algún sitio? Si era cierto el malévolo dicho femenino de que todos los hombres interesantes de más de treinta años están ya casados o comprometidos, entonces la respuesta a esta cuestión sería indudablemente afirmativa. O eso, o es que era *gay*. Catalina tendría que quedarse con la duda por el momento. Aún era temprano para hacer preguntas, pero todo llegaría a su tiempo.
—¡Uaaahuuu! —oyeron exclamar a voz en cuello al dependiente, que debía de haber encontrado otra de sus eróticas páginas.

Esto terminó de decidir a Catalina.

—Voy a hacerle una proposición deshonesta —dijo—. Yo no tengo nada más que hacer aquí por hoy, y usted parece haber tenido ya suficiente, así es que, ¿qué le parece si nos vamos, me ayuda a buscar una buena librería que esté abierta en domingo y luego me deja invitarle a comer?

Patrick lanzó una mirada de desprecio a su ordenador, y dijo:

—Es muy tentador seguir desesperándome con este trasto, pero voy a aceptar su propuesta. Aunque invito yo. Es lo menos que puede hacer un esclavo.

—Está bien —convino ella.

Catalina creía firmemente en la igualdad de los sexos, pero sin ridículos extremismos. Por eso era tan capaz de invitar a un hombre a comer como de permitir que fuera él quien pagara, si insistía en hacerlo. Acababa de conseguir un esclavo gratis en un cibercafé. A esto es a lo que se le llama buena suerte.

—¿Sabe que tiene una sonrisa preciosa? —comentó Patrick, galante.

Los cumplidos simples y sinceros como aquél entraban también dentro del grupo de cosas que los escasos remilgos femeninos de Catalina aceptaban de buen grado.

—¿Eso también es una deferencia de esclavo?

—No —respondió él, mirándola de un modo que la hizo estremecer.

Después de abandonar el cibercafé, Patrick llevó a Catalina a una librería cercana. Tenía el pintoresco nombre de Aux Templiers enmarcado en un rectángulo de madera color burdeos, sobre un toldo verde. Cerraba a las doce y media, así es que Catalina tenía el tiempo justo para encontrar los libros que deseaba comprar. Además de servir como librería y papelería, la tienda daba la impresión de hacer las veces de sala de exposiciones, pues varios cuadros colgaban de las paredes, junto a los estantes llenos de libros. Juntos, ella y Patrick, revisaron las filas de ejemplares. Les sorprendió la cantidad de obras que trataban sobre Gisors y los templarios. Además del libro de Gérard de Sède,

Los templarios están entre nosotros, que Catalina había descubierto en internet, había al menos media docena más. Sin embargo, decidió que por ahora le bastaba con éste. Entre otras razones porque tenía aún que comprar y leer necesariamente otra obra, de un tema por completo distinto; una donde estuviera recogida la versión del «Códex Romanoff» procedente de aquella misteriosa familia del Piamonte que lo hiciera público a principios de los ochenta. El agitado y repleto día anterior la obligó a dejar de lado este asunto, pero no quería atrasarlo más. Sentía curiosidad por averiguar si la versión de su abuelo del «Códex» era o no igual que la otra.

En este caso, ninguno de los dos fue capaz de encontrar por sí solo el libro que buscaban. Catalina tuvo que pedírselo al dependiente. Él le indicó una obra titulada *Notas de cocina de Leonardo da Vinci,* recopiladas por los autores Shelagh y Jonathan Routh, que habían incluido supuestamente todas las del «Códex Romanoff». Aun así, por ser rigurosa, Catalina adquirió otro libro más donde éstas aparecían.

Pensaba que estas tres obras le ayudarían a resolver varias dudas que dejara en el tintero. Ya en la calle, Patrick preguntó:

—¿Tienes hambre? —En un cierto momento, mientras hojeaban libros en la tienda, habían pasado a tratarse de tú de un modo natural.

—Podría comerme una vaca entera.

—Estupendo, porque conozco un restaurante maravilloso que está cerca, en la continuación de esta misma calle. —Se refería a la calle de Viena.

—Vamos allá, entonces.

El maravilloso restaurante en cuestión se llamaba Le Cappeville. El exterior, pintado en tonos blancos y azules, y con una puerta rematada por un arco, tenía un aire marino que le recordó a Catalina una taberna de antiguos balleneros de las islas Azores, donde había pasado el verano anterior. Sin embargo, dentro, nada tenía el aspecto rústico que hacía imaginar su fachada: ni los cuadros modernos y de colores brillantes de sus paredes, ni la estudiada iluminación, ni sus mesas impecablemente colocadas, ni el aire a un mismo tiempo sofisticado y sencillo de su gran chimenea, que, para desconsuelo de Catalina, estaba apagada.

Patrick se disculpó un momento y fue a hablar con uno de los camareros. Catalina no podía oírles desde donde estaba, pero vio al empleado poner un gesto extraño y responder cautelosamente. El irlandés habló de nuevo y, en esta ocasión, señaló a Catalina con la mano. La expresión del empleado cambió entonces, pasando de mostrar extrañeza a lucir una mueca de simpatía hacia Catalina, y de complicidad hacia Patrick.

—¿Qué ha pasado ahí? —preguntó Catalina.

—Es una sorpresa... ¿Podemos sentarnos?

—Claro —dijo ella, mirándole con suspicacia.

—Ésta es la mejor mesa —comentó Patrick, que retiró la silla para que Catalina se sentara—. Por favor...

Un bonito restaurante, una mesa ideal, un hombre atractivo y cortés con el que compartirla; ¿qué podía faltar? La respuesta le llegó en la forma de un joven pinche de cocina, que traía consigo unas pastillas y unos largos fósforos con los que se dispuso a encender la chimenea.

—¡¿Has sido tú, verdad?! —inquirió Catalina—. Eso es lo que estabas pidiéndole al camarero.

—Sí. Eso, y que pusiera el aire acondicionado al máximo para evitar que nos muramos de calor —explicó, risueño.

—El pobre hombre debe de pensar que estás loco.

—La verdad es que eso es más o menos lo que me dio a entender al principio.

—¿Y cómo le has convencido?

—Le he dicho que tú eras una enamorada de las chimeneas, que nos casamos ayer y que éste era el primer almuerzo romántico de nuestra luna de miel.

Catalina comprendía ahora toda la escena: la mirada de simpatía hacia ella del camarero y la de complicidad de éste hacia Patrick. Los franceses eran unos románticos incurables. Y este irlandés no se quedaba atrás. Catalina le observó con sus hermosos ojos verdes, preguntándose si de verdad era tan encantador como parecía o si podría haber algo oscuro detrás de aquel rostro cuyas líneas empezaba a grabar en su memoria. Él le de-

volvió la mirada: firme, honesta, sin manchas. La clase de mirada de un hombre en quien se puede confiar.
—Gracias —dijo Catalina por fin—. Es verdad que soy una enamorada de las chimeneas. ¿Sabes que desde que he llegado a Gisors estoy deseando que haga frío alguna noche para poder encender la de la casa de mi abuelo?
—¿Vives con tu abuelo aquí en Gisors?
—No, no. Es sólo que todavía no estoy acostumbrada a llamarla mi casa. Mi abuelo murió hace más de veinte años y me la dejó en herencia. Eso y...
—¿Y?
—Nada —dijo Catalina, que no quería ahuyentar a Patrick hablándole de piezas de puzzles, libros sobre tesoros de piratas y códices de Leonardo da Vinci con el título mal escrito.
—Es una combinación poco habitual.
—Sí —admitió Catalina antes de darse cuenta de que era imposible que Patrick se refiriera a los secretos legados de su abuelo, escondidos en sus pensamientos—. Sí —volvió a decir, en esta ocasión hablando de los libros que acababa de comprar, y a los que Patrick señalaba.
—¿A qué clase de persona le pueden interesar los templarios y recetas de cocina de Leonardo da Vinci?
—¿A una mujer muerta de hambre que está en Gisors?
—Buena respuesta. Evasiva, pero buena.
—¿Y qué clase de hombre nacido en Irlanda acaba en Gisors peleándose con los ordenadores de un cibercafé de baja estofa?
—Un arquitecto, apasionado por las fortalezas medievales, al que le asusta todo lo que tenga menos de quinientos años.
—¿También las mujeres con menos de quinientos años?
—En general, no. Sólo las que reciben en herencia *châteaux* de sus abuelos.
—Buenos días, ¿han elegido ya los señores? —preguntó el camarero, espantando una idea en la mente de Catalina que, furtiva, se le escapó rápidamente y por completo.
—¿Alguna sugerencia? —inquirió Patrick.
—Hoy tenemos posta de cordero. Deliciosa, se lo garantizo. Y si prefieren pescado, les recomiendo el rape. Aunque, siendo re-

cién casados, quizá prefieran unas afrodisíacas ostras con gelatina de sidra. ¡Simplemente maravillosas! Como entrada, nada mejor que unos espárragos con queso parmesano y jamón ahumado.
—¿Catalina?
—Yo creo que voy a decidirme por el rape. Pero nada de ostras, por favor.
—Cordero para mí, entonces. Y traiga también los espárragos. Deben de estar exquisitos.

No volvieron a hablar hasta que Patrick eligió el vino, y el camarero se lo dio a probar después de mostrarle la botella y abrirla con pericia y elegancia.

—Es un restaurante precioso —dijo Catalina, rompiendo el silencio—. ¿Vienes aquí a menudo?
—En absoluto. Es la primera que estoy en Gisors.
—Por el castillo, ¿no? —preguntó Catalina, recordando lo que él le comentara sobre su pasión por ellos. Y había algo más. Patrick dijo algo más que le había llamado la atención, pero no conseguía recordarlo. ¿Qué importaba?
—Sí, estoy aquí sobre todo por el castillo de Gisors, pero también por otras construcciones medievales de la zona. ¿Lo has visitado ya?
—Oh, sí.
—¿No te gustó? —inquirió Patrick, notando la inflexión de la voz de ella.
—Al principio no, la verdad. Pero luego la visita se hizo... interesante —dijo, aunque la palabra correcta hubiera sido más bien «insólita» o «inaudita» o «increíble» o «lunática».
—¿De veras?
—Oh, sí —volvió a responder, absorta.
—¿Por qué me da la impresión de que estás ocultándome algo?

Antes de responder, y por segunda vez, Catalina analizó con atención el rostro de Patrick. Y de nuevo llegó a la conclusión de que podía confiar en el ser humano que había tras él, tras esa mirada profunda, amable y tranquilizadora.

—A lo mejor no quiero contarle a un simpático irlandés, al que acabo de conocer, que he visto un fantasma en el castillo, para que no me tome por loca...

Patrick no soltó una carcajada ni hizo un comentario del estilo de «Es una broma, ¿no?», ni tampoco cambió radicalmente de tema y empezó a hablar con los ojos clavados en el mantel; reacciones comunes, todas ellas, en circunstancias como ésta. Lo que él respondió, encogiéndose de hombros como si se tratara de una obviedad, fue:

—El mundo está lleno de fantasmas.

Catalina tuvo la impresión de que Patrick no se refería al fantasma de Gisors, ni a cualquier otro sobrenatural, sino a un tipo distinto de misterios, de secretos quizá, aunque capaces también de mantenernos despiertos por la noche, de venir a atormentarnos.

—¡Aquí están por fin los espárragos! —exclamó el irlandés, otra vez risueño, devolviendo a Catalina su buen humor.

Los espárragos estaban exquisitos, como Patrick había pronosticado. Y el rape y la posta de cordero no se quedaron atrás. El resto de la sobremesa fue perfecto, adorable. Por primera vez en mucho tiempo, Catalina se sintió agasajada por un hombre. Y lo echaba de menos, la verdad, porque es mentira que las mujeres fuertes no necesiten sentirse mimadas. Hasta las rocas más duras agradecen la suave caricia del mar.

Durante la tarde, Catalina no hizo nada salvo pasear e ir de visita a diversos lugares de Gisors en compañía de Patrick. Y, en todo ese tiempo, no pararon de hablar. Así, ella se enteró de que el apuesto irlandés había nacido en un pequeño pueblo de pescadores, situado en el suroeste de la verde Erín, con un nombre difícil de pronunciar que evocaba imágenes de duendes refunfuñones, sentados sobre calderos llenos de oro. También descubrió que Patrick era uno de los socios de un estudio de arquitectura con sede en Londres y oficinas en París y Berlín. «Entonces debes ser un ricachón», exclamó Catalina al enterarse; algo que él no le confirmó pero tampoco negó. Además de esto, Catalina averiguó muchos pequeños detalles sobre él y sobre su vida, el tipo de cosas triviales cuya suma nos hace ser quienes somos: cuadros que le encantaban, piezas de música que casi le hacían llorar, libros que le fascinaban, paisajes que había contemplado y cuyo recuerdo llevaba tibieza a su corazón, sueños ya conseguidos y otros aún por realizar...

En resumen, fue una tarde agradable y llena, pero, como ocurre con todo, llegó a su final. Se despidieron en la entrada de la finca de Catalina, adonde Patrick insistió en acompañarla, siguiéndola con su coche. Intercambiaron números de teléfono y direcciones, porque ella volvía al día siguiente a Madrid. Era una pena. Pensaba que la cosa podría haber ido adelante con un poco más de tiempo, aunque, en general, tuviera poca fe en las relaciones a distancia. Patrick le prometió que iría a visitarla a Madrid muy pronto, «para seguir con nuestra conversación». No hubo besos, sólo un apretón de manos que fue igual de dulce. Catalina no le invitó a entrar, aunque estuvo a punto de hacerlo. Vio las luces traseras del vehículo alejarse por el camino y perderse luego entre las ramas de los árboles. Aún consiguió oír el motor durante un buen rato, hasta que el silencio volvió. Sintió un pequeño escalofrío. Hacía fresco esta noche. Se dijo que suficiente incluso para encender la chimenea. No tenía sueño, así es que iba a aprovechar para empezar a leer junto al fuego los libros que había comprado. Cerró los ojos y aspiró el aire limpio y frío. Luego se dio la vuelta y entró en casa.

En el bosque, entre las sombras, alguien encendió un cigarrillo.

44

Colonia, 1794

Bajo un farol de una apartada esquina, la bolsa llena de monedas de oro cambió de mano. El regordete carcelero extrajo su contenido, que le había entregado Conroy, y lo contó bien contado a la escasa y macilenta luz de la llama. Saint-Just esperaba en la posada, ajeno a esos detalles que suponían tratar con la plebe más repugnante.

–Está bien, señor Changrel –sentenció mientras guardaba de nuevo el dinero en la bolsa.

Abel Dorgendorf estaba sereno. Comprendía el gran riesgo que había en lo que iba a hacer, pero su ánimo vencido le impedía resistirse. Ya no podía retroceder. Además, la tentación era demasiado grande. Tenía en su mano más dinero del que podría ganar trabajando en la prisión aunque viviera dos vidas completas.

Con aquel dinero se compraba su silencio, una puerta abierta y algo de tiempo. El necesario para interrogar a La Fayette, arrebatarle el plano, tras haber entrado en la prisión con la connivencia del carcelero. Todo se haría con celeridad y sigilo. Y una vez que estuviera en su poder lo que buscaban, matarían a La Fayette, que ya no les serviría para nada. Iba a ser una ejecución, dijo Robespierre, y no un crimen; una muerte al servicio de la razón de Estado, de la razón de Francia.

–Venid conmigo –dijo el hombre, que ya había guardado la bolsa en el bolsillo interior de su chaqueta.

–Tengo que avisar a mi superior. Iremos juntos a buscarle a la pensión. Y ya sabes, no intentes jugárnosla.

Por la mente de Dorgendorf se había pasado fugazmente esa idea, cuando comprendió que aquel hombre que le había ganado la voluntad no era lo que aparentaba ser. Ni él ni quien lo acompañaba. Pero nada podía hacer ya. Habían descubierto que era débil, y eso resultaba peligroso. Se le ocurrió intentar huir con el dinero, pero descartó la idea. Seguramente lo matarían antes de conseguirlo, o ya nunca podría vivir tranquilo. Había vendido su alma a un diablo, y él le reclamaba ahora lo suyo.

Esa noche, el turno de Dorgendorf empezaba cerca de la medianoche. Para poder entrar en la prisión con los dos hombres, daría la excusa de que se trataba de unos amigos con los que iba a jugarse los cuartos a los dados. Un par de botellas de vino para los guardias los ayudaría a éstos a tragarse la mentira, y les franquearía el paso sin mayores percances.

El prisionero al que querían localizar, La Fayette, estaba en una celda especial, alejada de la inmundicia y los demás reclusos. El arzobispo de la ciudad se había encargado de protegerle en persona, en honor de su rango nobiliario y, sobre todo, de su categoría como persona. Pero la repentina y misteriosa desaparición del arzobispo quizá hiciera cambiar su situación. Había algunos rumores al respecto.

Todo salió como Dorgendorf había esperado. El vino disipó las dudas de los centinelas que custodiaban la puerta exterior de la cárcel. Tampoco hubo contratiempos en el descenso al subsuelo. La escalinata en forma de concha de caracol que conducía a la celda de La Fayette era amplia y estaba bien iluminada con candelarias de aceite. Aquella prisión no daba la impresión de ser lúgubre, dejando al margen lo obligadamente triste que es de por sí todo lugar donde criminales −o supuestos criminales, como los disidentes− están privados de libertad. La zona donde estaba preso el marqués de La Fayette hasta se veía limpia y con buen aspecto. Como si hubiera leído los pensamientos de sus dos acompañantes, Dorgendorf se apresuró a aclarar que el resto de la cárcel no era así, con un mórbido celo profesional.

Ante la verja de la celda del marqués, que estaba dormido dentro, sólo se llegaba a ver una especie de antesala en penumbra, ocupada por muebles como los de un palacete, aunque más escasos y algo desvencijados. A un lado había un buró con una silla lacada; enfrente, un diván de cuero; y al fondo, una mesa grande con un par de sillas ocultas casi en las sombras. La Fayette dormía en una segunda estancia lateral, comunicada con la primera por una abertura sin puerta de hoja.

Saint-Just y Conroy tomaron sendas antorchas y sacaron sus dagas, que llevaban escondidas bajos los mantos. También tenían pistolas, aunque pensaban utilizarlas sólo en caso de extrema necesidad, dado el ruido que produciría un disparo. Las intenciones de Saint-Just eran sonsacar al marqués y luego, simplemente, matarlo, como había ordenado Robespierre. En cambio, Conroy tenía en mente algo mucho menos piadoso. Su corazón lleno de resentimiento hacía que todas sus misiones no fueran para él un simple deber, sino también algo placentero e inevitablemente terrible y sangriento.

—¿Estáis preparados? —preguntó Dorgendorf con la llave de la celda en la mano.

Ante el asentimiento de los dos hombres, la introdujo en el cerrojo y la giró hasta que el pasador quedó descorrido. El chirrido fue agudo, remarcado por un golpe metálico cada vez que la llave daba una vuelta completa. También las bisagras emitieron un ruido penetrante, más fuerte que el de la cerradura. Saint-Just y Conroy pasaron adentro con cuidado. Es ese mismo momento, el marqués, alertado por los sonidos inhabituales a esas horas, apareció desde la otra parte de la celda.

—¿Qué...? —acertó a preguntar. Casi al instante, aún sin comprender pero consciente del peligro, regresó al interior de un salto. Conroy trató de seguirle y a punto estuvo de que le alcanzara en plena cabeza una silla que La Fayette le arrojó desde dentro, sumido en la oscuridad. Por fortuna para el espía, el golpe no fue certero, ya que una pata de la silla golpeó antes con la pared, y la herida que le produjo fue sólo superficial. La sangre, sin embargo, empezó a fluir a borbotones desde una brecha de su frente.

Saint-Just tomó otra de las sillas, la que había junto al buró de la otra estancia, y se aproximó a la puerta. Miró hacia dentro, con cuidado de no exponer la cabeza, y creyó distinguir la posición del marqués, en una de las esquinas. Entonces entró corriendo y le lanzó la silla. No tenía intención de malherirle;

lo que realmente pretendía era desorientar a La Fayette para que le diera tiempo a llegar hasta él con la punta de su daga. Y lo logró. La Fayette tuvo que soltar el madero que agarraba con las manos. No sabía quiénes eran aquellos hombres ni qué querían. Sólo supo una cosa: que eran también franceses, como él. Saint-Just le habló en esa lengua cuando le ordenó que soltara el tarugo. Y si eran franceses, serían hombres de Robespierre. Nada bueno podía esperar de ellos. Nada bueno. Seguramente iban a matarle. Aunque, entonces, ¿por qué no lo habían hecho ya? No sospechó que aquel asalto tenía que ver con el Linaje de Cristo hasta más tarde, cuando lo ataron y amordazaron y, pluma en mano y con un papel sobre la mesa, empezó su interrogatorio.

45

París, 1794

Aún quedaba otro miembro más del Priorato que tenía que caer en las garras de Robespierre: un letrado de París llamado Ambrose d'Allaines. Pero en los últimos días, el *Incorruptible* había tenido la mente en otro lugar: el proceso y la ejecución de su compañero del partido jacobino, y otrora apoyo en éste, Georges Danton. Ahora, después de eliminar a Hébert y a Danton, después de asestar el golpe contra los radicales y los moderados, el poder era ya sólo suyo, sin servidumbres ni presiones.

Robespierre evocaba para sí, mientras yacía con una prostituta, cómo fue todo y cuánto le costó hacer lo que les convenía a la República y a él mismo. Recordaba en el lecho cómo Danton había caído en desgracia por obra suya. Cómo lo había minado ante sus compañeros de partido. Cómo fue apartado, detenido, encarcelado. Cómo, con gran dolor, fue recomendable y preferible llevarlo al cadalso. Cómo, con toda la entereza de que fue capaz, subió a la tarima donde lo esperaba la afilada hoja de la muerte. Cómo fue atado a la plataforma de madera vertical que, luego, se colocó en posición horizontal. Cómo los verdugos adelantaron la tabla hasta que la cabeza del reo pudo colocarse en el cepo. Cómo se aprisionó su cuello en el hueco preciso por el que se deslizaría la hoja de metal de la guillotina. Cómo, por fin, a un silbido atroz le sucedió un golpe seco, que acabó con Danton como había acabado con tantos miles de hombres y mujeres hasta entonces, egregios o plebeyos, de las más altas esferas sociales o del pueblo llano.

Terribles recuerdos, pensó el *Incorruptible*, pero necesarios al servicio de la Patria...

Los pensamientos de la prostituta no podían estar más lejos de aquella enorme cama, vestida con ricas sábanas de seda, que los del propio Robespierre. Él compraba placer a cambio de dinero, y eso le bastaba. El amor de una mujer, ya fuera de la calle o cualquier otra, no era para Robespierre una prioridad. Su único amor era Francia. Y era un amor frío, no pasional, basado en procesos racionales cuya lógica alcanzaba una rectitud tan estricta que se convertía en intransigencia y fanatismo.

Cuando terminó, entre gemidos –aunque ni siquiera en los gemidos era aquel hombre del todo natural ni sincero–, Robespierre echó a la putilla, no más que una niña de quince o dieciséis años, de su lecho y su habitación. Ni siquiera dejó que se vistiera allí. No quería perder más tiempo del necesario.

Danton, Danton, Danton... El antiguo amigo, ya derrotado, ocupaba aún sus pensamientos. Pero ya estaba bien. Había que mirar hacia delante. Superado ese proceso mental de evocación, desagradable ciertamente, Robespierre se dispuso a continuar lo que empezara hacía ya algunas semanas. Si las cosas hubieran sido tan fáciles como enviar soldados a prender al letrado, todo estaría hecho. Pero el hombre no se hallaba en una dirección localizable. Quizá había marchado al campo. O *huido*, más bien. Lorraine aseguró que no sabía dónde podía encontrarse, y ciertamente no mentía. De eso Robespierre estaba seguro. Fue entonces, mientras alguno de sus espías buscaba la pista del letrado, que no llegarían a encontrar, cuando Robespierre tuvo una iluminación: ideó un plan mucho mejor para conseguir lo mismo que podría obtener del letrado.

Obligaría a Lorraine a escribir una carta de su puño y con su sello que sería enviada a Inglaterra, a los supuestos descendientes de Cristo, y en la que les solicitaría que regresaran a Francia por algún motivo de enorme peso. De funcionar el anzuelo, su captura resultaría muy fácil entonces.

46

Colonia, 1794

La mención al Priorato, a su alta misión en el mundo, al Linaje…, hizo que La Fayette estuviera a punto de perder el sentido. Su cabeza daba vueltas. No estaba dispuesto a decirles nada. Sabía que lo matarían aunque hablara. ¿Para qué hacerlo entonces? Y aunque no fuera así, había jurado proteger a los descendientes de Cristo en la tierra, y su palabra era tan firme como una pirámide de Egipto. Incluso sin juramentos. Lo que un hombre de verdad cree que es justo, y a lo cual consagra la parte más importante de su vida, debe ser suficiente para guiarlo en la luz y en la oscuridad.

Estaba dispuesto a morir, pero no lo haría sin lucha. Ahora lo tenían atado y amordazado, sólo con la diestra libre para poder escribir. Querían saber el paradero de los miles de documentos que la Orden había acumulado a lo largo de casi siete siglos, más todos los que había heredado antes de fundarse. La Fayette comprendió que un tirano como Robespierre, de quien aquellos hombres eran fieles perros —reconoció el rostro de Saint-Just—, no podía desear otra cosa que la destrucción de aquellos sagrados documentos.

«Tengo un plano escondido en la habitación.» Esto fue lo que escribió el marqués en el papel. Estaba dispuesto a jugársela a una carta para proteger los documentos y salvar el Linaje.

—Escribe dónde está ese plano —le ordenó Saint-Just, en voz alta, aunque sin gritar. La celda estaba relativamente aislada, pero no lo suficiente como para que un alarido no pudiera escapar de allí alertando a los guardias.

«Está en…», empezó a escribir La Fayette, pero se detuvo y añadió: «No es fácil de explicar. Es imposible. Desatadme y os lo daré».

—No debemos hacerle caso —dijo Conroy en cuanto leyó las frases.
—No puede hacer nada contra nosotros. Desátalo, ciudadano.
Conroy sabía que era un error, pero no iba a discutir la orden de Saint-Just. Éste era su superior y, por tanto, si la misión fracasaba sería él quien habría de responder ante Robespierre.
—Como desees —aceptó Conroy, siempre mezquino.
Aflojaron las cuerdas del cuerpo, el brazo izquierdo y las piernas del marqués, pero no le quitaron la mordaza. Mientras La Fayette se levantaba, Saint-Just le advirtió:
—Si hacéis cualquier tontería, os mataré aunque luego tenga que buscar yo mismo ese maldito plano. Y no dudéis que lograría encontrarlo, de modo que moriríais inútilmente. Así es que ¡nada de trucos!
La Fayette levantó ambas manos y mostró las palmas, dando a entender con el gesto que no era su intención desoír las amenazas recibidas. Señaló una especie de armario con cajones que había junto a la pared, y se dirigió a él. Saint-Just y Conroy iban a ambos lados, apuntándole con sus dagas. Cuando el marqués se disponía a poner su mano en el pomo de uno de los cajones, Saint-Just le hizo detenerse.
—¿Y para eso necesitabais que os desatáramos?
El marqués no contestó. De un salto se hincó de rodillas y abrió otro de los cajones, el que quedaba más abajo. Antes de que sus dos captores pudieran reaccionar, tomó una pistola y disparó a Conroy en pleno rostro. Éste se lo cubrió con las manos mientras la sangre manaba a borbotones. Como un pelele de trapo cayó al suelo, y allí agonizaba entre estertores y emitiendo un gruñido gutural de dolor.
Saint-Just retrocedió. El ruido del disparo, amplificado por los muros de piedra y los pasillos, debía de haber alertado ya a los guardias de toda la prisión. La Fayette ahora gritaba a voz en cuello pidiendo auxilio. Saint-Just sacó su pistola de entre las ropas y apuntó al marqués, que había movido rápidamente el mueble y se protegía detrás de él.
—¡He fracasado, pero vos moriréis, maldito!

El segundo disparo fue precedido por los gritos de pánico de Abel Dorgendorf. Hasta ese momento se había mantenido al margen de todo, pero ahora trató de que le siguiera Saint-Just para escapar juntos de allí cuanto antes. No era por un motivo altruista: él estaba perdido de todos modos, pues no resultaría difícil descubrir su traición, y únicamente Saint-Just podría defenderle de los guardias, que no se detendrían a mirar a quién disparaban.

—¡Seguidme! —le urgió—. Conozco un pasadizo.

Antes de que los primeros soldados llegaran, el carcelero y Saint-Just habían abandonado el lugar. Entraron por detrás de un recoveco en una especie de estrecho y húmedo túnel —en cuya mitad había unas escaleras resbaladizas— que desembocaba en la cocina, a la altura de la calle. Desde allí, sin reparar en la estupefacción del cocinero, que los vio aparecer como por arte de magia, salieron corriendo hacia un lugar oscuro. Saint-Just se escondió entre las sombras de una vía tortuosa. No estaba como para trotar sobre el empedrado, ni tenía fuerzas para hacerlo durante mucho rato. Abel Dorgendorf siguió adelante, a pesar de sus carnes, como si el Diablo le persiguiera.

Saint-Just se preguntó de dónde habría sacado la pistola aquel malnacido. Y la respuesta le resultó obvia. Tan obvia, que se insultó a sí mismo por su estupidez y su imprudencia: había sido Lorraine, por supuesto. Éste había convertido una celda en un suntuoso alojamiento para su protegido La Fayette. No era de extrañar, por tanto, que le hubiera dado también una pistola. El único consuelo que le restaba al lugarteniente de Robespierre era que el marqués había muerto.

Eso creía él. Pero se equivocaba. Los guardias encontraron al marqués herido con un disparo en el costado, menos grave de lo que podría haber sido si tan sólo se hubiera movido unos centímetros. Tuvo suerte. El proyectil atravesó la carne limpiamente y se hundió en el blando mortero que unía dos bloques de piedra. Había salvado la vida. Aunque su ánimo estaba turbado. El Priorato se veía en franco peligro. Y, sobre todo, el Linaje. Era necesario avisar a los descendientes de la amenaza. Ojalá hubiera tiempo aún de hacerlo...

47

Gisors, 2004

Una receta de más. Había una receta de más. Era la segunda vez que Catalina hacía la misma comprobación y, en la última, siguió un proceso exhaustivo a prueba de fallos. Primero escribió, uno a uno, los nombres de todas las recetas del «Códex Romanoff» recogidas en el libro de Shelagh y Jonathan Routh. Luego, hizo lo mismo con las que aparecían en el otro libro que había comprado sobre el tema. A continuación verificó que las recetas de uno y otro fuesen idénticas. Por último, comparó esta lista con la de las recetas del ejemplar mecanografiado de su abuelo, traducido al español.

Y había una receta de más. El «Códex» de su abuelo tenía una receta de más.

Eran las tres de la madrugada, y su vuelo salía de París a las once de la mañana. Ya era hora de aceptar este hecho de una vez por todas. No le pasó desapercibida tampoco otra de esas casualidades omnipresentes en lo que tenía relación con su abuelo Claude. El título de su copia del Códice era «Códex RRomanoff», con dos erres en vez de con una.

—No, no con dos erres, sino con una erre más, con una *receta* más —le dijo al fuego crepitante de la chimenea.

La receta fantasma de su abuelo estaba dentro de un grupo de ellas correspondientes a platos que Da Vinci repudiaba, pero que su cocinera, Battista de Villanis, insistía en preparar para él. A este grupo pertenecían: cabra en gelatina, pan de cáñamo, pudín de flor de saúco, pudín de mosquito blanco (hecho, en realidad, a base de almendras, flores de saúco, miel, pechuga de capón y agua de rosas), nabos incomestibles, medallones de anguila, pastel de zarcillos, intestinos hervidos y «un plato español», de nombre no especificado, compuesto por harina de arroz, leche de cabra, pechuga de capón y miel. Hacia este último, Da Vinci mostraba una repugnancia especial, y de él decía que le provocaba náuseas y mareos, que era poco nutritivo y hasta que debilitaba la vista y les quitaba fuerza a las piernas. No era extraño, por tanto, que recomendara a los lectores mantenerse lejos de esa comida, que servían en una sola taberna del centro de Florencia donde no había nada más entre lo que elegir y que, en palabras de Leonardo, estaba llena de locos.

En este último e infausto plato estaba basado el nombre de la receta adicional, puesta justo después y que decía así:

Otro plato español

Dicen que éste es un manjar ideal para comer en la festividad de san Juan, pues así lo manda la tradición en varias poblaciones de la sierra norte de Madrid. Coged una perdiz silvestre. No vale una que compréis en el mercado. Ésta tenéis que cazarla subiendo al punto más alto del monte, donde el aire fresco las hace bien gordas y sabrosas. El mejor momento para ello es sin duda el mediodía. A esa hora, el sol está en su punto más alto, y tanto calor las aturde, haciendo fácil capturarlas. Luego necesitaréis unos cuantos piñones. Le dan un sabor especial a la carne, pero hay que saber elegirlos, no sirven unos cualesquiera. Abrid la perdiz y vaciad las tripas, y después rellenadla con los piñones, añadiendo un chorro de aceite de oliva y una pizca de sal. Battista le suele echar también jamón, cortado en pequeños trozos. Dice que así está mejor, más jugosa, pero a mí me repugna. Cerrad la perdiz, cosiéndola con un hilo grueso, y no olvidéis hacer un nudo bien resistente al final, para aseguraros de que no se abra mientras se cocina. Esto es muy importante. Ponedlo todo en una cazuela que hayáis engrasado antes con manteca de cerdo, y dejad que se haga durante quince minutos. Al igual que el anterior, es un plato que sólo sirven en una cierta taberna. Creo que a mi buen amigo Bernard le encantaría probarlo. Es una lástima que no pueda hacerlo, porque a la taberna van últimamente personas indeseables, que no le dejarían catar ni un bocado si en ella se presentara. Me da la impresión de que hasta podría acabar muerto si se le ocurriera ir ahora. Quizá más adelante personas respetables puedan volver a comer allí. Creo que, dejando pasar el tiempo suficiente, la taberna volverá a ser un sitio seguro.

Catalina recordó haberles dicho a Marie y a Albert que el manuscrito que el suegro de ella le robara a Claude era un mapa sin nombres, y exactamente la misma sensación le produjo esta receta, llena de guiños, de sutiles indicios: todo lo relativo al modo de obtener una perdiz adecuada, los detalles tan precisos acerca del lugar y el momento ideales para cazarla (en lo más alto del monte, cuando el sol esté en su punto más alto); la cuestión de que no servían unos piñones cualesquiera; la gran importancia de hacer un nudo bien fuerte tras coser la perdiz, cuando las piezas de puzzle legadas por su abuelo mostraban precisamente el dibujo de un nudo; la referencia a «mi amigo Bernard», que era también el nombre del abogado de su abuelo, D'Allaines; y lo más inquietante de todo, la parte en la que se hablaba de personas indeseables que últimamente acudían a la taberna donde el plato era servido en exclusiva, y la afirmación de que Bernard (¿D'Allaines?) podría acabar muerto si se le ocurriera presentarse en ella. ¿No había insistido su abuelo al abogado en que ocultara bien los sobres lacrados cuyo contenido ni siquiera él podía conocer? Sobres que, entre otras cosas, contenían esta receta. ¿El mapa sin nombres que llevaba a la taberna?

Y había otro asunto que preocupaba a Catalina, pero que no quería siquiera considerar. Su abuelo murió en un accidente de tráfico al salirse de un tramo recto en una carretera de la sierra de Madrid. Y, según la receta, de esa zona era tradicional ese otro plato español.

Tenía que aceptarlo. Había una receta de más, incluida por su abuelo. Éste había introducido también un error intencionado en el título del «Códex» que le legó, para llamar su atención sobre ello. Esa receta extra era una pista, un mapa, un mapa sin nombres. Y todo esto tenía que ser necesariamente cierto, porque, como Catalina se había repetido varias veces desde que llegara a Gisors, las casualidades no existen. Pero si la receta era un mapa, ¿adónde llevaba? Aunque más importante que esta pregunta era si la respuesta a ella tendría o no sentido.

En el caso de que su abuelo estuviera loco al final de su vida, que fuera un paranoico, como todo el mundo pensaba –como hasta su abogado y su amigo, el buen D'Allaines, creía–, entonces esa receta probablemente le condujera también a algún sitio, pero a uno absurdo. Lo mismo podía aplicarse a la pieza repetida de puzzle y al ejemplar de *La isla del tesoro* o a la fotografía que estaba dentro de él.

Pero si su abuelo no estaba loco antes de morir, entonces todo cambiaría. Entonces estas pistas dejarían de ser un elemento aislado, un juego absurdo de una mente desquiciada. Podrían unirse a cuanto ella había descubierto sobre su abuelo y sobre lo que él vino a hacer a Gisors; y a su vida dedicada al estudio del Priorato de Sión y los descendientes de Cristo. Entonces podrían llevar en realidad a algo importante, a algo que su abuelo buscaba desde que era joven y que quiso hacerle descubrir a ella precisamente a la edad de treinta y tres años, la edad a la que, según la tradición, Jesucristo murió. ¿Otra casualidad?

¿Y sería también casual la frase «Creo que, dejando pasar el tiempo suficiente, la taberna volverá a ser un sitio seguro»? ¿Serían estos veintitrés años transcurridos desde la muerte de su abuelo «el tiempo suficiente» a que se refería la receta?

Más preguntas sin responder. Pero la única fundamental era ésta: ¿Su abuelo estaba en verdad loco o no lo estaba?

Catalina soñó con una perdiz que tenía el mismo rostro de su abuelo, y que se cocía a fuego lento en una cazuela con un dedo de manteca en el fondo. Por eso se sintió agradecida y aliviada cuando la melodía de su teléfono móvil quebró la pesadilla. Aún adormilada, con las últimas imágenes del horrible sueño resistiéndose a desaparecer, tanteó la mesa de cabecera en busca del teléfono. No tenía ni idea de la hora, pero por lo cansada y somnolienta que se encontraba probablemente fuera temprano, muy temprano. La noche antes se había obligado a acostarse pasadas las cinco de la mañana, tras haber descubierto la furtiva receta, causa principal de su insomnio, y después de leer un buen trozo del libro de Sède.

—¿Sí?... Buenos días, señorita Bergier... Sí, estaba durmiendo, pero no importa... No importa, de verdad. —Acordándose de un recado que Albert le dio el viernes, dijo—: Me llamaron el otro día, ¿verdad?... Sí, sí, ya sé que intentaron llamarme al móvil. Lo tenía apagado... ¿Y qué es lo que querían de mí? ¿Hay algún problema con la herencia de mi abuelo? ¿Tengo que firmar más documentos?... Ah, que va a pasarme con el señor D'Allaines. Muy bien... Sí, espero. Gracias... —La voz de la secretaria del abogado fue sustituida por una pieza de música. Algo de Mozart, creía Catalina—. ¿Sí? Buenos días, señor D'Allaines... No, qué va, todo está perfecto por aquí, gracias... ¿Que me nota algo raro en la voz? Debe de ser porque acabo de despertarme... No se preocupe, había puesto el reloj para dentro de media hora... Sí, claro que lo recuerdo. Usted estaba seguro de que no... Entiendo. Se lo agradezco. ¿Y qué le dijo?... Sí... Ya... ¿Y ella está segura de eso? Ha pasado ya mucho tiempo... Está completamente segura. Es una maniática del orden. Ya... Sí, sí, ha hecho muy bien en contármelo... Tiene razón, lo más probable es que no sea nada especial... A usted, señor D'Allaines. Buenos días.

Catalina colgó el teléfono. Junto a su cama había un voluminoso armario de madera, con un gran espejo que iba de un lado a otro de la puerta. Se miró en él y contempló en él su aspecto desgreñado, las pesadas ojeras bajo los ojos resultado de no haber dormido lo suficiente, su hermoso cuerpo marcado por los pliegues de las sábanas. Luego se puso una bata que había comprado en el pueblo y bajó descalza hasta el despacho.

Sobre la mesa estaban los papeles con todas sus anotaciones. Al final de la última hoja, en su Lista de Verdades Absolutas, añadió otra línea, una simple frase de seis palabras:

El abuelo Claude NO estaba loco.

48

Campiña inglesa, 1794

La carta del marqués de La Fayette llegó tarde. Lady Farnsworth la leyó consternada. No se daban detalles, pero sí se advertía en ella a los jóvenes que se alojaban en su casa de campo de que no debían moverse de allí bajo ningún concepto. La buena señora ayudaba al Priorato sin conocer su naturaleza más íntima. Pensaba que era solamente una orden religiosa cuyo fin era mejorar a la humanidad, lo cual era cierto sólo a medias. Con la intención de avisarles, envió un emisario al que dio el más rápido corcel de su finca. Pero todo fue inútil. El barco que llevaba a los muchachos de regreso al continente ya había zarpado cuando el jinete consiguió llegar a Dover.

Era obvio que algo de extrema gravedad estaba sucediendo. Si La Fayette pedía con vehemencia que no regresaran los herederos, y el Gran Maestre Lorraine solicitaba, en cambio, que lo hicieran urgentemente, la carta de uno o la del otro debía ser una falsificación, o haber sido escrita mediante coacciones. Ante la imposibilidad de resolver inmediatamente este dilema, lo más sensato habría sido que los herederos se hubieran quedado en las islas Británicas, lejos de la convulsa Francia y de los enormes peligros que en ella los acechaban. Por desgracia, ya era tarde para eso.

Canal de la Mancha, 1794

En el viaje por mar de Inglaterra a Francia, el tutor de los herederos del Linaje buscó un lugar apartado e íntimo en la cubierta del buque, sin ser molestados por la tripulación, para hablar de hombre a hombre con el mayor de los muchachos; el heredero que, creía él, iba al continente para ser elevado al trono francés. Sus recomendaciones salían del corazón, aunque algunas resultaran algo rudas. El joven, que tenía un buen humor genuino y una brillantez intelectual superior a la del noble hombre que le hablaba, atendía con sana indulgencia. Resultaba más que evidente el aprecio que el heredero sentía hacia aquel luchador nato, que siempre supo cuidar de sí mismo y a quien la vida nunca fue fácil. Todo lo que le decía, lo decía con la mejor intención, y muchas de sus enseñanzas eran valiosas y dignas de ser practicadas.

–Joven Señor, muchacho mío, sabes que te quiero como a un hijo. Daría la vida por ti, y la de muchos otros si mi brazo tuviera que segarlas para que tú vivieras. Ahora ha llegado el día. Tu destino te espera. Eres como una flecha que, certera, busca el centro de la diana hacia la que fue lanzada por el arquero. Todos los hombres y mujeres que han consagrado sus vidas a través de los siglos para proteger tu linaje, obtendrán así el pago por sus esfuerzos y su dedicación desinteresada. Por fin el mundo empezará a ver el sol. Una nueva hora llegará pronto. La tiniebla dará paso a la luz. La esperanza se convertirá en alegría, porque se hará realidad. Y tú obrarás ese cambio.

»Si tienes que gobernar un pueblo o muchos, hazlo siempre con inteligencia. Extiende los brazos, como si fueran los de una balanza, y pon en cada mano las distintas opiniones antes de decidir. El bien es inmutable, pero tiene muchas caras. No siempre es fácil saber la verdad, ni ver las mentes de quienes te rodearán y que, a menudo, querrán de ti que les favorezcas, no buscar el bien común sino el particular.

»Ten siempre por objetivo evitar el mal, pero no después de producirse, sino antes de que sea inevitable. Castiga con indulgencia y perdona siempre que puedas. El dolor no disminuye el dolor, sino que lo aumenta, así es que ten presente que es necesario evitar la excesiva dureza. Cuando alguien hace un mal, a veces sigue su naturaleza, o lo que ha aprendido a lo largo de la vida. Nadie está libre de obrar mal.

»Intenta conservar siempre la serenidad. La ira, el miedo, el placer, el dolor turban el alma, ciegan los ojos del espíritu, anulan los oídos de la mente. Júzgate siempre a ti mismo con mayor severidad que a los demás. Aun así, admite que puedes ser perdonado. No creas jamás que el perdón es imposible para ningún acto.

»Busca sin descanso lo esencial y desprecia lo accesorio. Aunque debes también apreciar lo pequeño que te den quienes no conocen otra cosa. Los hombres y mujeres sencillos se contentan con poco, con el día a día, con los detalles de la existencia. Esto es mucho para ellos, y tú deberás valorarlo. Pero en tu búsqueda del bien común no tienes que desviarte. Eres un servidor de los hombres y a eso estás consagrado.

»En Francia, país de libertinaje, no leas nunca un libro, ni siquiera un folleto, sin antes haber obtenido el beneplácito de quienes te protegen como altos miembros del Priorato. Ellos nunca tratarán de que actúes de un modo u otro, pero sí aceptarán que les pidas consejo. Aún eres joven y ciertas lecturas podrían dañar tu integridad moral.

El muchacho se sonrió y a punto estuvo de soltar una carcajada al oír esto último. Se dijo que no era una doncella salida de un convento como para no poder elegir sus propias lecturas. Pero por respeto y puro cariño se contuvo y siguió escuchando.

»Cásate con una mujer buena, digna y hacendosa. No permitas que tu esposa se sienta inferior por ser tú el rey, o por su condición femenina. Esto debes tenerlo también siempre muy presente: la mujer y el hombre son iguales ante Dios y deben serlo también en las sociedades humanas.

»Un corazón noble debe siempre aceptar lo que le es dado, las circunstancias en que se desarrolla su vida, y enfrentarse a cada día con la cabeza alta y los brazos abiertos. Debe mirar al horizonte con esperanza e incluso atreverse a alzar la vista hacia el sol, porque su luz sólo quema los ojos de los temerosos.

»Sé fiel, sincero, leal. Honra y respeta a todos, grandes y pequeños, porque sus almas son todas del mismo tamaño. Muestra los colores al ciego y las notas musicales al sordo. Muchos no lo son de verdad, sino que desconocen cómo ver o escuchar. A todos da el mismo buen trato. Admite sus ideas para que se sientan bien, y acepta las que te parezcan convenientes con honestidad.

»Si tu alma está limpia, no debes temer que tus intenciones no sean alcanzadas por tus obras. Mantén tu palabra, pero si no puedes realmente cumplir algo prometido, pide perdón y compensa al perjudicado. Es mejor poner las miras en lo alto, y no superarlas, que mirar hacia abajo por miedo o cobardía.
»Muéstrate paciente y aplicado en todo lo que te propongas. Es más fácil de lo que parece obrar bien, pues consiste en mirar a ambos lados del camino cuando se presenta la disyuntiva y caminar por el más recto. El destino está en ti y en tu caminar.

Acabado el discurso moral de aquel buen hombre, el joven heredero y él mismo abandonaron la cubierta y volvieron abajo. El cielo estaba gris como el plomo. Empezaba a lloviznar y se preveía una tormenta. El viento y el mar encrespado así lo atestiguaban. Sus corazones, sin embargo, estaban llenos de alegría en esa oscuridad que empezaba a formarse, como el muro de una prisión que quisiera encarcelar tras él al mismo sol.

49

Afueras de París, 2004

El abuelo Claude no estaba loco. Catalina había llegado a esta conclusión. Recordó lo que dijo Albert sobre la diferencia entre estar loco y comportarse de un modo paranoico. Y ahora ella pensaba que el guardés tenía razón: a veces, se justifica que hasta el más cuerdo pueda comportarse como un paranoico. Catalina ya tenía dudas sobre la supuesta locura de su abuelo, pero lo que le había contado D'Allaines por teléfono y lo que luego le reveló Albert hizo que la balanza se decantara: ahora estaba prácticamente segura de que su abuelo quizá actuó como un paranoico, pero que, quizá también, tuviera razones para ello.

El día en que Catalina llegó a París y acudió al bufete, cuando recibió los misteriosos sobres lacrados de manos del abogado, le preguntó a aquél si había habido allí algún asalto o robo tras la muerte del abuelo. Hasta recordaba que justificó su pregunta diciendo que ella era periodista porque, desde pequeña, le apasionaba llegar al fondo de las cosas, y siempre pensaba en todas las opciones posibles. El abogado le respondió categóricamente que no se habían producido ni asaltos ni robos, y Catalina no le dio más vueltas al asunto. Sin embargo, lo que D'Allaines le había dicho por teléfono esa misma mañana era que, al día siguiente de su encuentro con ella, y por puro celo profesional, le trasladó la cuestión a su secretaria. Y lo que ella le dijo fue que, en efecto, nadie había entrado por la fuerza en el bufete pero que, ahora que lo mencionaba, poco después de la muerte de Claude Penant, encontró abierto el cajón que contenía su expediente, cuando ella lo cerraba siempre con llave. Además, algunos documentos no estaban en el sitio correcto, pero como no faltaba nada y llevaba poco trabajando en el bufete, quiso pensar que habría sido un despiste suyo, y por esa razón no le comentó nada a D'Allaines.

Las casualidades no existen.

Y la confirmación de ello se la dio una vez más Albert. Catalina le preguntó al guardés si recordaba que alguien hubiera robado en la casa de Gisors en los tiempos inmediatamente posteriores a la muerte de su abuelo. Albert tuvo que hacer memoria durante un buen rato; él no era un maniático del orden como la secretaria de D'Allaines. Sin embargo, cuando por fin respondió, lo que dijo fue, en esencia, una repetición casi exacta de las palabras de ésta. Al día siguiente del entierro de Claude Penant, el guardés entró en la casa. Aunque todo parecía en orden, tuvo la sensación de que algo no estaba bien. Revisó de arriba abajo cada una de las habitaciones, empezando por las de la planta baja y continuando por las de los pisos superiores. Así, acabó en el ático. Y allí encontró algo fuera de lo normal. La buhardilla estaba siempre cubierta por una gruesa capa de polvo, porque Marie nunca la limpiaba y Albert subía muy de vez en cuando. Sin embargo, ese día, el guardés vio que en el suelo había varios rastros extraños, una especie de caminos formados por polvo revuelto. *Intencionadamente* revuelto. Como si alguien hubiera andado por el ático y se hubiera detenido luego a borrar sus huellas antes de marcharse. Con cautela, Albert lo inspeccionó minuciosamente. No encontró a nadie, pero sí una huella delatora. Una sola. Estaba en una zona oscura, junto a los ejemplares de periódicos antiguos que el abuelo de Catalina guardaba en el ático.

Su abuelo no estaba loco, no. Por tanto, según sus razonamientos de la noche anterior, los objetos que le legó tenían que ser pistas para que ella encontrara algo. Y conociendo el pasado de su abuelo, no era difícil imaginar que lo que Catalina debía encontrar estaba relacionado con la capilla de Santa Catalina, el Priorato de Sión y los descendientes de Cristo. El sabio Albert le había dicho a Catalina que las posibles pruebas que pudieran existir sobre un linaje sagrado tenían que estar necesariamente repartidas por todos lados. Y eso era más que razonable. Pero no todas las pruebas tienen igual peso, ni todas revelan lo mismo a quien las encuentra. Si su abuelo se había molestado tanto en intentar llevarla hasta lo que quiera que él hubiera encontrado, entonces debía tratarse de algo grande, de una increíble revelación. Y no una basada en la fe, sino una asentada con firmeza en pruebas; porque, como también dijo Albert, su abuelo no se creía nada que no pudiera probar.

El único punto oscuro de este razonamiento, lo único capaz todavía de convertir en absurdas las revelaciones que su abuelo le había reservado, era que esas pruebas no fueran tan sólidas como él creía. Pero, en ese caso, ¿por qué se habría molestado alguien en revolver sus pertenencias y su expediente del bufete? Catalina estaba convencida de que su abuelo tuvo que estar relacionado con Plantard y Chérisey. Era casi imposible que no lo estuviera, porque ellos eran las cabezas del nuevo Priorato de Sión, y el enigma de los descendientes de Cristo era el motor de la vida de su abuelo. Después de todo lo que Catalina había descubierto en los libros y en internet, y de saber que incluso autores y periodistas refutados —y hasta la propia BBC— podrían haber sido manipulados por Plantard y Chérisey para contarle al mundo una enorme cantidad de mentiras y medias verdades; después de todo eso, no podía estar completamente segura de que su abuelo no hubiera sido también engañado, creyendo que había descubierto algo importante —mucho más que eso: algo crucial para la historia de la humanidad—, que a la postre sería realmente otro elaborado puñado de embustes.

Por tanto, ésta era la gran cuestión que le quedaba por resolver: si había algo de cierto o no en ese Priorato de Sión.

Y puesto que concluyó que no podría hallar la respuesta al dilema en los libros ni a través de internet, decidió ir directamente a la guarida del lobo del moderno Priorato de Sión. Quizá fuera algo ingenuo pensar que el instinto le bastaría para saber si había una pizca de verdad o no en el Priorato. Pero su olfato periodístico, su olfato para la verdad, siempre le había servido bien. Y, además, ¿qué otra opción le quedaba?

La cuestión estaba muy clara en su cabeza: si el Priorato no era una farsa, entonces su abuelo quizá encontró algo genuino de verdad; pero si no era así, entonces tuvo que ser víctima de un engaño.

¿Dónde entraban en todo esto quienes, según creía Catalina, irrumpieron en el despacho de D'Allaines y en la casa de su abuelo en Gisors, y revisaron sus cosas poco después de su muerte, sin llevarse nada? También esta cuestión tenía varias posibles respuestas, ligadas evidentemente a la cuestión anterior. Dos de ellas le parecían las más probables: si el Priorato no era falso, entonces podrían estar buscando pistas para descubrir lo que sabía su abuelo; y si el Priorato era un engaño, entonces quizá intentaban protegerse.

Fuera como fuese, de nuevo todo se reducía a lo mismo: saber si el moderno Priorato de Sión era una patraña o no lo era.

Catalina estaba dentro de su coche, ya en París. Por una vez, se sintió aliviada al adentrarse en la confusión del tráfico de una gran ciudad. Seguramente fuera una tontería, pero durante una parte del camino le había dado la impresión de que un vehículo la seguía. Algo en él le llamó la atención. Había visto ese coche antes... En Gisors, recordó, parado junto al camino de entrada de la finca. Pero ¿sería de verdad el mismo? No tendría por qué. Se fabricaban millones de automóviles iguales, y sin embargo... Su conductor tomó un desvío a veinte kilómetros de París, pero Catalina no se quedó del todo tranquila.

Había hecho cuatro llamadas esa mañana, después de hablar con Albert. Una fue al periódico donde trabajaba, en Madrid, para rogarle a su jefe que le diera un día más y jurarle por sus futuros hijos que estaría en la redacción antes de las once de la mañana del martes. La segunda llamada fue para cancelar su billete de avión y reservar uno nuevo que salía del aeropuerto de Orly a las siete menos diez de la madrugada del día siguiente. La tercera fue a un hotel de París, donde reservó una habitación –teniendo que coger un avión tan temprano, más le valía dormir allí que regresar a Gisors y volver en mitad de la noche para que le diera tiempo a embarcarse–. Y la última llamada fue al despacho de D'Allaines, para pedirle que le consiguiera una cita con algún representante del Priorato en su sede de París. La primera respuesta del abogado fue que ni siquiera sabía que aún existiera esa organización, lo que no sorprendió demasiado a Catalina. Sin embargo, ella insistió, diciéndole al abogado que él debía conocer a mucha gente, tener multitud de contactos y que alguno de ellos, aunque fuera de modo indirecto, podría conseguirle eso. Finalmente, D'Allaines le dijo que iba a hacer algunas llamadas y que vería qué podía conseguir. La llamó una hora más tarde, muy satisfecho. Le dijo a Catalina que, a través de un amigo suyo del Ministerio del Interior, había sido capaz de concertarle una cita a las cuatro de la tarde, en la sede del Priorato.

Por eso, ella estaba ahora en París, en la dirección que le había indicado D'Allaines. La simpática secretaria le dijo que podía pasar. Había estado esperando durante sólo cinco minutos en una simpática sala de espera, donde se escuchaba una simpática música de ambiente, y que estaba adornada con simpáticos muebles y simpáticos cuadros. La alfombra que la condujo hasta la simpática puerta del despacho era simpática. La secretaria la invitó a pasar con un gesto simpático, la expresión del hombre que la esperaba de pie en el interior era, definitivamente, simpática. También la decoración del despacho, y hasta la luz que entraba por las ventanas inspiraba simpatía. Todo era tan simpático en la sede del Priorato de Sión que a Catalina le dieron náuseas.

—Buenos días —la saludó el hombre, con su voz pulida, una voz que había aprendido a mostrarse encantadora, simpática, en cualquier situación—. Soy Marcel.

—Yo soy Catalina, Catalina Penant.

—Es un placer conocerla. ¿Y qué desea de nosotros? El señor Duchamps nos comentó que era un asunto urgente.

Catalina dedujo que ése era el apellido del amigo de D'Allaines que trabajaba en el Ministerio del Interior.

—Quería que me hablaran de Pierre Plantard y de Philippe Chérisey.

—Por supuesto. Imagino que habrá leído u oído todo tipo de calumnias sobre estos dos insignes miembros de nuestra organización.

—No creo que se imagine cuántas... Pero, por favor, siga.

La sonrisa del hombre, de Marcel, ni siquiera vaciló ante la insolencia.

—Ha habido una auténtica campaña, orquestada por ciertos individuos y grupos de presión, con el único fin de manchar la reputación de los señores Plantard y Chérisey, y también de autores de indiscutible rigor como el señor De Sède. Nos parece que todo esto ha sido tremendamente injusto —aseguró Marcel, separando unos centímetros los extremos de sus manos, con sus arregladas uñas, en un gesto de ahogado sufrimiento ante tal falta de equidad—. Resulta doloroso, por ejemplo, la persecución a la que sometieron los medios al señor De Sède, afirmando que había sido utilizado por el señor Plantard, cuando ellos mismos le habían encumbrado pocos años antes como uno de los más rigurosos investigadores del mundo sobre el tema del Priorato de Sión y otros grupos afines, y sobre asuntos fascinantes como el caso de Rennes-le-Château.

—He leído que el propio Chérisey afirmó que todo ese asunto fascinante, como usted lo llama, fue una invención suya, casi de principio a fin. Y también tengo entendido que Plantard fue el que le facilitó a Gérard de Sède gran parte de la documentación de algunos de sus libros, cuyas afirmaciones son falsas, según creen muchos.

—Yo no hablaría de engaños, señorita Penant, sino de desinformación. Es importante que entienda nuestro punto de vista, señorita. Nosotros somos una sociedad moderna, es cierto, pero que hunde sus cimientos en la antiquísima tradición del Priorato. La nuestra es una Orden de Caballería, aunque estemos abiertos al exterior y fomentemos la solidaridad entre todos los hombres. Eso está en nuestra carta de fundación, como quizá sepa. A pesar de que tenemos una cara vuelta hacia el mundo, le decía, tenemos también otra interior, que no calificaría de secreta, pero sí de confidencial, de discreta o, si lo prefiere, exclusiva de nuestros miembros. Siguiendo la milenaria tradición del Priorato de Sión, ponemos gran celo en salvaguardar y mantener incólumes esos conocimientos superiores, a salvo del público en general y, por supuesto, de difamadores y entidades que se empeñan en atacarnos. Y, en algunas ocasiones, para conseguir ese alto y legítimo objetivo, nos vemos obligados a crear una versión alternativa de los hechos, a intoxicar hasta cierto punto la información que sale al mundo.

—¿Me está diciendo que Plantard y Chérisey estuvieron inventando mentira tras mentira durante más de veinte años para preservar una verdad oculta?

—Tenemos derecho a protegernos del modo que consideremos más adecuado...

—No me lo trago.

—Perdón, ¿cómo ha dicho?

—He dicho que no me lo trago —repitió Catalina, muy tranquila, mirando al hombre directamente a los ojos.

—Estoy seguro de que no es eso lo que ha querido decir.

—Se equivoca. Eso es exactamente lo que quiero decir. Buenos días, *Marcel*. Ya sé todo lo que quería saber.

50

París, 1794

Un sol inesperado aún para junio golpeaba la Ciudad de la Luz en aquel tiempo de sombras. Como la tiniebla, el gobierno de Robespierre cubría un país que en tiempos fuera grande, y que hoy se veía reducido a estar al arbitrio de sus peores hijos.

Robespierre se quitó los lentes. Éstos eran oscuros pues sus ojos no toleraban bien la luz refulgente del luminoso día. Además, así se aislaba un poco de lo que no quería ver. Aunque a todo lo que ha de verse le llega antes o después su momento. Con paso vivo, entró en su cuartel general, el imponente Hôtel-de-Ville, situado en la Place de Grève; esa plaza que se había cubierto de una alfombra de sangre, que tantas cabezas había visto rodar por el cadalso y que tantas veces había escuchado el terrorífico sonido de la hoja de la guillotina al caer sobre los cuellos, presos en el cepo, entre la chusma vociferante.

Dentro le esperaba Saint-Just, recién llegado de Colonia. Su aspecto era de desolación y quizá de miedo o, en el mejor de los casos, de una gran intranquilidad. Estaba sentado en un diván del largo pasillo, ricamente decorado con espejos de marco dorado y sedas, que conducía al despacho de Robespierre. Éste le hizo pasar con un gesto, sin detenerse ante él. No dijo nada hasta que estuvieron sentados dentro.

—Louis, Louis… ¿Cómo has podido fracasar? ¿Y Conroy? ¿Muerto?

—No sé qué pudo ocurrir. Tomamos las debidas precauciones.

—No las suficientes, por lo que veo. Te avisé de que no subestimaras a La Fayette. ¡Ese maldito realista con piel de revolucionario!

A Saint-Just se le heló la sangre por el tono de las palabras de Robespierre. Estaba junto a él, creía en su juicio y su política; pero también sentía miedo de aquel hombre que no conocía la piedad. Iba a decir algo, si bien lo reconsideró y prefirió mantenerse en silencio hasta ser preguntado. Robespierre le miró con gesto furioso, aunque dijo, con obligada resignación:
—Olvidemos al marqués. Lorraine nos ha contado mucho. Es un hombre más bien débil —comentó con desprecio—. Tenemos ahora una lista de miembros del Priorato, una dirección de París y algo aún mejor: una carta suya manuscrita que ya ha sido enviada a Inglaterra. Según Lorraine, los herederos de Jesucristo son tres muchachos de veinte, dieciocho y quince años, todos varones. Viven tranquilos en la campiña inglesa, en la mansión de una dama noble, lady Farnsworth, y protegidos solamente por un hombre de confianza del Priorato. Al parecer, este hombre es un militar belga de cierta graduación. Lorraine ha asegurado que se trata de una persona de acción y de no muchas luces. Picará el anzuelo cuando reconozca la letra y vea el sello del Gran Maestre.
—¿Qué anzuelo? —inquirió Saint-Just, alegre de que Robespierre hubiera pasado página, pero sin comprender muy bien el asunto de la carta.
—Oh, sí, no te lo he explicado. La carta dice que los muchachos deben regresar a Francia. El mayor de los tres cree que viene para recibir el trono. Pobre imbécil. No sospechará nada porque Lorraine aconseje venir de incógnito, ya que comprenderá que todo debe hacerse con el mayor sigilo hasta que pise suelo francés y el pueblo esté preparado para acoger a su nuevo monarca. Es un plan perfecto.
—Sí, es perfecto... —repitió Saint-Just, casi anonadado por el retorcimiento mental de Robespierre, y tratando de complacerle para ganarse otra vez el favor de su amo.
—El siguiente paso lo darás tú, Louis. Localiza a todas las personas de esta lista. —Robespierre sacó un papel doblado del bolsillo interior de su chaqueta—. Pero no las apreses hasta que yo dé la orden. Que estén vigiladas sin que lo perciban. Hay que evitar pasos en falso. Si alguna intenta huir, porque haya

podido enterarse de algo o haya olido el peligro, que la capturen simplemente y la retengan en un lugar seguro. Todo debe quedar en suspenso mientras no lleguen los herederos. No quiero espantar a nuestros pajarillos antes de que entren en la jaula.

Saint-Just obedeció al punto. Ahora echaba de menos la ayuda de Toussaint Conroy, aunque sólo por razones prácticas; era un hombre muy eficiente en su trabajo. Por lo demás, no sentía ninguna lástima de su muerte. La lista de Robespierre contenía trece nombres. Dos de ellos estaban tachados: Maximilien de Lorraine, ya en su poder, y La Fayette, fuera de su alcance por el momento. Como tercer máximo mandatario del Priorato figuraba un tal Ambrose d'Allaines, letrado. Robespierre había anotado al margen que éste no se encontraba en su domicilio, y sus órdenes eran que el lugar quedara bajo vigilancia para el caso de que a Ambrose se le ocurriera regresar.

Los restantes diez nombres eran los de siete varones y tres mujeres. Se trataba de personas de cierta importancia, pero sin llegar a las cotas más altas de la popularidad. Salvo una actriz, que triunfaba en París y que hacía despertar entre el público masculino, por sus encantos físicos, grandes y acalorados entusiasmos. Casi todos los demás vivían, como ella, en París. Sólo tres residían en las afueras de la ciudad.

Todos habrían de morir. Cuando se les pudiera apresar, serían conducidos a la sede del Priorato, una casa situada en la Place du Châtelet, junto al Pont au Change, muy próxima a la Île-de-la-Cité. Y allí serían ajusticiados. Robespierre tenía en mente algo especial para ellos.

Calais, norte de Francia, 1794

El mar estaba volviendo a la calma, aunque las últimas horas en el canal habían sido de tormenta, con fuerte oleaje y lluvia. Cuatro hombres, tres jóvenes y uno ya maduro, descendieron del pequeño barco que los había llevado a tierras francesas desde Dover, en Inglaterra. Eran los herederos del Linaje y su escolta. Habían sido llamados por el Gran Maestre del Priorato, Maximilien de Lorraine. En su carta se les urgía a acudir a Francia de incógnito, sin levantar sospechas, pues la situación aún no aconsejaba darse a conocer, y la guerra que se sostenía con Inglaterra inducía también a la extrema cautela. No obstante, les había sido garantizado que todo estaba listo para dar el golpe definitivo por el que quedaría instaurada una nueva monarquía en el país, heredera de los príncipes merovingios que antaño la gobernaran.

Nada más verles desembarcar en el muelle, Saint-Just no tuvo dudas de que eran ellos. Retrocedió entonces hasta una zona de sombra en la que le esperaban varios hombres, policías de la República. Eran diez, bien armados, que a una señal suya se abalanzarían sobre los descendientes y quien los acompañaba.

Pero algo falló. Un hombre robusto, de rostro cubierto, armado con sendas pistolas que blandía en sus manos, apareció de improviso y alertó a los recién llegados del peligro. ¿Quién sería aquel loco que se atrevía a enfrentarse a una decena de aguerridos hombres? Saint-Just se dijo que el embozado no tenía ninguna posibilidad de vencerlos aunque se le unieran el acompañante de los muchachos y ellos mismos. Pero la idea del inesperado jinete no era luchar contra los hombres de Robespierre.

En medio de la confusión y de los disparos de unos y otros, el embozado logró llevar a los cuatros hombres hasta unos caballos. Estaban ya listos, a punto para salir al galope. Segundos después, escaparon ante la mirada perpleja de Saint-Just. Ésta se transformó en otra de impotencia cuando vio a varios caballos de sus hombres, y al suyo propio, en un charco de sangre, relinchando de un modo agónico. El jinete había dirigido sus disparos hacia ellos y no hacia los hombres de Saint-Just. Y los caballos que se habían salvado huían ahora despavoridos, tras conseguir romper las cuerdas que los ataban a unos postes. Le habían derrotado por segunda vez, y ya sólo pensaba en el temible castigo que iba a reservarle el ciudadano Robespierre, su señor.

Lo que nadie percibió, ni Saint-Just ni el encapuchado desconocido ni el militar que escoltaba a los herederos del Linaje, o ellos mismos, fue que otro hombre a caballo sí se lanzó en su persecución. Aunque lo hizo de lejos, a una distancia prudencial. No pretendía darles caza; tan sólo seguirles y averiguar adónde se encaminaban.

Era el hermano menor de Toussaint Conroy, de nombre Jacques. Robespierre sabía que su astucia no era inferior a la de su hermano. Además, la muerte de éste y las circunstancias que la rodearon le harían esmerarse especialmente en este trabajo, y Jacques Conroy tampoco le iba a la zaga a Toussaint en falta de piedad, en crueldad fría e inmisericorde, aun sin necesidad de ser espoleado por el deseo de venganza. Cuánto más si lo era. Únicamente su falta de paciencia le hacía inferior a su hermano. Por otra parte, Jacques lo superaba en arrojo, y una cosa podía compensarse con la otra.

Dunkerque, norte de Francia, 1794

Los cuatro fugitivos más el hombre que los salvó de caer en las garras de Robespierre llegaron a la antigua iglesia de Sant-Éloi, donde los esperaba un sacerdote. Entraron directamente al patio trasero, sin bajar de sus monturas. La puerta se cerró tras de ellos convirtiéndolos en fantasmas. Sus huellas quedaron borradas como si nunca hubieran estado allí afuera.

Pero alguien sabía que sí estaban allí, en Dunkerque: Jacques Conroy.

Había que actuar deprisa. El joven Conroy sabía que aquellos hombres pasarían la noche en la iglesia, y que seguramente partirían hacia la frontera con Flandes a la mañana siguiente, muy temprano. Esperó unos minutos y luego abandonó el lugar. Su intención era dar el aviso a los soldados de una guarnición cercana. Llevaba encima salvoconductos y documentos oficiales, con el sello del mismo Robespierre, para que no vacilaran en hacer cuanto les pidiera.

La fatalidad y la suerte lucharon esa noche, y ninguna de las dos obtuvo la victoria total. Cuando Conroy regresó, acompañado de una veintena de soldados, los supuestos herederos de Cristo se habían marchado con quien los custodiara en Inglaterra. Su plan no era pasar allí la noche, como él había supuesto. Las prisas y la arrogancia de Conroy, que jamás sospechó que pudiera equivocarse al juzgar la situación, hicieron que no encontrara en Saint-Éloi más que al hombre encapuchado que actuó en el muelle de Calais y dejó en ridículo a Louis de Saint-Just.

Él seguía allí cuando llegaron los soldados. Era el párroco de aquella iglesia. Por eso no la abandonó a pesar del riesgo, como un capitán que nunca huye aunque se esté hundiendo su navío. Y el párroco tenía otra razón para quedarse, una mucho más poderosa. Él estaba consagrado a velar por el verdadero Linaje de Cristo. Era el Protector de un hombre y su familia, su esposa e hijos; personas en apariencia corrientes, que, sin embargo, eran los auténticos herederos de Jesús. Ni ellos mismos sabían nada, y vivían por eso como simples agricultores, cerca de Dunkerque. Pero su verdadero ser seguían llevándolo dentro, pues la nobleza o la valía no la dan los escudos ni las armas, ni demuestran el fondo de un hombre los ropajes que viste.

Afortunadamente, y por un inexplicable aunque poderoso mal presentimiento, antes de la llegada de Conroy el Protector había encomendado a su sobrino un vital encargo. Este joven muchacho era de su total confianza, y aunque no sabía nada del Linaje, cumpliría a toda costa dicho encargo: llevar un libro envuelto en piel y dentro de un pequeño cofre de metal al castillo de Gisors, y allí esconderlo en una capilla secreta y oculta bajo su patio.

Cuando el Protector sintió los golpes de los soldados en la puerta de su iglesia, se dijo que hoy iba a cobrar sentido algo que había hecho meses antes de esa noche. Entonces, él tomó una decisión enormemente difícil. Tuvo muchas dudas al respecto. Le rogó a Dios que le ofreciera su consejo, que resolvería por él su dilema: ¿Debía seguir la tradición o no? ¿Debía acatar el mandato expreso de todos sus antecesores, desde Leonardo da Vinci, o debía confiar en lo que su corazón le demandaba? Durante casi trescientos años, los Protectores habían sido los únicos en conocer el secreto del auténtico Linaje Sagrado. Cada uno de ellos, todos hombres de corazón puro y noble, hombres dispuestos a admitir la enorme responsabilidad que el secreto conllevaba, le transmitió a su sucesor, y sólo a él, lo que sabía. Pero ¿y si la cadena, esa cadena única, llegaba a romperse? Ésta era la pregunta que lo había atormentado, y la que le llevó a decidir crear una nueva cadena, oponiéndose a todas las incuestionables y juiciosas razones en contra que habían conseguido mantener el secreto del Linaje durante tres siglos, y en las que él creía. La nueva cadena sería un libro, en una de cuyas páginas se mostraría el modo de encontrar el más secreto reducto de los Protectores, un lugar conocido únicamente por ellos: la capilla de Santa Catalina del castillo de Gisors. Aunque no lo haría de una manera evidente. Sólo un iniciado, alguien de auténtica valía, debería ser capaz de llenar con sus conocimientos y su perseverancia los espacios en blanco y las trampas que el Protector pensaba dejar a propósito. Cuando escribió su libro, fue consciente, y seguía siéndolo ahora, de que constituía un desafío a la Providencia. Y hoy iba a morir. Que así fuera. Iba a pagar con su vida tal arrogancia. Las cuentas con el Destino quedarían saldadas, y éste se encargaría de recuperar del olvido el Linaje Sagrado, haciendo que se juntaran algún día el libro y un desconocido, aún sin nombre ni rostro, que, en el futuro, encontraría lo que su fiel sobrino llevaba ahora a la capilla. Así lo esperaba el Protector, que quiso llamar a su libro *Señales del Cielo*.

51

París, 2004

Catalina estaba en su hotel de París, sentada sobre la cama. La entrevista con el representante del Priorato, con Marcel, había sido reveladora. Le dijo que no se había tragado una sola palabra suya, pero eso no era completamente cierto. Sí creía que Plantard y Chérisey se habían inventado el misterio –que ya no era tal– de Rennes-le-Château, y quién sabía cuántas cosas más. Ahora sí lo creía. ¿Cómo podría no hacerlo si un portavoz del mismo Priorato se lo había confesado a la cara? Pero no creía la otra parte de su historia, en la que afirmaba que los embustes de aquellos dos personajes estuvieran destinados a proteger una verdad oculta y exclusiva. Eso era una patraña. Lo sentía en la carne. Seguramente, todo empezó con una pequeña mentira. Catalina imaginaba a Plantard y Chérisey diciéndose «¿Y por qué no seguir, por qué no contar una mentira más? Si se han tragado ésta; la gente es tan crédula...». Y así, una tras otra, se fueron juntando mentiras durante veinte años, que ayudaron a extender y a hacer creíbles escritores y periodistas de buena fe. Al final, sin embargo, todo reventó, como no podría ser de otro modo: es fácil apilar mentiras, pero cuantas más se juntan más complicado es que se mantengan estables. Así, investigadores rigurosos e independientes empezaron a descubrir fracturas, contradicciones, hechos poco o nada probados en los que se basaban verdades supuestamente inmutables. A ello contribuyó la osadía de Plantard y Chérisey, que después de tantos años de falsedades bajaron la guardia, ideando relaciones y hechos cada vez más enrevesados y absurdos. ¡Plantard hasta llegó a afirmar que era descendiente directo de Cristo!... Pero les descubrieron, descubrieron su montaje. ¿Y qué es lo único que podía decir el Priorato en su defensa? Que todo era una cortina de humo para cubrir la verdad. Claro.

Catalina no se lo tragaba. Creía haber desvelado la verdad sobre su abuelo, y es cierto que la verdad nos hace libres, pero no tiene por qué gustarnos. Estaba tremendamente decepcionada. Todo era mentira. El Priorato de Sión era una mentira de principio a fin. A su abuelo le habían engañado, y lo que él quería hacerle encontrar no pasaba de ser una falacia más, un espejismo, otro Rennes-le-Château. Le daban ganas de llorar, pero se contuvo sin saber muy bien por qué. Estaba sola, nadie la vería hacerlo, nadie estaba allí a su lado para intentar consolarla.

—Patrick… —murmuró.

Catalina dio un salto hacia la puerta de la habitación, y cayó en los brazos de Patrick en cuanto él entró.

—Tranquila, no pasa nada. Ya estoy aquí.

Se había dado mucha prisa en llegar. Catalina le había llamado sólo cuarenta minutos antes. Tenía que haber dejado enseguida lo que estuviera haciendo y conducir a toda prisa desde Gisors para haber llegado tan pronto.

—Gracias por venir —dijo Catalina.

—Eh, vamos, ¿para qué están los amigos? Cuéntame qué pasa y por qué están tan tristes esos preciosos ojos verdes.

—Creo que a mi abuelo le engañaron. Seguramente durante años. Y quizá hasta le sacaron dinero a base de mentiras. Creo que pudieron llegar a revolver sus cosas después de muerto, quizá para encontrar, no sé, una llave de un cofre de su casa donde él pudiera tener dinero y del que le habló a alguno de los que le engañaron… No sé. Algo.

—Está bien. Es mejor que nos sentemos aquí y que me lo cuentes todo desde el principio, ¿de acuerdo? —sugirió Patrick, conduciéndola a unos butacones junto a la ventana.

Catalina le hizo caso, y empezó a relatar, en detalle, todo lo que había hecho desde su llegada a París cuatro días antes: su encuentro con D'Allaines, el inesperado contenido de los sobres lacrados y las insólitas circunstancias que los rodeaban; su decisión de pasar el fin de semana en Gisors, para intentar averiguar algo sobre el desconocido que era su abuelo y benefactor; lo que fue descubriendo sobre los diversos objetos entregados por su abuelo, y sobre él mismo, gracias sobre todo a Albert y Marie; sus múltiples reflexiones, recogidas en las Listas De Verdades y Suposiciones Absolutas; el inicio de las sospechas de que su abuelo no estuviera loco después de todo, y de que quizá hubiera encontrado durante la II Guerra Mundial algo de gran relevancia sobre el Priorato de Sión, en la capilla de Santa Catalina; la revelación de D'Allaines y de Albert que parecía indicar que alguien estuvo hurgando entre las pertenencias de su abuelo muerto; su encuentro con el representante del Priorato y su esperanza de que éste le llevara a creer que no era una completa farsa, que había en él algo de verdad... Todo. Le contó absolutamente todo.

—¿Te sientes mejor ahora? —dijo, al que en varios momentos de la narración de Catalina le habían brillado los ojos. Con una exaltación inútil, pensaba ella, pues, como le anticipó, los hechos conducían a una gran mentira.

—Sí, creo que estoy un poco mejor.

—¿Crees, sólo? Vamos, quiero ver una de esas sonrisas tuyas capaces de derretir un corazón. —Catalina mostró una expresión tímida—... Puedes hacerlo mucho mejor. ¿O vas a obligarme a pedirle al gerente que encienda la chimenea del vestíbulo? No sé si lo sabes, pero hoy ha empezado el verano y hay por lo menos treinta y cinco grados a la sombra ahí fuera...

Esto sí consiguió arrancar una sonrisa franca de los labios de Catalina, tras lo cual Patrick la besó en la mejilla con dulzura.

—¡Así me gusta! Y esta vez soy yo el que va a hacerte una proposición deshonesta. No conoces París, ¿verdad? Pues aquí tienes a un guía abnegado, competente y exclusivo. ¿Qué me dices?

—¿El *tour* incluye almuerzo y cena?

—¡Por supuesto!

—Entonces el abnegado guía acaba de conseguir un cliente. Dame media hora para ducharme y cambiarme de ropa.

—Concedida.

Cuando Catalina salió del cuarto de baño, Patrick seguía sentado en el mismo lugar. Lo encontró releyendo las anotaciones de ella y observando los objetos legados por su abuelo, muy serio y concentrado.

—Todo eso ya no sirve para nada —afirmó Catalina—. Puedes tirarlo por la ventana, si quieres.

Él levantó la cabeza, sobresaltado, con un aire culpable que sólo duró una milésima de segundo. Señalando con los papeles hacia la ventana, dijo:

—¿Estás segura? Como base para una novela de misterio, estas cosas no están nada mal.

Catalina notó que Patrick tenía los ojos clavados en su cuerpo. Había salido del baño cubierta sólo por una toalla blanca del hotel, demasiado pequeña, que apenas lograba cubrir una estrecha franja entre la parte superior de sus pechos y unos pocos centímetros por debajo de la zona púbica. Algunas gotas de agua aún le escurrían por las piernas largas y bien torneadas, y el cabello mojado le caía sobre los hombros y le cubría parte del rostro, resaltando el atractivo de sus facciones y sus ojos verdes, que parecían emitir una luminiscencia exótica, casi animal.

—Yo... eh, es mejor que salga, para que puedas vestirte —dijo Patrick, sin quitarle los ojos de encima.

—A mí se me ocurre una idea mejor —dijo ella, susurrando.

Se quitó la toalla, abriéndola muy lentamente para dejar a la vista su magnífico cuerpo desnudo, con una piel ligeramente tostada, de una suavidad infinita, que ahora parecía arder: la toalla fue a parar al suelo, olvidada; el cabello mojado le cayó entonces sobre los pechos, llenos, perfectos, con los pezones duros apuntando hacia arriba; la curva del vientre y la cintura perfectamente delineadas, el ombligo alargado en una grieta obscena, precipitándose en un pubis arreglado, de cabellos intensamente negros y algo rizados, que rodeaban a la dulzura de su sexo.

Patrick hizo amago de incorporarse, pero Catalina se lo impidió levantando la pierna derecha y poniendo un pie desnudo sobre su pecho. Eso dejó a la altura de sus ojos el sexo de ella. Patrick tragó saliva con un chasquido sonoro.

—Yo... no... puedo —intentó una vez más, ya vencido.

Catalina le dijo que sí podía. Lo hizo sin pronunciar una sola palabra, asintiendo una vez con la cabeza, con un gesto de arrebatada anticipación de placer, los labios húmedos medio abiertos en un sordo gemido.

Retiró el pie del pecho de Patrick y se arrodilló delante de él, entre sus piernas. Empezó a desabrocharle el cinturón, sin dejar de mirarlo con esos ojos verdes, donde brillaba con más fuerza que nunca un ardor animal. Torpemente, Patrick terminó de bajarse los pantalones, que quedaron arrugados y fláccidos en torno a sus pies. Pero no había nada fláccido entre las piernas del irlandés. Su miembro estaba completamente erecto, y él le dirigió una mirada casi de espanto, nada comprensible, que no hizo sino aumentar el ardor que sentía Catalina; un ardor que le quemaba todo el cuerpo y le hacía retorcerlo suavemente, de un modo felino capaz de volver loco al más frío de los hombres. Ella puso ahora la cabeza entre las piernas de Patrick, y agarrándole el miembro empezó a sacudirlo arriba y abajo con un creciente frenesí, gimiendo ella también al mismo tiempo que Patrick, como si entre ambos se hubiera establecido un enlace de indescriptible placer. De repente, Catalina paró, arrancando de la garganta de Patrick un lastimero quejido de disgusto. Pero no había terminado. Era sólo que había llegado el turno de ella. Con sus movimientos felinos, ella se colocó de pie sobre los brazos del sillón. Entonces agarró con delicadeza, pero de un modo firme, la cabeza de Patrick, y la condujo hasta su sexo. Por un instante pareció que él no sabía qué hacer, pero luego se afanó en su tarea, haciendo redoblar los gemidos de ella, que resonaron en el silencio de la habitación. También de repente, Catalina se apartó, dejándose luego caer sobre el miembro de Patrick. Y conduciéndolo dentro de ella con su propia mano, emitió un largo gemido cuando la penetró. Era un gemido donde casi había dolor, acompañado de un escalofrío de placer que le recorrió la espalda. Catalina empezó a subir y a bajar, muy lentamente primero, y luego progresivamente más rápido, hasta que el movimiento adquirió una cualidad casi fanática, compulsiva, entre jadeos y gemidos de ambos. Todo acabó con un nuevo grito de placer, casi un aullido, primero de él y un poco después de Catalina, que todavía siguió arriba y abajo, entre pequeños estertores, ecos del placer de su orgasmo. Por fin, Catalina se detuvo, y se dejó caer sobre el pecho agitado de él, que ascendía y bajaba con un movimiento rápido, el corazón en una trepidante carrera ya concluida.

Catalina estiró el brazo izquierdo, buscando a tientas el cuerpo cálido y fuerte de Patrick. Estaba boca abajo sobre la cama, con los ojos cerrados. Al no encontrarle levantó la cabeza de la almohada en un movimiento perezoso, y luciendo la expresión satisfecha que siempre seguía a una buena, gratificante y saludable relación sexual. Ya con los ojos abiertos, comprobó que él no estaba en la cama. En el lado donde se había acostado junto a ella quedaba sólo un hueco frío de sábanas blancas y arrugadas.

—¿Patrick?

Catalina le llamó dándole al simple nombre una carga de deseo. Ella no era ninguna ninfómana, ni nada parecido, pero quería tenerlo otra vez dentro de ella. Hacer el amor con Patrick había sido fabuloso. Y un poco extraño también. En varias ocasiones, Catalina tuvo la absurda impresión de que él no sabía qué hacer, como si en vez de tratarse de un hombre maduro y experimentado fuera un adolescente, temeroso ante su primera vez. Fue algo extraño, sí, pero también absolutamente insólito, nuevo, delicioso. Ella no había sentido un placer tan intenso desde... No sabía. Desde una de las primeras veces que hizo el amor, quizá.

Se levantó y fue a mirar. Él no estaba en el cuarto de baño. Se había marchado, dejándola allí durmiendo. La atravesó una punzada de despecho. ¿Cuántas veces le había pasado esto? ¿Nunca escarmentaría? Empezó a despotricar en voz alta, renegando de todos los hombres, llamándolos egoístas, interesados, falsos, mentirosos. Y entonces vio la nota. Estaba encima de la mesilla, bien a la vista. Era una hoja arrancada de un bloc, con el logotipo del hotel en la parte superior:

Ha sido maravilloso. Nunca había sentido algo así. Nunca, te lo aseguro. No imaginas lo que me ha costado dejarte, pero me han llamado de la oficina. Ha surgido un problema muy grave y no he tenido más remedio que marcharme. Nos veremos en cuanto pueda escaparme. Te llamo luego. No quiero despertarte. Duermes tan plácidamente...

Todos los besos del mundo,
Patrick

No había oído sonar ningún teléfono, pero eso no le extrañaba. Era cierto lo que él decía: había dormido plácida y profundamente. Al final, quizá no todos los hombres fueran unos egoístas interesados falsos y mentirosos. Patrick no lo era. Y eso le bastaba.

La nota no sólo le había hecho recuperar a Catalina el buen humor, sino que, como ocurre siempre cuando se supera una decepción, todo le pareció aún mejor, *de color de rosa*. Y ahora tenía hambre. Decidió arreglarse e ir a almorzar. Era una lástima que Patrick no pudiera acompañarla. Se le ocurrió llamarle por teléfono, para saber si aún iba a tardar mucho, pero decidió que era mejor no hacerlo. Él había dicho que la llamaría en cuanto pudiera. Catalina estaba segura de que lo haría. ¿Para qué molestarle, entonces, cuando puede que se encontrara reunido o con algún cliente, tratando de resolver el problema que había surgido? Decidido: comería ella sola en el restaurante del hotel.

Estaba en la ducha cuando sonó su teléfono móvil. Se apresuró a cerrar el grifo e ir a contestar. Salió mojada, dejando un rastro de huellas húmedas en el suelo del cuarto de baño y en la moqueta de la habitación, de camino hasta la mesa en la que reposaba el aparato.

—¿Sí? ¿Patrick? —Pensó que era él.

—Si quiere saber cómo murió realmente su abuelo, encuéntrese conmigo en la puerta del hotel dentro de diez minutos.

A la voz fría y desconocida del hombre que había hablado le siguió el chasquido de un auricular colgándose, y luego el monótono pitido de la línea. Catalina escuchó ese sonido durante diez segundos completos. Pasmada. Sin creerse todavía lo que acababa de oír. El teléfono empezó a emitir unos sonidos más altos e intermitentes, y ella por fin colgó. Se sentó en la cama, mirando con expresión vacía al aparato. ¿Quién podía ser ese hombre? ¿Qué quería decir con lo del modo en que murió realmente su abuelo? Pensó que la historia de su abuelo había llegado a su fin, que no quedaba ya nada por descubrir, salvo lo que éste había ocultado para ella. Y, como era obvio, eso no merecía la pena buscarlo.

Varios recuerdos volvieron a su cabeza como un torbellino: teorías, hipótesis, descubrimientos. Según le habían contado, su abuelo se salió de una carretera en la sierra de Madrid. Fue en un tramo recto, con buena visibilidad, pero iba demasiado rápido. El abuelo Claude tenía el pie pesado, y esa vez se excedió. Fue un desgraciado y estúpido accidente de tráfico más. Pero, la noche anterior, a Catalina se le había ocurrido una idea que ni siquiera se atrevió a considerar, la de que no hubiera sido un accidente; no uno vulgar, al menos, sino el resultado de… ¿una persecución, quizá? Su abuelo, el paranoico, huyendo de sus perseguidores.

Y ahora esto.

Ahora un desconocido acababa de llamar por teléfono para preguntarle si quería saber cómo murió realmente su abuelo. De no haber colgado de repente, Catalina le habría dicho, le habría gritado al desconocido: «¡Claro que sí, por amor de Dios! ¡Hable de una vez!».

No tardó ni dos minutos en vestirse y salir a la calle. Se quedó en la puerta del hotel, inquieta, mirando a todas partes absurdamente, pues no conocía el rostro de la voz con la que había hablado. Nada ocurrió durante esos diez minutos. Ningún desconocido se le acercó a preguntarle, con voz profunda, «¿La señorita Penant?» –en su cabeza, imaginaba al hombre ataviado con gabardina y sombrero, el atuendo de los espías de las películas; ¡qué idea más tonta cuando había por los menos treinta grados de temperatura!

Transcurrió el tiempo, y Catalina no comenzó a impacientarse. Porque ya estaba impaciente. Lo que ocurrió fue que estaba empezando a desesperarse. Vio a un coche girar en una calle próxima y tomar la de la entrada del hotel. El vehículo se detuvo justo a su lado.

–Suba. ¡Deprisa! –apremió el conductor. Y Catalina obedeció.

Nada más ocupar su asiento en el lugar del copiloto, el coche reinició su marcha.

–¿Quién es usted? –preguntó ella.

–Eso no importa.

Quizá fuera verdad. Pero había otras cuestiones que sí importaban.

—¿Qué sabe usted sobre la muerte de mi abuelo? ¿No fue accidental?
—No —respondió el hombre sólo a la última pregunta—. No sea impaciente. Muy pronto lo sabrá todo.
¿Que no fuera impaciente? ¡Menuda estupidez!
—¿Adónde vamos?
—A un sitio tranquilo y seguro.
El desconocido echó un largo vistazo al retrovisor. Catalina lo notó y se volvió hacia atrás para ver qué estaba observando con tanto interés.
—¡¿Cree que alguien puede estar siguiéndonos?!
—Deje de mirar para atrás.
A Catalina le pareció que esa respuesta significaba un sí. Y ella aceptó este hecho con una sorprendente tranquilidad. Recordó el coche sospechoso que había ido detrás de ella desde Gisors, y que se había desviado a veinte kilómetros de París.
—¿Quiénes son?
—Eso tampoco importa.
Era evidente que el hombre no iba a desembuchar hasta que le diera la gana, así es que no valía la pena insistir.
—Dígame al menos su nombre.
El desconocido giró la cabeza y la miró fijamente durante un segundo.
—Pierre.
Pierre, claro, como veinte millones de franceses. Y ella era Catalina de Aragón…
Con los dos en silencio, Pierre, Pierre a secas, tomó una autopista de salida. Se dirigía a las afueras, en dirección a Versalles. Progresivamente, el paisaje urbano fue dando paso a edificios cada vez más dispersos. Luego a polígonos industriales, y finalmente a un híbrido a medio camino entre el campo y la ciudad, una tierra de nadie que no pertenecía ni al uno ni a la otra. Allí, Pierre se salió de la carretera principal y se dirigió por un camino de tierra que se adentraba en un descampado. Sólo entonces, Catalina tomó conciencia de dónde estaba y de qué había hecho: montarse en el coche de un completo desconocido que le había dado un nombre falso, casi con toda seguridad, y que ahora la

llevaba por un lugar desolado en el que no se veía ni un alma. Sintió la urgente necesidad de llamar por teléfono a Patrick, de decirle a alguien dónde estaba.

—¿Qué va a hacer con ese teléfono? —preguntó el hombre.

—Voy a llamar a un amigo. Había quedado con él, ¿sabe? Se me había olvidado totalmente, y quería avisarle de que no voy a poder verle.

Pierre detuvo el coche en medio del camino seco y polvoriento. Con el brazo izquierdo apoyado en el volante, y el codo del derecho en el asiento de Catalina, dijo:

—Es mejor que no llame a nadie. —Cogió el teléfono de entre las manos temblorosas de Catalina, lo apagó y se lo guardó en el bolsillo de la camisa—. Salga del coche.

—¿Quién es usted? ¡¿Qué me va a hacer?! —exclamó Catalina atropelladamente, de pronto aterrada.

—Salga.

Ella obedeció. Pierre tuvo que abrirle la puerta, porque los temblores de su mano se habían hecho más fuertes y no acertaba con la manilla.

—¡¿Va a matarme?! ¡¿Por qué?! Yo... no hecho nada... ¡Yo no sé nada! —añadió, con voz suplicante, y se puso a llorar.

Sin la menor compasión, mostrándose, en cambio, irritado por sus atemorizados lamentos, Pierre le ordenó:

—Cierre la boca y métase ahí dentro.

Se refería al maletero del coche, que acababa de abrir.

—Pero, yo...

—¡Métase en el jodido maletero! ¡Ahora!

Venciendo las náuseas que la invadieron de puro pánico, por temor a que sus vómitos llevaran al hombre a matarla allí mismo, Catalina hizo lo que le ordenaba y se metió en el maletero, encogiéndose dentro en posición fetal. El portón se cerró con un ruido metálico y el mundo se hizo tinieblas.

La oscuridad dentro del maletero era absoluta. Catalina tanteó a ciegas con las manos y llegó a la conclusión de que se hallaba vacío. Estaban de nuevo en movimiento. No sabía adónde la llevaban, pero estaba viva. Gracias a Dios, aún seguía viva. Todavía aterrada, pero un poco más tranquila, se preguntó cómo pudo ser tan estúpida, cómo se le había ocurrido irse sin más con un desconocido que quizá perteneciera a los mismos de los que trató de escapar su abuelo. ¿Iba a sufrir también ella un accidente? Y esta estupidez podría ser la última de su vida.

Por el cambio en el ruido de los neumáticos dedujo que habían abandonado el camino de tierra y vuelto a la carretera. No es que eso sirviera de mucho, porque, como era obvio, resultaba imposible saber en qué dirección iban. Y tampoco es que esto tuviera ninguna importancia, en el fondo. Sólo pensaba que, mientras no se detuviera el sonido de las ruedas sobre el asfalto, mientras el coche no parara, todo iría bien, le quedarían esperanzas de sobrevivir. Porque cuando el ruido cesara y el coche volviera a pararse... No quería pensar en ello... Pero tenía que centrarse, recuperar la calma y pensar en una salida, en una solución.

No se le ocurrió nada durante un buen rato. De hecho, por absurdo que resultara, creía que estuvo dormida, o quizá sin sentido, durante unos minutos, acunada por el vaivén de la carretera. La resistencia de su mente y de su cuerpo había tocado fondo. Necesitaba esos minutos para recuperar un mínimo de energía.

El corto e inquieto sueño le despejó algo la mente. Aunque no mejoró el estado de su cuerpo, que empezaba a entumecérsele. Por suerte, se le había ocurrido una idea. Surgió de repente, diáfana. Había una posibilidad entre mil de que resultara, pero valía la pena intentarlo. Una vez más tanteó en la oscuridad, buscando ahora los cables de los faroles traseros. Después, con mucho cuidado porque ignoraba si podía electrocutarse, arrancó todos los que estaban a su alcance. Con ello esperaba que dejaran de funcionar los intermitentes y, sobre todo, las luces de freno. Esto debería atraer la atención de alguna patrulla de tráfico (había visto una cosa similar una vez en una serie televisiva de Hitchcock). En el peor de los casos, la falta de luces de freno podría provocar un accidente de tráfico, que en este caso sería afortunado, siempre que ella no muriera aplastada dentro del maletero. De todos modos, estaba dispuesta a asumir el riesgo.

Pero las novecientas noventa y nueve restantes posibilidades triunfaron sobre la única que estaba de su lado, porque no sucedió ni lo uno ni lo otro. El coche seguía su marcha sin ningún contratiempo y a ella no se le ocurría qué más podía hacer. Pensó en rezar, y hasta comenzó una oración; la fe acude rauda cuando aparece el miedo a la muerte. Pero se interrumpió a la mitad. No quería darse por vencida. Con mucha dificultad, porque ahora su cuerpo estaba entumecido del todo, se encogió y logró ponerse boca arriba. En esa posición, situó los pies contra la puerta del maletero y se puso a empujar con todas sus fuerzas.

La esperanza llenó su corazón como agua fresca cuando vio que cedía con un fuerte cloc. Dejó de hacer presión y escuchó, rogando para que Pierre no lo hubiera oído. Al ver que el coche no paraba, continuó empujando. La cara se le puso roja por el esfuerzo. Notaba todos los músculos de su cuerpo tensos.

Fue entonces cuando un gran ruido metálico la sobresaltó. El portón seguía cerrado, firme ante la presión ejercida sobre él. Pero si el estrépito no lo había causado la cerradura al partirse, ¿cuál era el origen del fuerte ruido?

La respuesta fue un nuevo quejido metálico, acompañado de una fuerte sacudida. Catalina se aplastó contra un lado del maletero y aulló de dolor. ¡Estaban golpeándolos con otro coche! Sólo podía ser eso. Otro choque y nuevas sacudidas se lo confirmaron. Este tercer impacto fue todavía más duro que los anteriores, pero, Catalina, ya prevenida, consiguió no hacerse tanto daño.

Sintió que Pierre perdía el control. Era capaz de imaginarse su cara de espanto y sus manos crispadas sobre un volante que no respondía, mientras el vehículo derrapaba fuera de control entre el chillido de los neumáticos. A Catalina le invadió una loca exaltación. Ella también iba dentro del coche, y no tendría muchas opciones de sobrevivir si acababa volcando y dando vueltas de campana, o chocando contra algo. Aun así, gritó con todas sus fuerzas:

—¡DALE FUERTE A ESTE HIJO DE PUTA!

Pierre consiguió dominar el coche, sin embargo, para desconsuelo de Catalina. Ella no estaba segura de a quién iba dirigida su poco ortodoxa plegaria, aunque el otro vehículo sólo podía ser de la policía. A nadie más se le ocurriría emprenderla a golpes contra un coche. Su plan de cortar los cables había funcionado, después de todo. Era probable que la policía le hubiera hecho señales de luces a Pierre, para mandarle parar, y que éste no se hubiera detenido por razones obvias. Eso habría desencadenado la fuga, y ahora los policías, que ignoraban la presencia de ella en el maletero, estaban tratando de hacerle parar por la fuerza.

—Gracias, Hitchcock —murmuró Catalina justo antes de un nuevo impacto. Si el director inglés apareciera allí de repente desde el más allá, le cubriría de besos.

Un cuarto choque fue el definitivo. Otra vez, el coche se deslizó sin control por la carretera, y ahora Pierre no logró enderezarlo. Catalina empezó a dar violentos tumbos dentro del reducido espacio del portaequipajes, entre un chirrido infernal producido por las ruedas al frenar en el asfalto y el barullo de plantas y piedras contra los bajos del coche cuando éste se salió de la carretera.

Por suerte para Catalina, Pierre logró evitar que el vehículo volcara. Durante todo el tiempo, desde que se produjo el último choque hasta que el coche por fin se detuvo, ella no paró de gritar. En el repentino silencio, el chillido que ni siquiera lograra oír un segundo antes, le retumbó en la cabeza casi provocándole dolor. A este grito de pánico le siguió otro de lamento, mucho más bajo, que interrumpió al oír ruidos en el exterior: un forcejeo, ¡disparos! Y luego...

Silencio.

Cuando alguien abrió la puerta del maletero, Catalina sintió miedo. La luz la cegaba, impidiéndole saber si era Pierre o su salvador. Sintió un enorme alivio al reconocer la voz ansiosa, llena de inquietud, que le preguntó:

—¿Estás bien? ¡Por amor de Dios, dime que estás bien!

—¿Patrick? ¡¿Eres tú, Patrick?!

—Sí, soy yo.

Catalina empezó llorar. Aturdida, con todo el cuerpo lastimado, no consiguió salir por sí misma del maletero. Patrick tuvo que alzarla en volandas, pasándole los brazos por debajo del tronco. El irlandés la dejó en el suelo, a un lado del coche. Catalina vio que una mano lacia y ensangrentada emergía de la puerta abierta del conductor.

—¿Él está...?
—Muerto. Sí.
—¿Seguro?
—Seguro. ¡Lleváoslo de aquí! —ordenó a unos hombres que le acompañaban. Ellos sacaron el cuerpo del habitáculo y lo metieron en el maletero del coche de Patrick.
—¿Quiénes son ésos? ¿Qué vas a hacer con él?
—Son unos amigos míos. No te preocupes.
Catalina exhibió una sonrisa cansada. El hombre que la había secuestrado, probablemente para matarla, sin que ella tuviera idea del porqué, yacía muerto a dos metros de distancia, en el interior de un maletero que se cerró bruscamente. Y Patrick, el bueno de Patrick, le decía que no se preocupara. Eso no dejaba de tener cierta gracia. Seguramente dejaría de tenerla en cuanto saliera de su estado de trauma, pero en estos momentos tenía cierta gracia.

De repente, Catalina comenzó a sollozar. Y pronto estos sollozos se convirtieron en un llanto desconsolado. Se abrazó a Patrick con fuerza, ahogando la cara contra su pecho.

—Ya ha pasado todo. Todo está otra vez bien —aseguró Patrick, pasándole la mano por el cabello con dulzura.

Pero no estaba todo bien. El llanto de Catalina se interrumpió de súbito, y el cuerpo se le puso rígido. Claro que no estaba todo bien. Con los ojos mojados por las lágrimas e inyectados en sangre, levantó la cabeza y le preguntó:

—¿Cómo has podido saber dónde estaba? Tú... ¿me estabas vigilando?

Patrick se quedó pasmado. La dulzura de su expresión fue sustituida por una en la que sólo existía culpa y remordimiento.

—Yo... eh... yo llegué al hotel... y... eh... y vi que te metías en el coche de... de él... y... decidí seguiros, porque... eh...

—¡No me mientas, por favor! No me mientas tú también. —Catalina sintió nuevamente ganas de llorar. Nunca, ni siquiera en el entierro de sus padres, había sentido tantas ganas de llorar. Pero no derramó ni una sola lágrima más—. Cuéntame la verdad...

52

París, 1794

¡Sabía que los perderías! —gritó Robespierre, y acto seguido dio un terrible puñetazo en la mesa—. ¡Incompetente! ¡Despreciable inútil…!
—Ciudadano, lo siento mucho. Sólo estaba allí el cura cuando regresé con los soldados.
—¡¿Y qué me importa a mí el cura?!
Los gritos de Robespierre, dirigidos a Jacques Conroy, se podían oír fuera de su despacho en el Hôtel-de-Ville. Saint-Just también había fallado, pero con eso ya contaba el *Incorruptible*. Por ello precisamente echó mano del hermano de su fiel Toussaint. Él sí debía haber evitado que los herederos del Linaje escaparan de su garra.
Conroy escuchaba y encajaba la reprimenda con la cabeza gacha. Se había quitado la gorra que siempre llevaba puesta y que ahora retorcía entre sus manos. No tenía la culpa de todo aquello, ni debía caer sobre él toda la responsabilidad. Saint-Just también era culpable. Mucho más culpable, pensaba Conroy. Y además cualquiera hubiera pensado que los fugitivos harían noche en la iglesia de Dunkerque. Pero a Robespierre no le convenció ningún argumento. Estaba encolerizado, y la cólera no es amiga de la lógica.
—¡Fuera de mi vista! —vociferó, al tiempo que levantaba la mano con violencia. En cuanto Conroy salió de la amplia sala, se dejó caer en su sillón.
¿Qué iba a hacer ahora? Era difícil de decir. Su mente estaba ocupada por demasiados asuntos. Todo empezaba a ir mal. El peligro se cernía sobre Francia, sobre su partido, sobre sus colaboradores, sobre él mismo.

Pero no: el pueblo llano nunca permitiría que nadie le hiciera daño. El pueblo defendería a su benefactor. Sí, lo haría hasta la muerte. Hasta la muerte...
—Estoy perdido —aceptó entre dientes, aunque su cerebro se negaba a admitirlo.

Con todo, sabiéndose en un callejón sin salida, destinado a un final cruento y fracasado en su intento de destruir el Priorato de Sión y el Linaje Real, Robespierre no cejó en su fanático empeño de destruir a quienes protegían a los descendientes de Cristo en la tierra. Nunca llegó a descubrir que esas personas inocentes eran un señuelo desde tiempos de Leonardo da Vinci. Su ira y su afán vengativo estaban por encima de toda consideración racional. Aunque había perdido a los herederos del Linaje, aunque La Fayette seguía vivo, aunque no pudo hallar al letrado D'Allaines, ordenó dos cosas: que, en secreto, fuera eliminado el arzobispo y Gran Maestre del Priorato, Maximilien de Lorraine; y que todos los miembros del Priorato detenidos en Francia fueran emparedados y abandonados en el sótano de su casa de París, que sería tapiado y olvidado para siempre.

A Robespierre sólo le quedaba una salida: que los miembros de la logia masónica a la que pertenecía le salvaran, le dieran su apoyo. Los máximos dirigentes eran unos completos desconocidos. Ni el mismo Robespierre, con todo su poder, tenía la menor idea acerca de quiénes eran. Tendría que jugar fuerte si quería salvarse. ¿Y cómo? Deteniendo a los cinco encapuchados, resolviendo el enigma de sus identidades y forzándolos a actuar en su favor. Aunque antes trataría de convencerlos por las buenas, sin violencia. Él era un hombre razonable.

El templo masónico estaba oculto en una casa de una callejuela cualquiera de París, lejos de toda sospecha y en medio de ninguna parte. Robespierre llegó aquella noche solo, a caballo y embozado, arriesgándose a caer en un tumulto o ser reconocido si alguien llegaba a ver su rostro. Entró en el patio de la casa sobre su montura, y allí un criado se llevó al animal. El *Incorruptible* accedió al interior del edificio principal. Sólo allí se quitó la capa. Hacía una noche agradable, casi calurosa.

Un pasillo oscuro conducía a la antesala del templo. Era tradición entre los francmasones darles nombre a sus templos, y el de éste era Jean-Jacques Rousseau. Una gran placa de oro pulido, con el nombre grabado en admirables letras itálicas, colgaba en el exterior. Robespierre sabía que le estaban esperando. En un vestidor lateral se puso los guantes blancos, la banda cruzándole el pecho, el collar con el símbolo de su rango y el mandil de maestro, de lana blanca con los signos que así le acreditaban. Sin más preámbulos, entró en el templo. A ambos lados quedaron las columnas de Jachim y Boaz, recuerdo de aquel Jacques de Molay que pereciera quemado en 1314 en la destrucción del Temple, precisamente en Francia. A un lado de ellas estaba uno de sus hermanos masones, con la espada en alto, guardando la puerta. Longitudinalmente, en los laterales, se hallaban sentados algunos de los miembros de la logia que habían podido o se habían atrevido a acudir a la muy apresurada reunión. Enfrente, en el simbólico «Oriente» del templo, se hallaban los cinco encapuchados que nadie conocía. Robespierre dio algunos pasos hacia ellos. Les saludó con un gesto de la cabeza que más parecía amenazante que cortés. El suelo era ajedrezado y el techo azul, con estrellas. En el centro de la sala había tres columnas, con cirios blancos encendidos sobre ellas. De arriba colgaba una plomada y las paredes estaban rodeadas con una maroma llena de nudos. Al fondo, en el Oriente del templo, sobre los líderes, un triángulo con el ojo del Ser Supremo. A ambos lados, los símbolos del Sol y la Luna. Abajo, descansando en una pequeña mesa, una maza, una escuadra, un compás... Signos de los masones herederos de los míticos compañeros constructores de las catedrales medievales, convertidos ahora en intrigantes buscadores del poder. Aunque no todos los masones eran así, pues muchos sólo deseaban el mejoramiento material y espiritual de la humanidad, y sus sentimientos y anhelos eran puros, los de las esferas más elevadas, sin embargo, no solían pretender otra cosa que retener con fuerza las riendas del poder terrenal. Y lo más paradójico de todo era que aquellas logias hubieran nacido auspiciadas por el Temple, pues esta Orden pretendió en sus inicios proteger aquello que hoy trataban de destruir. Aunque no era menos paradójico que el idealista lema de la Revolución, «Libertad, Igualdad y Fraternidad», se hubiera convertido con sus actuales dirigentes en una caricatura ridícula que no promovía la irrisión sólo por la cantidad de vidas que llevaba segadas.

–Hermanos, vengo aquí a pediros vuestra comprensión –dijo Robespierre con un brillo de furia en la mirada.

No le agradaba pedir, pues estaba acostumbrado a ordenar. Y, desde luego, no tenía intenciones de acabar suplicando.

–Sabemos lo que quieres, hermano nuestro. Y tú deberías saber que no podemos dártelo –sentenció el Gran Maestro con voz firme. Era una voz hermosa, profunda, llena de sosiego.

«No podemos», repitieron alternativamente, como si se tratara de una letanía, los otros cuatro encapuchados.

–Vosotros, hermanos míos, tenéis la facultad de obrar el milagro: evitar la caída de mi gobierno para bien de la República.

–Tu gobierno no ha traído ningún bien a la República, hermano; salvo el de que, después de ti, ya nadie podrá obrar de nuevo como lo has hecho tú.

El rostro de Robespierre se había ido ruborizando hasta llegar a ponerse rojo de pura cólera.

–¡Entonces os obligaré! –gritó.

Ninguno de los presentes se movió un ápice ante la amenaza. Todos conservaron la calma en espera de la respuesta de su Maestro.

–No puedes obligarnos si nuestra voluntad es no obrar lo que nos pides.

–¡Eso lo veremos...!

El último grito del *Incorruptible* se perdió en la antesala exterior, de tan rápido como abandonó el templo con los puños apretados.

En la calle, ya sin embozo, Robespierre empezó a vociferar. Antes de partir hacia el templo había avisado a sus hombres para que, un tiempo después, rodearan sin ser vistos la casa que lo albergaba. Ahora los llamaba a voz en cuello. Ésa era la señal: los simples alaridos de su señor. Y por ello acudieron al punto, con las armas en ristre. Le siguieron al interior del templo y lo profanaron. Nadie pudo huir. La salida trasera, oculta tras una cortina negra en el «Oriente», también había sido tomada por los hombres de la policía. Los cinco encapuchados fueron instados a revelar sus identidades. Uno por uno, ante la amenaza de las pistolas, se quitaron las capuchas.

Robespierre no reconoció a ninguno de ellos. Eran para él tan desconocidos sin capuchón como cuando ocultaban su rostro bajo aquellas caperuzas negras.

–¡¿Quiénes sois, malditos?! –increpó con infinita dureza a aquellos a los que poco antes había llamado hermanos–. ¡Decídmelo!

Nunca pudo Robespierre sospechar la verdad: aquellos cinco hombres de edades maduras, pues entre ellos no había ningún joven, no eran figuras poderosas. No. Entre ellos había un pintor, un perfumista, un escritor, un letrado y un oficial del ejército. Nadie podía allí salvar a Robespierre de su destino. Nadie.

Gisors, 1794

El joven sobrino del párroco de Dunkerque detuvo su caballo frente a la muralla exterior del abandonado castillo de Gisors. Era una construcción sólida y grande, muy antigua, aunque en nada podía definirse como notable. Estaba anocheciendo, y las últimas luces del sol, antes de desaparecer en el horizonte, daban a esa parte de la muralla, y a la alta torre del homenaje, un aire ciertamente tétrico. Esa noche iba a haber tormenta. Se escuchaba el resoplar del viento, y las densas nubes, coloreadas por el sol, estaban empezando a cubrir la parte alta del cielo.

El muchacho se aseguró de que no había nadie por los alrededores y atravesó el muro con sigilo, llevando consigo su montura. Las instrucciones de su tío eran hacerlo todo sin ser visto. Aunque el castillo estaba abandonado, no ocurría lo mismo con el pueblo, y quizá algún lugareño podría verlo y sospechar algo raro. No en vano, una leyenda antigua decía que el tesoro de los malogrados templarios estaba allí, en los subterráneos, protegido por un demonio al que sólo un hombre de corazón puro podría vencer, y únicamente a las doce de la noche del día veinticuatro de diciembre... El sobrino del malogrado Protector no conocía esa leyenda, aunque su corazón era puro.

Dentro de la primera muralla había un patio. Allí ató las riendas de su caballo a un poste y siguió hacia delante. Buscaba una trampilla oculta en el suelo, en el patio de la muralla interior. La encontró, junto a la torre del homenaje, con muchas dificultades, y ello a pesar de las detalladas instrucciones recibidas. Era evidente que no estaba hecha para que la hallara cualquiera.

Una vez abierta, el joven regresó al caballo y cogió el pequeño y ligero cofre. Estaba cerrado con un pasador, sin llave. Podría abrirlo si quisiera en cualquier momento. Pero eso sería una deslealtad hacia su tío, y no iba a traicionar la confianza del hombre que lo había querido y velado por él como si fuera un auténtico hijo.

Lo que el joven no sabía, ni nunca llegaría a saber ya, es que, en realidad, era su hijo. Un hijo natural, del que un sacerdote no puede hacerse cargo.

El muchacho encendió una antorcha y empezó a descender por una escalera de caracol, con el cofre debajo del brazo izquierdo. La escalera arrancaba de la trampilla. Sus estrechos peldaños de piedra estaban sucios y mohosos. El hueco era angosto y olía a humedad; a humedad y a algo indeterminado pero desagradable: una especie de podredumbre. Sintió un escalofrío; a pesar del frescor que emergía del subterráneo no bastaba para contrarrestar el calor de la noche; a pesar también del viento, que hacía ondular la llama de la antorcha.

El ruido de un trueno aún lejano se escuchó justo cuando el muchacho desapareció en el subsuelo. Una primera gota de lluvia cayó sobre la inmutable piedra. La siguió un súbito torrente de ellas, que amenazaron con apagar la antorcha y dejarle sumido en la oscuridad. El joven se apresuró entonces a cerrar la trampilla. Al otro lado oyó el agua golpeándola, furiosa por haberse visto obligada a quedarse fuera.

La escalera se hundía hasta quince metros de profundidad. Allí partía de un lado una estrecha galería cuadrada, de un metro escaso de anchura. Para conseguir avanzar por ella, al joven

278

no le quedó más remedio que arrastrarse. Era difícil respirar aquel aire estancado y húmedo, lleno ahora todavía más de ese hedor a podredumbre. La antorcha que lo precedía le iluminaba el camino, sí, pero también le sofocaba con su humo y hacía a sus ojos llorar. No tardó mucho en sentir que empezaba a faltarle el resuello. Pero más preocupante que eso, era el hecho de notar el pánico tentándole los nervios al invadirle la sensación de estar enterrado vivo. Pero gracias a Dios, antes de que la cosa fuera a peor, llegó el final de la angustiosa galería. Ésta dio paso a un pozo vertical, por el que podía descenderse gracias a unas chapas de metal clavadas en la piedra. El último escalón lo salvó de un salto. El ruido de sus botas contra el suelo resonó en la estancia subterránea en la que ahora se hallaba.

Al darse la vuelta e iluminarla con la antorcha, el corazón estuvo a punto de salírsele por la boca, de puro miedo. Y siguió batiéndole apresurado en el pecho aun después de darse cuenta de que lo que había tomado por hombres eran en realidad estatuas de piedra. Había trece en total, dispuestas a lo largo de los muros, sobre repisas. Tampoco el suelo estaba vacío. El joven contó diecinueve sarcófagos de aspecto inquietante, además de hasta treinta arcones metálicos, que emitieron destellos bajo la luz de la antorcha. Destellos dorados y plateados.

El encargo de su tío era dejar allí la caja y marcharse. Y ahora cumplió la primera parte del mismo, dejando el pequeño cofre sobre uno de aquellos mucho más grandes. Mucho más valiosos también, sin lugar a dudas. ¿Pues qué podrían contener unos cofres como aquéllos sino un tesoro? En la mirada del joven surgió un leve atisbo de codicia. Pensó en abrir uno de ellos, coger sólo unas monedas o unas joyas; algo de lo que hubiera allí dentro. Nadie lo notaría. Podría comprarse un caballo nuevo, o quizá hasta una granja...

–¡¿Quién está ahí?! –gritó el muchacho asustado. Había oído una especie de risa. En el tono más amenazador que su voz trémula pudo emitir, insistió–: ¡Si hay alguien, estoy armado!

La respuesta fue el silencio. No había sido más que una mala pasada de su imaginación. Primero creyó que las estatuas eran hombres, y ahora su mente les había puesto una risa. Esto se dijo el joven, pero no logró convencerse a sí mismo. Negar lo evidente no iba a servirle de nada.

—¡Ja, ja, ja!

Se escuchó de nuevo la risa; esta vez una risotada estentórea. Y un sonido como de cascabeles se le unió. No le quedaban dudas. Allí había alguien, y el muchacho no estaba dispuesto a quedarse para comprobar quién era. En ese momento recordó el consejo que le dio su tío antes de enviarle para cumplir su encargo: «Si algo te perturba, no hagas caso. Y sobre todo, deja el cofre allí pase lo que pase. Es lo que quiero que hagas».

El joven corrió hacia el pozo que comunicaba con la galería. Mientras subía por él a toda prisa, con los pies fallando los escalones por el miedo, a su espalda siguieron oyéndose susurros, risas y cascabeles... Por fin arriba, casi se lanzó al interior del estrecho pasadizo. Su respiración emitía ecos inquietantes mientras avanzaba a rastras tan rápido como podía. A cada instante, lanzaba miradas de pánico sobre el hombro, esperando siempre encontrarse con lo que quiera que hubiese allí abajo. Estaba ya cerca del comienzo de la escalera cuando vio una sombra de algo terrible proyectada en el muro del pozo a su espalda. Sólo podía pertenecer a una criatura diabólica venida directamente del Averno, pues tenía una especie de cuernos a la altura de lo que debía de ser su cabeza. Un grito de terror del joven desgarró el aire rancio. A pesar de tener los miembros entumecidos, flojos por el pánico, consiguió subir a toda prisa por la escalera de caracol. Huir de aquel agujero era el único pensamiento que llenaba su cabeza. Abrió la trampilla con un golpe violento que casi le dislocó el hombro derecho. Cuando sus ojos vieron por fin el cielo nocturno, se le saltaron las lágrimas de alivio. En la superficie, los truenos clamaban como una bestia enfurecida. Un relámpago cruzó el aire cuando el joven emergió de las profundidades. La lluvia le golpeó con fuerza en el cuerpo. Pero los hostiles meteoros fueron acogidos casi con júbilo por el espíritu del joven. Su alma se había librado por poco de aquel demonio.

Ya fuera del todo, cerró con ímpetu la trampilla. Resoplaba por la carrera y por el miedo. Su corazón seguía palpitándole con una furia inusitada en el pecho. Entre jadeos, abandonó el patio y fue en busca de su caballo. El pobre animal estaba con el pelo mojado y relinchaba ante el ruido ensordecedor de los truenos. Lo montó y le clavó las espuelas con fuerza. No quería quedarse allí ni un segundo más. Con las intermitentes iluminaciones del cielo provocadas por los rayos y bajo el manto del aguacero y de la noche, ya cerrada, se alejó del castillo como un alma que lleva el diablo.

De hecho, si alguien lo hubiera visto, seguramente habría pensado que se trataba él mismo de una aparición. O quizá del propio demonio de la leyenda.

53

París, 2004

Las verdades que Patrick le contó a Catalina eran más difíciles de creer que la mayor de las mentiras, pero ella creyó todas y cada una de ellas. La primera, y quizá por eso la más dura, fue que él no era arquitecto, sino sacerdote. ¡Catalina había hecho el amor esa misma tarde con un sacerdote! El mundo era realmente un lugar insólito. Pero eso explicaba muchas cosas sobre el modo en que Patrick se había comportado.

—Me has estado engañando todo el tiempo… —dijo Catalina, dolida—. Y ahora me dirás que lo nuestro no estaba planeado, que me amas locamente y que tú no tienes la culpa de que la vida sea a veces una mierda, que todo ha sido voluntad de Dios.

—Cada cual es responsable de su propia vida. Para eso nos concedió Dios la gracia de la libertad. Yo esperaba no terminar haciendo el amor contigo, aunque era consciente de que eso podía llegar a ocurrir.

—¿Se supone que tengo que deducir de ahí que no me amas, que sólo estabas cumpliendo con tu deber a cualquier precio, que no hay un «lo nuestro»? Pues no he notado que te quejaras mucho antes, en el hotel, *sacerdote* —espetó Catalina, haciendo hincapié en la última palabra.

—Todos tenemos pecados que expiar. Y lo único que puede exculparnos es hacer la Obra de Dios.

—*Opus Dei…* —tradujo Catalina al latín, provocando un leve sobresalto en Patrick.

A esta primera verdad le siguieron otras. Él no era un sacerdote cualquiera, no daba misa a diario en una parroquia, ni celebraba bautizos los domingos; tampoco casaba a felices parejas ni se lamentaba años después si éstas se divorciaban. Patrick pertenecía a una organización secreta. Una tan secreta que ni siquiera tenía nombre. Su sede estaba en Nueva York, pero sus tentáculos llegaban muy lejos, se extendían por todo el mundo, lo vigilaban todo con ojo atento, mediante clérigos humildes y de aspecto inofensivo. Y otros no tan humildes, colocados en las grandes iglesias y en los palacios episcopales; también, con infinidad de colaboradores, de fieles adeptos de su causa, situados en puestos clave de gobiernos, ayuntamientos, empresas, universidades. Y una de sus armas más poderosas era bien reciente. Internet y otras nuevas tecnologías les habían permitido multiplicar su alcance y su eficacia hasta niveles que nunca sospecharon. Por supuesto, casi todos los integrantes de esta organización secreta ignoraban en gran medida el propósito último de la misma. El hecho de que sólo un puñado de personas conociera la verdad era una necesidad, un principio básico, el más básico y primordial de todos.

Y todo esto, tantos recursos y almas implicadas, tanto secretismo, sólo para un objetivo: descubrir al verdadero Linaje de Cristo.

Catalina escuchó a Patrick en silencio, asombrada, diciéndose que aquello era imposible. Y, sin embargo, creyéndoselo.

—¿El Linaje de Cristo? —preguntó casi sin voz. Aunque no era realmente una pregunta, pues no esperaba una respuesta, sino una señal externa de que todas las piezas del rompecabezas habían caído por fin en el sitio correcto—. Los descendientes de Jesús... Eso es lo que estuvo buscando mi abuelo durante toda su vida, y eso es lo que buscas tú. Y lo que estaba buscando él —dijo, indicando con la cabeza el maletero que ahora contenía el cuerpo de su captor—. Por eso me secuestró. Porque pensaba que yo sabía algo sobre los descendientes. Pero es todo falso. Ya te lo he dicho antes. A mi abuelo le engañaron, y todo lo que rodea al Priorato de Sión es una mentira. Quizá no lo fuera hace siglos, pero ahora es una farsa.

—Te equivocas, Catalina —dijo Patrick, comprensivo como un paciente profesor hablándole a un alumno díscolo—. Has averiguado tantas cosas en tan poco tiempo... ¿Cómo es posible que no te hayas dado cuenta de la verdad? El Priorato moderno es una estafa, claro que sí. Lo sabemos desde hace mucho tiempo. Pero te equivocas cuando dices que todo es mentira. Existen unos descendientes de Cristo, créeme. A través de los siglos, los herederos del Linaje Sagrado fueron protegidos y ocultados por la Orden y el Priorato de Sión. Pensábamos que la línea se había extinguido durante el Reinado del Terror de Robespierre, cuando sus miembros fueron perseguidos y aniquilados aquí, en Francia. Pero nos confundimos. Nos costó casi doscientos años darnos cuenta de nuestro error. Demasiado tiempo... Y alguien más sagaz que nosotros se nos adelantó.

Catalina se dijo que Patrick no podía referirse a Pierre o a quienes estuvieran detrás de él, porque entonces no la habrían secuestrado. Así es que sólo quedaba una opción:

—¡Fue mi abuelo!

—Tu abuelo, sí. Él se nos adelantó. No sabemos cómo, pero encontró antes que nosotros la capilla secreta de Santa Catalina.

Ella sí sabía en parte cómo: su abuelo se valió de la página arrancada de aquel manuscrito del Hermitage: *Señales del Cielo*.

—¿Qué había en su interior? —Catalina notó el corazón palpitarle en la garganta.

—Un rastro, una pista esencial sobre los herederos, una genealogía completa, seguramente.

—Una que podría llevaros hasta los actuales descendientes ¿no es así? Pero ¿de verdad crees que existen, que puede quedar algún descendiente directo de Jesús de Nazaret en el siglo veintiuno?

—Los vástagos de Cristo pueden parecer frágiles, pero no lo son —sentenció Patrick, y los ojos le refulgieron de un modo que asustó a Catalina.

Eso le trajo un pensamiento:

—¿Y para qué quiere encontrarles la Iglesia? Por lo que yo sé, siempre intentó acabar con ellos.

Patrick bajó la cabeza, avergonzado.

—Por eso precisamente los buscamos. Queremos reparar los terribles e injustos errores del pasado. Somos conscientes ahora de que Jesucristo pudo haber tenido un hijo con María Magdalena y seguir siendo el Hijo de Dios. Eso sólo demostraría que también era un hombre.

Catalina recordaba haber oído a Albert usar un argumento muy parecido a éste. Y eso acabó de convencerla.

—¿Y por qué no los dejáis en paz y simplemente permitís que vivan sus vidas como prefieran?
—Lo haríamos si pudiéramos. Pero…
—¡Olvida la pregunta! No quiero saberlo. —Catalina se llevó la mano a los oídos por un instante—. No quiero saber nada de tu maldita organización, ni de la de ese bastardo que me secuestró. No quiero saber lo que escondió mi abuelo para mí. No quiero saber nada de nadie. ¿¡Puedes imaginar el miedo que he pasado dentro de ese maletero, pensando que iban a matarme?! ¡No puedes! Yo no soy ninguna heroína de película. A mí me vienen grandes todas estas historias de sociedades secretas y de búsquedas milenarias. Lo único que quiero es ir al hotel, darme una ducha, volver mañana a Madrid e intentar olvidar todo esta locura… Vosotros no sois los únicos que estáis buscándolos, ¿verdad?
—Ellos pretenden matarlos —dijo Patrick—. Pero tú puedes ayudarnos a encontrarlos antes de que eso suceda.
Catalina se cubrió el rostro con las manos y empezó a restregárselo. Su voz surgió por detrás de ellas, como venida de una profunda sima:
—No tengo otro remedio, ¿verdad?
—No. Los amigos de Pierre no van a desistir. Vendrán otra vez por ti, y la próxima vez quizá no tengas tanta suerte. Y no puedes acudir a la policía, porque no te creerán. Pero nosotros podemos protegerte. Y cuando demos con los descendientes, pasarán a ser nuestra responsabilidad. Los amigos de Pierre lo sabrán. Y, entonces, ya no tendrá sentido que te persigan. Estarás segura de nuevo.
—Segura… —repitió Catalina.
De repente, qué rara y valiosa le parecía esa palabra. Qué rara y valiosa parece la vida cuando uno está a punto de perderla… Pero la vida sólo vale la pena si se tiene el valor de hacer lo que se debe. Lo que se tiene que hacer. Por más que cueste.
—Está bien, Patrick. Os ayudaré a encontrarlos. Y ya sé dónde empezar a buscar. —El sacerdote la miró con curiosidad—. Todos los tesoros están siempre marcados por una cruz…

54

París, 1794

Los soldados pujaban por entrar en el Hôtel-de-Ville. Robespierre y sus últimos hombres leales agotaban sus fuerzas tratando de impedírselo. Sabían que, de lograrlo, sus vidas estaban acabadas. Pero ¿tenían en realidad alguna esperanza? La suerte estaba ya echada. Francia empezaba a obtener victorias militares en sus conflictos bélicos exteriores, y las miradas se volvían hacia el interior. El pueblo estaba harto de matanzas, del pavor de que cada ciudadano pudiera ser acusado sin pruebas de enemigo de la Revolución y luego ajusticiado. El proceso del cambio político y social había llegado a una vía muerta. Y la muerte era precisamente lo que debía llegar a quienes ya no eran necesarios, pues sólo así los demás podrían vivir en paz.

Todo había sido instigado por Joseph Fouché, quien fuera ministro de la Policía. Robespierre había acabado con Hébert y Danton, y también pretendió destruir a Fouché, al que temía. Era un hombre muy sagaz y hábil en la política y las relaciones humanas. Un superviviente nato, capaz de adherirse a cualquier partido con tal de conservar el poder en sus manos y la cabeza sobre los hombros. Como presidente del Club Jacobino era casi intocable. Y sus apoyos aumentaron con las victorias militares contra Prusia y Austria, algo con lo que Robespierre no contó o cuya influencia subestimó.

La Asamblea había decretado su detención, así como la de sus colaboradores más estrechos: Saint-Just, el paralítico Couthon, el propio hermano menor de Robespierre. Hubo un altercado entre los miembros de la Convención. Algunos fueron heridos, incluido Robespierre, aunque de escasa gravedad. Logró escapar con los suyos. Una insurrección del pueblo estuvo a punto de salvarlos. Pero tras las horas de confusión y de trasiego de lealtades, el *Incorruptible* perdió todos sus apoyos. Y ahora el palacio de la Place de Grève iba a ser tomado por la fuerza.

—¡Estúpidos, cobardes, no cedáis! —gritaba Robespierre a sus hombres, que se apretujaban y aplastaban contra las hojas de la puerta.

El primer crujido sonó en los oídos del tirano como una cantinela: «Aquí empieza el fin». Dejó la planta baja a toda prisa. Ascendió a saltos por la escalera hasta llegar a la entreplanta. Desde allí vio cómo sus leales no podían ya aguantar y la puerta cedía completamente. Los primeros soldados cayeron abatidos por los disparos de los defensores, pero los siguientes lograron entrar y comenzó una lucha cuerpo a cuerpo. Los disparos se sucedían, al igual que el sonido de los metales cruzándose.

El *Incorruptible* se encerró en una habitación del piso superior. No sabía qué hacer. La huida era imposible. Los soldados subían por la escalinata y se desplegaban por todo el palacio. Entonces Robespierre miró la pistola que sostenía en la mano y que aferraba. Aflojó un poco la presión, pues le dolía la mano de asirla con tanta fuerza. El griterío iba en aumento. Se oían puertas abriéndose, chillidos, detonaciones. No tardarían mucho en descubrirle. Y cuando dieran con él, quizá podría llevarse a un soldado por delante; dos a lo sumo. Pero eso no le salvaría. Sería apresado y, con toda seguridad, acabaría bajo la afilada hoja de la guillotina, una hoja que él había contribuido a afilar más que nadie en Francia...

Recordó en ese momento su fracaso. Los laureles del éxito llegaron a coronarle y ahora estaban marchitos. Y evocó sobre todo su lucha contra el Priorato de Sión. ¿Cómo pudo escapársele la victoria entre los dedos? ¿Volvería Francia, después de él, a una monarquía? Lo que más odiaba podía hacerse real, materializarse a despecho de todos sus esfuerzos y desvelos. El último golpe contra los miembros detenidos del Priorato no servía ya de mucho. Constituiría sólo un escarmiento. En la casa de la Place-du-Châtelet, fueron emparedados diez de sus más altos dignatarios junto con sus familias. En total, casi cuarenta almas enterradas allí para morir. Pero Lorraine, el Gran Maestre, había escapado de las garras de la muerte en esos últimos días de desorden. Robespierre ignoraba quién, si alguien de la policía o del ejército, se había encargado de liberar al arzobispo. Quizá por temor de Dios; quizá por indicación del Priorato, cuya sombra alargada parecía capaz de llegar a cualquier sitio.

Ay, Francia, Francia le repudiaba, pensó Robespierre entristecido, sintiéndose víctima de una terrible injusticia. Ni se le ocurrió que él y su política de terror fueran responsables de todo aquello.

Los ruidos de los soldados eran cada vez más próximos. No, no se dejaría apresar vivo. No aceptaba la indignidad de la ejecución. Prefería suicidarse. Se puso la pistola en la sien y respiró hondo. Decidió contar hasta diez antes de apretar el gatillo. Evocó durante un instante los meses pasados en la cumbre del poder absoluto. ¿Por qué no se le amaba y se le respetaba como él merecía? Ésos fueron sus pensamientos antes de empezar la cuenta: uno, dos, tres, cuatro, cinco, seis, siete, ocho...

En ese momento, un soldado irrumpió en la estancia, abriendo la puerta de una fuerte patada. El ruido hizo que la pistola se le resbalara a Robespierre en la sudada mano, y el disparo sólo le rozó la cabeza. El soldado, junto con otro que estaba detrás de él, se abalanzó sobre el *Incorruptible*, que yacía en el suelo boca abajo. Estaba vivo, aunque tenía una herida en la sien. Alguien se apresuró a tratársela y a ponerle una venda en la cabeza. No iban a permitir que Robespierre muriera de un modo tan piadoso.

El cadalso le esperaba, al igual que a todos sus colaboradores y adeptos. La muerte no quiso llevárselo sin que sus crímenes quedaran pagados mediante su ejecución. La sangre roja manaría de su cuerpo decapitado. Y quizá, al rodar su cabeza hasta el cesto de mimbre que la habría de recoger, sus ojos verían por última vez a quienes aterrorizó y que ahora lo mataban.

Por fin, la amenaza de Robespierre había cedido, pero seguía habiendo muchas razones para lamentarse. La Orden y el Linaje estaban ahora en manos sólo de Dios. No había ya hombres o mujeres que le dieran su apoyo en la tierra. El Linaje estaba a salvo, en efecto, pero perdido en la historia, soterrado. ¿Volvería a emerger de las profundidades? Seguro que sí. Habría hombres abnegados que lo sacarían de nuevo, no para iluminarlo ante todos, algo que volvería a exponerlo al peligro, sino para continuar a su servicio, protegiéndolo, en espera de tiempos mejores.

Por el momento, Francia se desembarazaba de uno de los hombres más sanguinarios en su locura que la humanidad haya conocido. Fue víctima de su propio veneno. Quizá era necesario que el mal se combatiera con un mal idéntico, igual de grande, para acabar de extirparlo. Francia y su revolución serían luz para el mundo, aunque Robespierre y sus seguidores hubieran sido tinieblas. Pero ahora el *Incorruptible* iba a morir y a corromperse en cuerpo, cuando ya su alma lo estaba hacía mucho tiempo.

Ambrose d'Allaines, abogado de renombre y tercer cabeza del Priorato, esperaba ejercer la acusación ante el pueblo en el juicio de Robespierre y lanzar contra él un alegato demoledor. No por afán de venganza, sino por deseo de justicia. Para ello preparó papel y pluma, y empezó a escribir:

Ciudadano juez, ciudadanos y ciudadanas: es éste un gran día, una ocasión histórica. Todos nosotros, que sufrimos la vergüenza de vivir los sombríos días en que la sinrazón gobernaba Francia, disfrazada de virtud, tenemos ahora el privilegio de restituir a la Patria su grandeza y su honor. Porque el acusado que comparece ante vosotros no es un criminal común, ni siquiera un tirano común. Difícilmente habrá nunca otro hombre más odiado en Francia.

Pero nuestro deber es examinar, considerar, evaluar, fundamentar y llegar a una conclusión que satisfaga, no a nuestros instintos, sino a la justicia. Debemos ser incorruptibles ante aquel que hizo de la integridad el más horrendo de los vicios; racionales con aquel que pervirtió a la razón; humanos ante aquel a quien la humanidad aprendió a temer.

No, realmente no se trata de un tirano común. Con fría determinación, con una fuerza que ningún capricho puede tener, sometió, ejecutó, condenó, coartó a toda Francia en nombre de un ideal. Insensible a las debilidades, tanto ajenas como propias, su sueño era eliminar la escoria, la cobardía y el egoísmo del alma de cada francés y de cada francesa.

Vedlo ahí, tranquilo, frío, impasible. Seguro de su pureza, e incorruptible, cree estar por encima de las leyes, por encima de la justicia, por encima de la piedad. Al verlo, sin poder reprimir un escalofrío, se siente uno tentado de calificarlo de loco, de inhumano. Pero ello no debe conducirnos a engaño. No le ha abandonado la razón, aunque él la haya convertido en instrumento de martirio. No, el ciudadano Robespierre piensa, razona, deduce y argumenta. Y tampoco debemos pensar que sea inhumano. Si así fuera, no sería entonces responsable. Y debe serlo; no se pueden dejar impunes sus innumerables crímenes. La sangre de miles de víctimas, la solidaridad burlada, la virtud pervertida, el patriotismo prostituido, claman venganza. Y con ser graves todas estas acusaciones, hay una mucho peor, una que define la raíz del mal, la causa de tantas iniquidades.

El ciudadano Robespierre era, es honesto. Es virtuoso, y consecuente, e incorruptible. Posee determinación e integridad, cree en un rígido sistema de valores y se aferra a él de forma inamovible. Por eso es tan peligroso, porque es fácil condenar a alguien por sus defectos, pero resulta enormemente difícil hacerlo por sus virtudes. Y si las virtudes están al servicio de una causa perversa, se convierten en un arma incontenible.

El ciudadano Robespierre creía en Francia. Pensaba que todo aquel que ama más a su esposa, o a su marido, que a Francia, traicionaba a ésta. Tan claras eran sus ideas y tan firmes sus convicciones, que creyó que todo el mundo debía seguirlas. Si algo le parecía mal, a todos debía parecerles mal, y debían evitarlo, condenarlo, destruirlo. No había ocasión para la piedad. Su virtud, aguda como una espada, fue la hoja de la guillotina que decapitó una y otra vez, hasta que el Sena se volvió rojo y las tejedoras dejaron caer sus agujas y sus ovillos.

Todo el país fue barrido por un viento helado y ascético. El terror de la Inquisición se convirtió en una broma infantil, porque los franceses llegaron a tener miedo de su propio corazón. No se podía decir, no se podía pensar, no se podía querer. Sentirse vivo era sentir remordimiento, y hasta respirar era un delito, porque la vida de un solo francés era menos importante que Francia. Y el latido del *país era el redoble de los tambores y el chirrido de la hoja de la guillotina al caer.*

Para qué seguir... Por encima de todo, Robespierre es culpable. Es culpable de un crimen que, tal como sabemos ahora, es horrendo. Robespierre olvidó que la conciencia debe ceñirse a los estrechos márgenes de la conducta individual. Que existían otras conciencias, además de la suya. Y que nadie, en una sociedad libre, tiene derecho a imponer su conciencia a los demás. Cada hombre y cada mujer tiene conocimiento del bien y del mal, pero ese conocimiento debe servir a cada uno de nosotros para dirigir su vida. Jamás debe ser una imposición moral a los demás. Ese es el crimen del ciudadano Robespierre.

En nombre de su propia conciencia, de sus propias convicciones, debemos considerar culpable al ciudadano Robespierre de haber faltado todas sus leyes. Y según su propia ética, debe ser ejecutado, al igual que los criminales y los inocentes que perdieron la vida a sus manos.

Eso es todo, ciudadanos. Espero, en nombre de toda Francia, que se haga justicia.

Así terminó de redactar su alegato el letrado Ambrose d'Allaines. Lo revisó y añadió polvo secante, que luego sopló, antes de doblar las hojas por la mitad y guardarlas en un sobre. Nunca llegarían a leerse ante un tribunal, a pesar de algunas referencias al previsible estado de ánimo del acusado ante el mismo. Robespierre fue ajusticiado sin juicio. Al menos, sin un juicio *justo*. Pero aquel hombre, D'Allaines, hubiera deseado que Francia recobrara los ideales de la Revolución, aquellos que llevaron al derrocamiento de la monarquía. La patria no podía convertirse en un Estado oprimido por las venganzas y el resentimiento. La luz de una nueva forma de entender la vida y la sociedad de los hombres: la libertad de nacer todos iguales, la igualdad que hace fraternas las relaciones, la fraternidad de quienes nacieron de igual modo y por cuyas venas circula la misma roja sangre. Ésa era la esperanza que abriría los cielos, en aquel tiempo aún nublados, y dejaría al mundo entero ver por fin el sol.

Nunca sabría nadie que Ambrose d'Allaines tendría un descendiente, allá por el siglo XX, que serviría también a la causa del

Linaje aunque no perteneciera, como su ancestro, al Priorato. Un hombre que seguiría, como él, la carrera del Derecho. Otro hombre íntegro y justo, al que la Providencia guiaría, y que haría valer una frase: Dios escribe recto en renglones torcidos. Por fin, ahora que Robespierre había desaparecido, y con él su régimen de terror, cobraban nueva vigencia aquellos artículos que la Revolución inspiró en 1789 y que habrían de alumbrar a todos los seres humanos en los siglos venideros: la «Declaración de los derechos humanos».

Los representantes del pueblo francés, constituidos en Asamblea Nacional, considerando que la ignorancia, el olvido o el desprecio de los derechos del hombre son las únicas causas de las desgracias públicas y de la corrupción de los gobiernos, han resuelto exponer, en una declaración solemne, los derechos naturales, inalienables y sagrados del hombre, para que esta declaración, constantemente presente a todos los miembros del cuerpo social, les recuerde sin cesar sus derechos y sus deberes; para que los actos del poder legislativo y los del poder ejecutivo, pudiendo en cada instante ser comparados con el objetivo de toda institución política, sean más respetados; para que las reclamaciones de los ciudadanos, fundadas desde ahora sobre principios simples e indiscutibles, redunden siempre en el mantenimiento de la Constitución y en la felicidad de todos...

55

Valle de los Caídos, 2004

Desde la autopista de La Coruña, la A-6, y a varios kilómetros aún del Valle de los Caídos, Catalina y Patrick pudieron ver a lo lejos la imponente fachada de su basílica, excavada en las entrañas de un monte rocoso, y sobre todo la gigantesca cruz de piedra que la coronaba. A Catalina le dio un vuelco en el estómago. Le había dicho a Patrick que allí era donde debían comenzar la búsqueda del tesoro de su abuelo. Y llegó a esa conclusión atando por fin los cabos que éste había tejido tan cuidadosamente. El abuelo le dio las pistas necesarias: una foto suya con la enorme cruz de fondo dentro de *La isla del tesoro;* libro éste que, como Catalina llegó incluso a apuntar en sus anotaciones, le había inspirado la idea de que todos los tesoros están siempre marcados con una cruz. Para juntar una pista a la otra bastaba una deducción simple que, no obstante, le había llevado mucho tiempo. Demasiado. Catalina sabía que hay cosas que sólo se dejan ver por quien las está buscando. Imaginaba que eso mismo pensaba su abuelo cuando le dejó aquellos objetos como legado. Él había ocultado algo en esa cruz, sí. Un tesoro. Y ella iba a descubrirlo, costara lo que costase.

Un poco antes de Guadarrama, salieron de la autopista de La Coruña para tomar el desvío de la M-600. A un kilómetro y medio, se encontraba el acceso al complejo del Valle de los Caídos. Ese enorme conjunto monumental, situado en la sierra noroeste de la provincia de Madrid, era en verdad impresionante. Todas las cifras relacionadas con él resultaban asombrosas: el tiempo que tardó en construirse, el número de personas que trabajaron allí, el ingente coste de las obras, la enorme cantidad de piedra utilizada, las dimensiones de los tres elementos principales del complejo –la basílica, la cruz y la hospedería benedictina al pie–. Fueron dos los arquitectos responsables de la construcción, primero Pedro Muguruza y luego Diego Méndez. Y el escultor Juan de Ávalos dejó también una huella perenne y significativa en el Valle de los Caídos. Pero no cabe duda de que su auténtico *padre* fue Francisco Franco. A él se debían las ideas generales sobre cómo tendría que ser el monumento homenaje a los caídos en la Guerra Civil Española, así como la elección del lugar donde éste habría de alzarse. También fue él personalmente quien revisó y eligió todos los proyectos presentados en relación con la magna obra. Y a lo largo de los años de construcción nunca dejó de supervisar los trabajos ni de hacer sugerencias a los responsables de los mismos. No era extraño, por tanto, que el cadáver de Franco estuviera enterrado en el interior de la basílica, junto al altar mayor, donde también reposaban los restos de José Antonio Primo de Rivera. Los cuerpos de miles de combatientes de ambos bandos de la Guerra Civil los acompañan, aunque en capillas no abiertas al público. Se trataba, pues, de un auténtico monumento funerario. Y, como tal, tenía necesariamente una cruz: una cruz de ciento cincuenta metros de altura y cuarenta en cada uno de sus brazos, que la convierten probablemente en la cruz más grande del mundo.

    La foto y el libro los habían conducido a Catalina y a Patrick hasta allí con la promesa de hallar un tesoro oculto. Pues bien, ahí estaba la cruz y aquí estaban ellos. Pero ya habían rodeado la estructura una docena de veces sin que se les ocurriera de qué modo la cruz podía marcar el lugar del tesoro. Pensaron que lo que fuera que hubiese ocultado el abuelo en el Valle, podría estar dentro de la cruz, pues no era maciza sino hueca. Quizá las puertas metálicas que daban acceso a su interior estaban abiertas cuando su abuelo ocultó su tesoro, o puede que él entrara allí subrepticiamente. En cualquier caso, si el tesoro estaba dentro de la cruz, era imposible hacer nada en pleno día. Así es que, desanimados, se dedicaron a buscar en los alrededores alguna marca, algo que les sirviera de pista, porque hasta ese momento sólo habían dado palos de ciego.

—¿Quieres agua? —preguntó Patrick, ofreciendo a Catalina una botella que había comprado.

—No quiero nada de ti.

Cada vez que hablaba con él, usaba este tono rudo. Pensaba que se lo merecía, aunque la verdad es que empezaba a resultarle difícil hacerlo. Patrick se había mostrado tan atento, tan simpático, tan preocupado por ella en todo momento desde que la rescatara del fanático Pierre y le confesara su identidad y su misión, que a Catalina a veces se le olvidaba que le había mentido.

Después de todo lo que había pasado, Catalina tuvo que aguantar, además, una bronca descomunal de su jefe, cuando ella le llamó por teléfono para informarle de que pensaba tomar vacaciones todo el resto de la semana, como mínimo. Su jefe hasta amenazó con despedirla, pero ambos sabían que estaba sólo tirándose un farol: Catalina era demasiado buena en su trabajo. Estas forzosas vacaciones habían sido idea de Patrick, al igual que la llamada a su tía para avisarla de que iba a pasar unos días fuera de Madrid en casa de una amiga (una amiga de un metro ochenta y cinco, que se afeitaba todas las mañanas, pensó Catalina). Otra prudente recomendación del irlandés fue la de que Catalina no pasara por su casa y, por supuesto, no durmiera allí. Por precaución, debían suponer que quien le había intentado secuestrar lo sabía todo sobre ella. Éstas eran las medidas más importantes de su nueva vida en la sombra. Pero a ellas se unían otras muchas, pequeños detalles como no sacar dinero en cajeros automáticos, o pagar siempre en metálico. El resultado de esto fue que Catalina se quedó sin dinero enseguida, y Patrick tuvo que pagarlo absolutamente todo —ella no hacía el menor esfuerzo en ahorrarle un céntimo—. Se merecía eso y mucho más, porque él era un mentiroso.

Lo era, sí, aunque también era encantador. Por eso, Catalina podría algún día llegar a perdonarle sus embustes —ya lo había hecho, en realidad—. Pero lo que jamás le perdonaría a este sacerdote, lo que nunca sería capaz de perdonarle, es que le hubiera robado al hombre que había dentro de él.

—¿Crees que estará en el interior de la cruz? —sugirió de nuevo Patrick después de beber un trago de agua—. Podemos

entrar esta noche. No me será difícil conseguirlo. Hay poca vigilancia.
—¿Vas a llamar al sereno para que nos abra las puertas?
—Algunos de nuestros amigos tienen profesiones interesantes —dijo él, sonriendo pícaramente.
—Ya. —Y contestando a su pregunta, Catalina añadió—: No sé si estará ahí dentro, pero... —meneó la cabeza y chasqueó la lengua, contrariada— yo creo que no. Me da la impresión de que estamos haciendo algo mal. Hay algo que se nos está escapando—. A ver. Tenemos el libro, tenemos la foto. El libro y la foto...
—Que estaban juntos.
—Juntos. Sí, estaban juntos.
—¿Y qué más había en el sobre con ellos?
Catalina levantó la cabeza, muy despacio: ¡Eso era! El orden de los sumandos sí altera la suma.
—Además del libro y la foto, estaban el «Códex» de Da Vinci y una de las piezas de puzzle. Tienes razón. Tienes toda la razón. Mi abuelo puso todo eso junto por algo. El libro y la foto nos han traído hasta aquí...
—Y las otras dos cosas deben servir para encontrar el tesoro.
—¡Así es!
Catalina hizo ademán de darle un beso a Patrick, para celebrar esta nueva teoría. Sólo en el último momento se dio cuenta de lo que iba a hacer y se echó atrás.
—A los sacerdotes se les puede dar besos.
—A algunos no... ¿Tienes ahí la receta y la pieza?
Patrick abrió una pequeña mochila en donde estaban guardados los papeles con las anotaciones de Catalina y el segundo de los sobres lacrados originales. El primero, que contenía una de las piezas de puzzle, lo tenía guardado en uno de sus bolsillos.
—No se me ocurre para qué puede servir esto —dijo ella refiriéndose a la pieza de puzzle—. ¿Y a ti?
—Tampoco. ¿Qué te parece si leemos la receta? Puede que nos dé alguna idea.
—Adelante.

—Allá va: OTRO PLATO ESPAÑOL. *Dicen que éste es un manjar ideal para comer en la festividad de San Juan, pues así lo manda la tradición en varias poblaciones de la sierra norte de Madrid.*
—Para. El Valle de los Caídos está en la sierra de Madrid.
—Y el día de San Juan es pasado mañana.
—Sigue.
—*Coged una perdiz silvestre. No vale una que compréis en el mercado. Ésta tenéis que cazarla, subiendo al punto más alto del monte, donde el aire fresco las hace bien gordas y sabrosas. El mejor momento para ello es sin duda el mediodía. A esa hora, el sol está en su punto más alto, y tanto calor las aturde, haciendo fácil capturarlas.*
—Para. El punto más alto del monte, de *este* monte, es la base de la cruz, ¿no? Pero no basta subir hasta aquí, ¿verdad, abuelo? Las perdices tienen que cazarse al mediodía... ¿Qué hora es?
Catalina tenía su propio reloj, pero estaba tan ensimismada que no se dio cuenta de ello.
—Son las dos menos cinco.
—Ya ha pasado del mediodía entonces.
—No necesariamente.
Catalina dejó de vagar con la mirada a su alrededor por un segundo y miró a Patrick.
—¿No has dicho que eran casi las dos?
—Sí. Pero en la receta habla de la hora en la que el Sol está en el punto más alto de su órbita, y eso ocurre al mediodía, en efecto, pero al mediodía solar, que no son las doce del reloj.
—¿Y a qué hora ocurre eso entonces?
Patrick hizo una mueca.
—Eso depende del lugar donde se esté y de la época del año, pero creo que, en Madrid, la diferencia es de unas dos horas. Así es que yo diría que el sol estará en su culminación hacia las dos de la tarde. Es decir...
—Dentro de dos minutos... —dijo Catalina, consultando, ahora sí, su propio reloj. Comenzó a andar en torno a la cruz lanzando miradas alternativas a ésta y al cielo, tratando de encontrar en ellos la respuesta, el sentido oculto de lo que estaba escrito—. ¿Qué relación puede existir entre la cruz y el sol? —se preguntó en voz alta, bajando los ojos y posándolos, distraída-

mente, en el amplio paisaje a los pies de la cruz–. ¿Por qué es necesario que el sol esté en un cierto punto para cazar las dichosas perdices… para encontrar el tesoro? ¿Por qué…?

La expresión absorta de Catalina mudó por completo. Se había detenido repentinamente y observaba la explanada de la basílica, situada mucho más abajo.

–¿A qué viene esa sonrisa de oreja a oreja?

–Estábamos equivocados –afirmó, corroborando las dudas de Patrick.

–No entiendo.

–Ésta no es la cruz que marca el tesoro –dijo ella, señalando a la cruz de piedra–. Es ésa.

Patrick siguió con la vista la dirección que indicaba el brazo de Catalina; hacia abajo, hacia las losas de piedra de la explanada de la basílica. Y entonces se produjo también en él una transformación igual a la que había experimentado Catalina.

–¡No puedo creerlo…! ¡Es la maldita sombra de la cruz! –blasfemó, sin darse cuenta–. ¡Claro!

Por eso era necesario estar al pie de ella a una cierta hora del día y un cierto día del año. De lo contrario, y por causa del movimiento de la Tierra, la sombra de la cruz apuntaría hacia el sitio erróneo, no marcaría el lugar del tesoro.

Fascinados, ambos contemplaron en silencio la oscura proyección de la cruz sobre la piedra clara.

–Pero no vamos a encontrar nada hoy –afirmó Catalina.

–¡¿Por qué no?!

–No podemos cometer el mismo error que antes. Hay que tener en cuenta todas las pistas dejadas por mi abuelo, y no sólo algunas de ellas. Estoy segura de lo de la sombra, pero ¿te acuerdas de cuándo dice mi abuelo que hay que comer este plato?

–¿El día de San Juan?

–Exactamente. Y eso es pasado mañana. Tenemos que volver el jueves y ver dónde apunta la cruz cuando el sol esté en su punto más alto. Entonces sí que marcará el escondite del tesoro.

A pesar de la lógica del razonamiento de Catalina, Patrick no parecía convencido del todo.

—¿Y no estará debajo de alguna de esas losas? —Se refería a las que cubrían la explanada.

—Sigue leyendo la receta y verás a qué me refiero con lo de considerar todas las pistas a la vez.

—Luego, necesitaréis unos cuantos piñones. *Le dan un sabor especial a la carne, pero hay que saber elegirlos, no sirven unos cualesquiera.*

—¿Lo ves? Habla de piñones, y los piñones nacen en los árboles, no salen de las piedras. El tesoro está escondido en algún sitio entre esos árboles. Estoy convencida.

Los dos se quedaron callados, contemplando, de repente inquietos, la ingente masa de cientos de miles de árboles que se extendían alrededor de la basílica.

En uno de ellos; cerca, dentro, al pie, en algún lugar, estaba el tesoro. Pero ¿cuál sería? Catalina siguió leyendo la receta desde el punto en el que Patrick la había dejado:

Abrid la perdiz y vaciad las tripas, y después rellenadla con los piñones, añadiendo un chorro de aceite de oliva y una pizca de sal. Battista le suele echar también jamón, cortado en pequeños trozos. Dice que así está mejor, más jugoso, pero a mí me repugna. Cerrad la perdiz, cosiéndola con un hilo grueso, y no olvidéis hacer un nudo bien resistente al final, para aseguraros de que no se abra mientras se cocina. Esto es muy importante. Nuestro árbol tiene un nudo.

—Todos los árboles tienen nudos.

—Sí, pero sólo uno tendrá *este* nudo —dijo Catalina, mostrándole la pieza de puzzle con el diseño de un lazo, símbolo personal de Leonardo da Vinci, el último sumando de la suma, la última pista necesaria para encontrar el tesoro.

Veinticuatro de junio. Justo a la hora en que se abrió el recinto del Valle de los Caídos, Catalina y Patrick atravesaron su arco de entrada. De camino hacia la cruz, pasaron junto a cuatro grandes cilindros de piedra, llamados *Juanelos* en honor al relojero del emperador Carlos V, Juanelo Turriano. Al parecer, estas piezas iban a formar parte de algún tipo de mecanismo ideado por

Turriano, que, no obstante, jamás llegó a realizar. Ya al pie de la basílica, dejaron el coche en el aparcamiento más cercano a la carretera. Tenían tiempo de sobra, así es que decidieron ir hasta la hospedería benedictina y subir a pie por el camino que lleva a la cruz.

Su última visita fue dos días antes. La espera se les hizo extremadamente larga. Pero el momento había llegado: la festividad de San Juan. El «Otro plato español» de la receta se servía hoy, y más les valía encontrar el tesoro del abuelo de Catalina o tendrían que esperar un año entero para intentarlo de nuevo. La comida especial estaba prevista para las catorce horas y diecisiete minutos de la tarde, hora local. Ése era el momento exacto en el que sol alcanzaría su culminación sobre la cruz del Valle de los Caídos. Así se lo confirmó un doctor en astronomía, afecto a la causa de Patrick, que éste había consultado el martes anterior. Por lo visto no había nada que el sacerdote no fuera capaz de conseguir. Era como un mago de cuyo sombrero podía aparecer cualquier cosa.

Todas las cartas estaban ya repartidas. Desde el martes sabían qué buscar, cuándo buscar y cómo identificar lo que buscaban. Sólo les restó esperar hasta este día para que la sombra de la cruz les indicara dónde buscarlo. Y esa forzosa inactividad, esa espera, era la razón por la que el tiempo había transcurrido para ellos con insoportable lentitud. Catalina apenas consiguió dormir la noche del martes, y no había pegado ojo en la del miércoles. Las profundas ojeras de Patrick revelaban que él tampoco había dormido mucho.

Durante los últimos treinta minutos antes de las dos y diecisiete, no fueron capaces de estar sentados. Con gesto impaciente, excitados, oteaban, desde el mirador que da a la basílica, la sombra desplazándose lentamente de norte a sur.

—Hora.

Por increíble que pareciera, Catalina se había olvidado su reloj en el hotel, y desde las seis de la mañana no paraba de preguntarle la hora a Patrick. Tras las diez primeras veces, los «¿Tienes hora?», o «¿Qué hora es?», se habían transformado en esta escueta y exigente palabra: «Hora».

—Cinco minutos.

También las respuestas del irlandés se habían hecho más breves, limitándose a indicar los minutos que faltaban.
—Hora.
—Tres minutos.

—Hora.
—Dos minutos.

—Hora.
—Un minuto.

—Hora.
—Medio minuto. ¡Déjalo ya, por amor de Dios! Vas a volverme loco. Cuando llegue el momento te avisaré… Veinte segundos.

El desplazamiento de la sombra de la cruz resultaba imperceptible desde hacía varios minutos, así es que ya debía de estar muy próxima a la posición del tesoro.

—Diez segundos, nueve, ocho, siete, seis, cinco, cuatro, tres, dos, uno…

Patrick levantó la vista de su reloj y la clavó en la sombra, al igual que Catalina.

—Ahí está —murmuraron al unísono.

La sombra de la cruz señalaba en dirección noreste. Había infinidad de árboles en esa dirección, que ascendían por las laderas de los montes cercanos. No parecía tener mucho sentido que el del abuelo de Catalina fuera uno de ellos. La sombra de la cruz era demasiado difusa y demasiado grande para conseguir marcar un árbol concreto en el denso manto verde. El árbol que buscaban debía de estar más cerca, más aislado, ser más reconocible…

—¡Allí! —gritó Catalina.

Patrick siguió con la vista el brazo de ella, pero no acertó a encontrar lo que Catalina señalaba.

—¡Allí! —repitió ella, como si eso bastara—: ¿Ves un aparcamiento que hay al lado izquierdo de la basílica, y que comunica con la explanada por unas escaleras grandes de piedra? ¿Un árbol que está en ese aparcamiento, en el punto más alejado de nosotros? Es muy alto y tiene unas ramas que parecen brazos, como las de los abetos. ¿No lo ves?! –dijo Catalina, empezando a impacientarse y con el deseo apremiante de bajar a toda prisa, consiguiera él verlo o no–. Está en línea con la cruz y con la esquina izquierda del frontal de la basílica.

Esas nuevas indicaciones permitieron por fin a Patrick localizar el árbol.

–¡Sí! ¡Lo veo! ¡Lo veo!

Aún jadeaban por el esfuerzo cuando llegaron junto al árbol. Habían tenido que bajar andando, *corriendo*, desde la cruz, porque el funicular se hallaba fuera de servicio. Iracundos, repitieron casi los mismos improperios, uno en inglés y la otra en español, al enterarse. Sólo tenían dos opciones: regresar por el mismo camino por el que habían subido y coger luego el coche hasta el aparcamiento donde estaba el árbol, o esperar a que el funicular estuviera de nuevo activo.

Su loca carrera vertiente abajo, y su posterior conducción casi suicida por la carretera de montaña hasta el aparcamiento, les permitieron llegar a él en poco menos de media hora. Jadeaban todavía cuando llegaron al solitario árbol, *su* árbol, el árbol de su abuelo. A Catalina se le cayó la pieza de puzzle al suelo, sobre la verde hierba que lo rodeaba. Había visto en el tronco un dibujo idéntico al suyo grabado en la parte baja, casi oculto por unas hierbas más altas que el resto. Las manos le temblaban por la emoción.

–Hazlo tú –le pidió a Patrick.

Lo que debía hacer Patrick no estaba muy claro, pero a él le resultó obvio. Arrancando sin contemplaciones pedazos de hierba y de tierra, empezó a excavar un agujero al pie del tronco, justo por debajo del nudo de Da Vinci grabado en él. Y no tuvo que excavar muy hondo...

–¡¿Qué?! ¡¿Lo has encontrado?!

Miró a Catalina con los ojos brillantes y exaltados. Con la mano derecha rebuscó en la tierra revuelta. A un último tirón le siguió un movimiento de Patrick que Catalina vio, de algún modo, a cámara lenta. En la mano de Patrick había un paño de color negro, entre cuyos pliegues se distinguía un pequeño cofre metálico.

Diario de Claude Penant

Mi querida Catalina, ¡sabía que lo conseguirías! ¡Estaba seguro de ello! Porque eres tú, ¿no es cierto? Y no uno de esos malnacidos que andan siguiéndome. Sí, mi querida nieta. Este juego se ha vuelto muy peligroso. Tanto, que llegué a plantearme si debía o no meterte a ti en él. Al final, resolví hacerlo, porque es demasiado lo que está en riesgo. Más de lo que vale mi vida, desde luego; más incluso de lo que vale, y perdóname por decidir yo eso, la tuya. Hasta ahora he conseguido despistarlos, y estoy convencido de que no me han seguido hasta este árbol donde, como sabes ahora, estaba escondido lo que podríamos llamar mi diario, junto a otros dos documentos cuyo sentido comprenderás más adelante. Espero que el cofre haya hecho bien su trabajo, y que mis palabras escritas en estas hojas no hayan sido borradas por las inclemencias del tiempo. Si así ha sido, hay que aceptarlo. Nada ocurre sino por la voluntad de Dios. Pero déjame contarte cómo se inició esta aventura mía. Sé que no es importante, pero todos los hombres, también yo, desean que sus actos sean recordados, que alguien los lleve consigo en su corazón cuando su protagonista no pueda ya hacerlo porque esté muerto.

Aún no levantaba un metro y medio del suelo cuando supe cuál iba a ser la razón de mi vida, lo que podría darle sentido o convertirla en un acontecimiento pasajero e inútil, en una llama más que acabaría extinguida. Supe por primera vez del Priorato de Sión a la edad de diez años, gracias a un libro de la biblioteca de mi padre, que nadie, ni siquiera él, parecía haber siquiera abierto jamás. Muchos años después, tras acabar mis estudios de historia y arqueología, llegué a la conclusión de que era una obra llena de incorrecciones, más fantástica que exacta, más resultado de la imaginación de su autor que de una búsqueda rigurosa e imparcial de la verdad. No sé decirte, sin embargo, si fue eso precisamente lo que me atrajo hacia el Priorato de Sión, hacia la milenaria leyenda de los descendientes de Cristo y María Magdalena, pero es posible que así fuera. Yo era un crío muy precoz, siempre lo fui, pero un crío al fin y al cabo. Y, pronto, lleno de este espíritu de caballero de Arturo, de par de la Tabla Redonda, consagré mi vida a la búsqueda del auténtico Grial. ¿Qué misión más alta podría tener una vida? ¿Qué otra pasión podría ser más digna que ésta?

Setenta años después de hacerme por primera vez estas preguntas, su respuesta sigue siendo para mí la misma: ninguna; nada en este mundo merece más el sacrificio de una vida, o hasta de un alma, que encontrar el Sangreal, los herederos de la sangre divina y real del Hijo de Dios. Y ellos aún existen. Oh, sí, querida Catalina, ¡están entre nosotros! Siempre lo han estado, aunque ni ellos mismos sepan quiénes son. Pero no quiero adelantarme en mi relato. Tendrás que disculparme por estos arrebatos míos. Me temo que es un mal de los viejos dejarse llevar por los recuerdos que más les pesan en el corazón, en vez de contar los hechos tal como ocurrieron, de un modo cronológico.

Recuperemos pues el hilo de mi particular gesta, de mi búsqueda. Ya te he contado cómo la empecé, de modo que ahora corresponde explicarte el modo en que se desarrolló. Aunque debo ser necesariamente breve en este apartado. A ello obliga la flaqueza de mi memoria, que me impide recordar en detalle todo lo que hice –hice tantas cosas, nieta mía– a lo largo de mi agitada y longeva existencia; también me obliga a ser conciso el poco tiempo de que disponemos, porque hay cosas más importantes de las que tratar.

Si has hecho lo que debías, y no me cabe duda de ello pues en caso contrario no habrías sido capaz de llegar hasta aquí; si has hecho lo que debías, ya sabrás mucho sobre mí. Sabrás, eso espero, que no estaba loco, que nunca lo estuve. El paranoico comportamiento que exhibo desde hace varios meses, y que tanto mortifica al bueno de Bernard –me refiero a mi amigo D'Allaines, cuyo único defecto es haber elegido la profesión de la abogacía–, está justificado, por desgracia. No sé exactamente cuándo empezaron a vigilarme, pero sé que alguien me sigue y que observa todos mis pasos. Esto es un hecho. Por esa razón le pedí a Bernard que ocultara los sobres en un lugar realmente seguro, fuera de su bufete. Apuesto a que hice bien.

Sabrás asimismo que el Priorato moderno es una invención, sobre todo de esos dos personajes, Plantard y Chérisey. Creo que puedo afirmar sin equivocarme que no han dicho una sola verdad en más de veinte años. Alguien, cualquiera que se moleste en analizar conjuntamente todas las mentiras que han contado, se dará cuenta antes o después, como yo, de su farsa. Pero no lo es el Priorato en sí. No lo es la existencia real de unos herederos de Cristo, como yo conseguí descubrir. A ello le dediqué mi vida entera, como te he dicho ya más de una vez en tan pocas líneas, y por esa causa llegué a hacer cosas; muchas, de las que no me siento orgulloso, las volvería a hacer sin la menor vacilación. Por encontrar el rastro de los descendientes, cometí todos los pecados mortales. Principalmente, la mentira, el robo y la extorsión. Y probé también cada uno de los pecados capitales, a excepción de la lujuria, y no por virtud propia, sino porque no servía a mi fin. Supongo que puede decirse que le vendí mi alma al Diablo, aunque fuera por las mejores razones. Y no sé si Dios me hará pagar por ello, aunque para ser sincero mis esperanzas de que no lo haga son escasas. Él perdona pero no olvida.

Pero he vuelto a desviarme de mi historia. Volvamos a ella en el punto crucial de mi búsqueda, el que decidió mi victoria. Fue cuando hallé por fin la capilla secreta de Santa Catalina, en el patio de la fortaleza de Gisors. Supongo que ya conoces su historia, y que sabes también ya cómo se supone que la descubrió Roger Lhomoy. Dejésmole quedar para la posteridad como el hombre que la encontró. Mi vanidad no llega tan lejos como para convertirme en un necio, y este arreglo nos convenía a los dos, dándole a él fama y, a mí, una más que deseable intimidad. Sólo espero que quien me persigue ahora no tuviera nada que ver con su muerte. Ése sería otro pecado que añadir a mi larga lista, pero no un pecado más. ¡La capilla! No imaginas cuánto la busqué, mi querida nieta. Todas mis investigaciones, todas las líneas que seguí y que no eran caminos muertos, me condujeron a esta misteriosa capilla, el más secreto reducto del Priorato. Siempre supe que en ella estaba escondido algo de inigualable valor. Y no me refiero a un tesoro, aunque sus entrañas también ocultaran uno, de proporciones grandiosas. Me refiero a una pista para recuperar el rastro perdido de los descendientes, que desapareció en la Revolución Francesa por culpa de ese aborto de la democracia llamado Robespierre. En esa época oscura, los miembros del Priorato fueron aniquilados, en algunos casos de modo horrible, como el de unos miserables y sus familias que fueron emparedados en un sótano de París, junto a un puente del Sena.

Muy pocos dentro del mismo Priorato conocían la localización de la capilla. Por eso, hizo honor a su nombre aquel libro que descubrí: Señales del cielo. Nunca supe quién los escribió, ni tampoco por qué su autor decidió poner por escrito la manera de encontrar la capilla. No lo hizo claramente, por supuesto, pero sí de un modo que hiciera posible descubrirla, sabiendo tanto como yo sabía y teniendo mi misma fe y mi inquebrantable perseverancia. Las instrucciones estaban en una página de ese libro; en una que perdí, que me robaron, en realidad. Aunque no seré yo el que arroje la primera piedra sobre el ladrón, pues el manuscrito se lo robé yo antes que él al Museo del Hermitage. Para ser exacto, no lo robé yo, aunque pagué a un funcionario del museo para que me dejara leerlo, y le pagué luego otra jugosa cantidad por esa página fundamental donde se mostraba el camino de la capilla de Santa Catalina en un mapa sin nombres. Me costó mucho tiempo encontrar esos nombres. Visité infinidad de castillos por toda Francia, tuve que revisar innumerables escritos y documentos, y en ese largo camino engordé mi lista de pecados de un modo considerable. Pero lo conseguí. Supongo que con la ayuda de Dios, lo conseguí. El castillo al que se refería el manuscrito era el de Gisors. Estaba seguro de ello cuando llegué al pueblo a principios de 1944, pero terminaría dudando, y no imaginas la agonía que esa incerteza me provocó. No me costó ganarme al jefe de la guarnición alemana, ni a sus compañeros oficiales. Casi todos los hombres son iguales por dentro, sea cual sea el idioma que hablen, y la mayoría está dispuesta a venderse si el precio es el adecuado. Sin embargo, en las instrucciones del manuscrito había algo que estaba mal, y yo juraría que lo estaba intencionadamente para hacer desistir a los débiles de espíritu. Pero yo no desistí. Y di con la capilla en mi última noche en Gisors, con los aliados desparramándose por las playas de Normandía, lanzándose a la reconquista de Francia.

¡Qué gozo sentí entonces, Dios mío! Uno como jamás he experimentado... Eso no es cierto. Hubo un gozo aún mayor, uno que creí que me desgarraría el corazón. Fue cuando por fin lo vi a él. Al descendiente. Pero eso lo contaré después.

Yo ni siquiera sabía con certeza qué iba a encontrar en la capilla de Santa Catalina, pero sí tenía algunas pistas: como ya te he dicho, pensaba que sería algo capaz de permitirme recuperar el rastro de los descendientes tras la desaparición del Priorato, y pensaba que lo más probable era que se tratara de una genealogía. La idea de que el autor de esa genealogía pudiera ser Leonardo da Vinci se me ocurrió por primera vez después de una larga temporada que pasé en Italia, a mediados de los años veinte. Hasta allí me habían llevado mis investigaciones sobre el Priorato, aunque no descubrí nada im-

portante. Pero, de vuelta en Francia, una mañana me llamó la atención una curiosa noticia que aparecía en un diario. Hablaba de una localidad cercana a San Marino, de nombre Cesenático, donde se había encontrado algo inaudito. Nada menos que a un buzo que databa de principios del siglo XVI. ¡Un buzo del siglo XVI, imagínatelo! El periodista autor del artículo había consultado a varios historiadores para documentarse. Por lo visto, en uno de los bolsillos del buzo se halló una moneda, un ducado veneciano acuñado en 1503. En aquel tiempo, Leonardo da Vinci trabajó como ingeniero militar a las órdenes del papa Alejandro VI y de su hijo César Borgia. Y el diseño del anacrónico traje de inmersión se correspondía casi exactamente con un dibujo de un códice de Da Vinci. Al principio, no le di más vueltas al asunto, pero luego empecé a plantearme una hipótesis que yo mismo tomé por absurda, aunque con el tiempo he aprendido que lo absurdo es muchas veces el terreno donde se siembra la verdad.

Yo sabía que Da Vinci fue Gran Maestre del Priorato de Sión. No ignoraba tampoco que, viendo próximo el fin de su poder, tras la muerte de su padre el Papa, César Borgia se había aproximado a todo cuanto pudiera devolverle ese poder. Incluso descubrí rumores que le ligaron a un extraño proyecto relacionado con la Sábana Santa, un caso realmente digno de estudio, que, no obstante, resulta trivial contar aquí. Lo que sí es relevante es que César Borgia trató de hacerse con objetos de poder, sobre todo con objetos de poder espiritual que pudieran servirle para sus fines materiales. ¿Y qué objeto podría tener más valor que los descendientes de Cristo? Y así es como se me ocurrió ligar a César Borgia con Leonardo da Vinci, guardián de los herederos como Gran Maestre del Priorato. Quizá Borgia había apresado al descendiente de Cristo, y Da Vinci se vio obligado a enfrentarse a su señor para rescatarle. El buzo no sería, de ese modo, un hombre de Borgia, sino uno del Priorato.

Con esta loca idea, me lancé a la búsqueda por toda Europa de manuscritos de Da Vinci, con la esperanza de encontrar en alguno de ellos la demostración de mi teoría. Visité bibliotecas, iglesias, monasterios, museos... Todos los lugares en que pudiera haber manuscritos del genio florentino, aunque fuesen de dudosa autenticidad.

En plena II Guerra Mundial se subastó en París una recopilación inédita de escritos de Da Vinci. Y allí me desplacé yo para pujar *y comprarla. ¡Qué desilusión! Cuando la tuve en mis manos descubrí que se trataba de un compendio de insulsas recetas y notas de cocinas en muchos casos estúpidas. Aun hoy en día dudo de la originalidad de este inútil manuscrito. Aunque no es justo decir eso de él, pues me sirvió para conducirte hasta este pequeño tesoro mío. Emulando al autor de* Señales del cielo, *al que tanto debo, al que le debo todo, incluí en el manuscrito de Da Vinci mi propio mapa, en el que tú has sabido poner los nombres.*

Pero no voy yo a explicarte cómo has llegado hasta aquí. Nadie lo sabe mejor que tú, querida mía...

¿Qué encontré en la capilla de Santa Catalina? Un libro con anotaciones de Da Vinci, en efecto, que contenía la genealogía de los descendientes de Cristo, desde el principio de nuestra Era hasta la época de la Revolución Francesa. Pero no fue fácil dar con ella, porque, como debía haber esperado, Da Vinci la escondió bien. Estaba en las tripas de un anodino libro de cuentas. No en las tripas, en realidad, lo que no estaría a la altura de su genio, sino en las propias páginas. Sí, la escondió en las propias páginas, a la vista de todos, pero oculta a sus ojos. Pero será mejor que me explique.

Después de abandonar Gisors —y tuve que hacerlo a toda prisa, te lo aseguro, pues a mis «amigos» alemanes no les gustó nada que hiciera saltar por los aires el patio de su castillo–, me dirigí a España. La situación en el pueblo podría complicarse para alguien como yo, al que muchos, si no todos, acusaban de colaboracionista. De eso, sin embargo, soy hasta cierto punto inocente, pues no colaboré con los nazis, sino que les pagué, y mucho, para que ellos aceptaran colaborar conmigo. Reconozco que es una diferencia sutil, pero de matices están hechas las diferencias. En mi huida ni siquiera tuve tiempo de analizar con la debida atención lo que había encontrado. Sólo vi que se trataba en apariencia de un libro de cuentas vulgar. Esto me inquietó, la verdad, pero me dije que debía tratarse de una mera fachada y que la genealogía tenía que estar oculta de algún modo entre aquellas páginas. Estuve sin dormir durante dos días, que es el tiempo que me llevó alcanzar la frontera en Hendaya, y cruzarla. Después de llegar a España, pude dedicar todas mis energías al libro. ¡Y qué terrible decepción, qué indescriptible desconsuelo sentí entonces! Por un momento, creí que mi vida había terminado, que mi llama se había extin-

guido por fin, justo cuando más cerca pensaba hallarme de verla brillar para siempre. Llegué a la conclusión de que, realmente, el libro de cuentas no era más que eso, que no ocultaba en su interior lo que yo imaginaba, aquello por lo que tanto había sacrificado: la genealogía de los verdaderos descendientes de Cristo.

Revisé una por una todas las páginas del manuscrito, examiné atentamente con una lupa cada milímetro de su superficie, llegué a ir a un consultorio médico para que le hicieran una radiografía que pudiera mostrar algún documento oculto en su forro o en el interior de su lomo. Hice con él todo lo que se me ocurrió, pero no encontré nada que valiera la pena; sólo esas malditas sumas interminables e insulsas.

Después de una semana de intentos infructuosos, una noche mi desesperación llegó a tal punto que estrellé el manuscrito contra una pared. Recuerdo que se abrió como si tuviera boca y gritara de dolor con ella por mi cruel trato. Chocó violentamente contra la pared y cayó al suelo, quedando abierto. Allí permaneció abandonado toda la noche y también todo el día siguiente, cuando fui a una taberna para ahogar mi agonía en coñac. Volví a las ocho de la tarde. El libro seguía en el mismo lugar donde había caído. Y en él seguían también presentes las monótonas cuentas que había llegado a odiar con toda mi alma. Pero no estaban solas ahora. Fue una visión sorprendente y hermosa la de aquellas palabras escritas por una letra pulcra, siguiendo líneas perfectamente rectas. Me avergüenza confesar que atribuí el milagro al exceso de alcohol. Llegué a pensar que las letras no eran reales, sino que mi deseo de ver algo en esas páginas, unido a tanto coñac, las había hecho aparecer ante mis ojos. Gracias a Dios no era así. Aquellas letras estaban ahí. No podrían ser más reales.

Desgraciadamente, no recuperé la sobriedad de un momento para otro, ni siquiera ante tan maravilloso descubrimiento. Por eso culpé injustamente al alcohol una segunda vez, acusándole de ser la causa de que no alcanzara a comprender una sola de esas palabras tan hermosas y delicadamente escritas. De lo que sí tuvo culpa el alcohol fue de que me derrumbara en el suelo no mucho después de mi hallazgo y antes de ser capaz de encontrarle algún sentido a aquel galimatías. Me desperté con una sed terrible y un dolor de cabeza monstruoso. Ya era de madrugada, y yo estaba tirado en el suelo junto al manuscrito. Lo primero que hice al darme cuenta de dónde me encontraba y de lo que había pasado, fue revisar ansiosamente sus páginas. ¡Pero las palabras, las milagrosas palabras, habían desaparecido! Le eché la culpa al alcohol de nuevo, con más rabia que nunca, por atreverse a crear espejismos en mi cabeza, falsas ilusiones. Pero también de esto era inocente. No volví a dormirme. Durante horas, hasta el amanecer, y también durante toda la mañana, me quedé allí sentado, mirando una página llena de cuentas, ansiando que se produjera otra vez el milagro que hizo surgir a las palabras. Y eso es precisamente lo que ocurrió. Al principio, las letras fueron surgiendo tímidamente; su aspecto era tan tenue que resultaban casi invisibles. Pero luego, cuando la luz del sol impactó de lleno en la página, comenzaron a hacerse visibles un poco más deprisa. El proceso duró muchas horas, y la conclusión a la que llegué era la única lógica, por improbable que resultara: esas palabras estaban escritas con una tinta especial, alguna clase de producto fotosensible, de reacción extremadamente lenta, de modo que sólo una exposición muy prolongada y directa a la luz solar las hacía visibles. Y esto, ya de por sí fascinante –pues no olvides que se trataba de un manuscrito del siglo XVI–, lo era aún más por el hecho de que la tinta se hiciera otra vez invisible cuando la fuente de luz desaparecía, al llegar la noche o cerrarse el libro. Ésta es la razón de que hubieran desaparecido las letras cuando yo me desperté de madrugada.

Puedes imaginarte con qué loco entusiasmo me dediqué a copiar todas y cada una de las palabras ocultas –aceleré el proceso, colocando las páginas bajo la luz directa del sol–. Comprobé que la letra no era igual en todo el manuscrito, sino que iba cambiando. Lo que allí estaba había sido consignado por manos distintas, en épocas también diferentes. De todas estas manos, sólo logré identificar al dueño de unas, autor de la primera letra: Leonardo da Vinci.

Cuando acabé de copiar, obtuve una larga lista de palabras. Eso debían ocultar, al menos: auténticas palabras, porque lo que obtuve realmente fue una larga sucesión de letras, unidas entre sí, en las que resultaba imposible distinguir una sola expresión con sentido. Enseguida me resultó obvio que esto era una protección adicional. Además de haber sido escritas con esa fabulosa tinta fotosensible, las palabras habían sido cifradas.

Yo no soy un experto en historia de la criptografía, ni mucho menos, pues mis intereses siempre han seguido otros caminos, y no tardé *en darme cuenta de que este cifrado me superaba. Aun así, me resultó imposible resistir la tentación de intentar descubrir lo que el texto ocultaba, pero eso no hizo sino confirmar mi clara intuición. Era un cifrado difícil. Tengo la certeza de esto, no por la comparación de su dificultad con respecto a mis casi nulos conocimientos sobre criptografía, sino porque eso me dijo alguien que era un genio en ese campo. Era un inglés. ¿Y sabes a qué se dedicaban todos los genios matemáticos ingleses en 1944? A quebrar las comunicaciones cifradas por los alemanes con sus máquinas Enigma. No sé si lo sabes, pero éstas proporcionaban unos mensajes cifrados tan complejos que los ingleses tuvieron que construir una máquina especial para conseguir procesarlos, un artefacto que hacía las veces de mil cabezas pensando simultáneamente, de un modo frío, mecánico, sin descanso. A esa máquina se le llamaría después computadora, y con el tiempo su uso se extendería por todo el mundo. Pero en esa época sólo existían unas pocas, primero en Inglaterra, en las instalaciones secretas de la inteligencia británica en Bletchley Park, y luego en Estados Unidos de América. Eran uno de los secretos mejor guardados de la guerra, pero uno que yo conocía, no obstante, porque el matemático del que te hablo, un viejo amigo cuyo nombre no necesitas saber, me contó antes de la guerra todos los detalles sobre el próximo desarrollo de esos sorprendentes ingenios. Fue necesario uno de ellos para romper el cifrado de Leonardo, ya que mi amigo no consiguió hacerlo por sí sólo. Esto debe bastar para darte de una idea de lo complejo que era, de lo imposible que les habría resultado quebrarlo no sólo a los contemporáneos de Leonardo, sino a cualquiera que lo hubiera intentado a lo largo de los siglos siguientes hasta la aparición de las computadoras.*

La clave de Leonardo fue descifrada, y por fin pude leer un texto inteligible, que para mis ojos fue como un bálsamo, una bendición. Lo que ocultaba el insulso libro de cuentas era la Genealogía Sagrada, ya lo he dicho, que iba desde la época de Jesucristo hasta finales del siglo XVIII. Me llevó más de treinta años llenar de nombres, fechas y lugares el vacío entre el último descendiente que indicaba esta genealogía y aquel que vive en nuestros días. Muchos registros de iglesias, ayuntamientos u otros organismos públicos se perdieron como consecuencia de las guerras. Por ello, resultaba casi imposible la tarea de recuperar las vidas de unas pocas personas en un intervalo de más de un siglo y medio. De hecho, estuve muy cerca de perder definitivamente el rastro, que recuperé de un modo casi milagroso en el sur de Francia. Pero nunca, ni una sola vez en todos esos años de búsqueda, dudé de que conseguiría mi objetivo.

Y lo hice. Lo encontré, Catalina. Encontré al descendiente a finales de 1976. Sí, lo encontré. Y estaba en Madrid. Vive en el número 2 de la calle Carpinteros, en el bajo derecha (qué deliciosa coincidencia, ¿verdad?, siendo Jesús de Nazaret hijo de un carpintero). Fui a verle. Tuve que hacer un esfuerzo sobrehumano para no deshacerme en lágrimas y arrodillarme a sus pies. Se llama Manuel Colom. ¿Qué nombre más sencillo, no es cierto? Fue hecho prisionero después de la Guerra Civil, en 1947, y estuvo trabajando en la construcción del Valle de los Caídos para acortar su pena.

Cuando yo lo encontré, a mediados de los setenta, su mujer acababa de morir. Tuvo un hijo con ella, que es el nuevo descendiente de Cristo, y que podrá continuar el Linaje. Son una bendición los hijos, ¿no es cierto? Aunque a veces no respondan a lo que los padres esperamos de ellos.

Yo adoraba a tu madre, pero desde el principio supe que jamás sería capaz de aceptar la veracidad de todo esto. Por eso quise transmitirte a ti el secreto, mi querida Catalina. A diferencia de mi hija, tú siempre fuiste una niña curiosa, que quería saberlo todo, que todo lo preguntaba. Y la búsqueda de cualquier verdad empieza siempre con una simple pregunta. Recibí además una señal del cielo. Así lo creí yo: tus padres te pusieron de nombre Catalina, el mismo que el de la capilla de Gisors donde encontré el manuscrito de Da Vinci, y el mismo también de la madre de éste. ¿Eso te parece caprichoso? ¿Una simple coincidencia? Si es así, respóndeme: ¿no es siempre caprichoso el Destino, y no ha demostrado él que yo tenía razón? Gracias, mi querida Catalina.

Tu abuelo, que te adora,
Claude

56

Dunkerque, 1795

La Navidad había pasado y llegaba una nueva celebración para la familia Saint-Clair. La hija mayor, Irène, muy hermosa en todos los sentidos físicos y espirituales, se desposaba con un muchacho de padre español que había trabajado con su progenitor durante años, en el puerto de Calais. La vida no le había sonreído. Perdió a su padre siendo aún muy joven, y su madre había muerto al nacer él. Sólo se tenía a sí mismo. Primero fue estibador, luego mozo, después se embarcó en un navío para cruzar los mares, y ahora regresaba convertido en capitán. Sus intenciones eran volver a España y afincarse en Barcelona, donde aún tenía familia, para emprender allí un negocio de comercio naval con los puertos del Mediterráneo y vender los muy apreciados textiles catalanes.

Al padre de Irène no le agradaba demasiado ese muchacho, llamado Roberto Colom. O, para ser más precisos, no le agradaban los españoles. Creía que eran un pueblo de intransigentes y fanáticos; aunque con esa opinión llegaba él mismo a cierto grado de intransigencia y fanatismo. Pero era un buen hombre, de los de fondo realmente noble, y su hija logró convencerle de que su prometido era un buen muchacho, honrado, leal, trabajador. El padre abandonó todos sus prejuicios cuando conoció con profundidad a Roberto. Se dio cuenta de que era cierto lo que decía de él su hija. Y entonces bendijo por fin a la pareja y la boda pudo celebrarse.

Fue una unión feliz. Irène y Roberto no podrían estar más felices, pues se amaban locamente. Sólo por ello, la joven se daba por satisfecha con la vida que le había tocado vivir. Y pensaba que la vida comenzaría a ser más generosa con su marido de ahora en adelante. ¿Qué más podría desear una chica de campo...? Pero en su interior se agitaba una fuerza desconocida, que ella no sabía calcular ni comprender. Una fuerza misteriosa que la llevaba a imaginar un destino mucho más grande que este. Nunca llegó a comprender esa fuerza, aunque siempre la tuvo dentro de sí.

Los esposos marcharon unos días después de la boda hacia la frontera sur. Como Roberto había querido, e Irène había aceptado por la emoción de la aventura y el afán de descubrir cosas nuevas y desconocidas, se establecieron en Barcelona y allí vivieron momentos felices y tristes, como cualquier otra familia. Fueron bendecidos con cuatro hijos, dos mujeres y dos varones, que crecieron fuertes y sanos bajo la bóveda del cielo, protegidos por el sol y la luna, las estrellas, el aire; pues, si a los pajarillos del campo nada les falta, ¿qué habría de faltarles a los hijos de Dios...?

57

Madrid, 2004

¿Es aquí? –preguntó Catalina. Ella y Patrick estaban frente al número 2 de la calle Carpinteros, en Madrid, adonde habían ido directamente desde el Valle de los Caídos. Para confirmar que se trataba de la dirección correcta, el irlandés abrió su mochila y extrajo de ella el diario de Claude Penant, en el que estaba indicada.

–Sí. En el bajo derecha... ¡Hop! –exclamó.

Al sacar el diario, trajo con él sin querer la foto del abuelo de Catalina en la que éste aparecía con la cruz del Valle de los Caídos al fondo. La foto se le cayó al suelo y fue Catalina la que se agachó primero a recogerla. Había caído boca abajo. Al tomarla en su mano, leyó la dedicatoria de la cara posterior: «Mi querida Catalina, confía sólo en ti misma». La primera vez que la vio, se dijo que era el típico consejo que un abuelo, ya anciano, podría darle a una nieta. Sin embargo, después de todo lo que había pasado, Catalina le dio una nueva interpretación: «No confíes en nadie». Fue una idea repentina, pero tozuda. Apremiante, incluso. Sin razón aparente, la invadió una profunda congoja, que no consiguió aliviar hasta decirle a Patrick:

–¿Te importaría esperarme aquí?

Catalina le hizo esta inusual petición tímidamente, con un deje culpable. La reconfortó comprobar que Patrick se mostraba muy comprensivo, y que incluso llegó a animarla a entrar ella sola. Dijo que Catalina había hecho todo el trabajo duro y, por tanto, merecía de sobra esa pequeña deferencia. Él ya tendría tiempo más adelante para hablar largo y tendido con el heredero.

Después de estas amables palabras, Catalina llamó al intercomunicador. El corazón le dio un vuelco cuando una voz fuerte y cascada preguntó a través de él: «¿Sí? ¿Quién es?». Siguiendo un plan que había elaborado de camino hacia allí, Catalina le explicó al hombre que era periodista y que estaba preparando un artículo para su diario sobre el tema del uso de presos políticos en la construcción del Valle de los Caídos. El hombre se mostró dispuesto a hablar sin poner pegas. La puerta se abrió con un timbrazo y el chasquido metálico del cerrojo al ceder. Catalina entró y cerró la puerta a su espalda, dejando a Patrick en plena calle.

El propietario del bajo derecha del número 2 de la calle Carpinteros era un hombre no muy alto, pero robusto, que daba la clara impresión de haber trabajado mucho y muy duramente en una vida de setenta años largos.

–¿Manuel Colom? –preguntó Catalina, con una emoción profunda que, aun así, consiguió disfrazar en gran medida.

–El mismo.

–Soy Catalina Pe... García –dijo ella, recuperando su apellido español y estrechando una mano fuerte y endurecida–. ¿Puedo entrar?

–Claro.

Manuel se apartó a un lado y luego cerró la puerta. Al hacerlo se tropezó ligeramente con Catalina, porque ella se había quedado petrificada en el recibidor en vez de pasar adentro como habría sido de esperar. Sus ojos estaban clavados en algo que colgaba de las paredes.

–Son bonitos, ¿eh? Tengo más repartidos por otras habitaciones, pero ése es el que más me gusta. Son mi único vicio. Eso y fumar, aunque yo no creo que fumar sea un vicio.

–¿Su favorito es el de «La Última Cena» de Da Vinci? –preguntó Catalina.

–Ese mismo. Yo creo que es el puzzle más difícil que he hecho en toda mi vida, pero valió la pena el esfuerzo. Lo malo es que le falta una pieza.

–¿Le falta una pieza? –dijo Catalina, con el corazón súbitamente desbocado.

—Sí. Aquí. ¿Lo ves? —preguntó Manuel, acercándose hasta el puzzle y señalando un hueco del mismo, que había pintado para ocultarlo—. Se perdió no sé cómo. A veces pasa.
—Sí, estoy segura de que a veces se pierden las piezas.
—No tienes muy buena cara. ¿Te encuentras bien?
—Estoy bien, gracias. Debe ser por el calor.
—Sí, hace un calor sofocante. A mí también me deja por los suelos. Un cafecito te pondrá como nueva. Siéntate ahí. Ahora te lo traigo. Acabo de hacer una cafetera.

Catalina siguió el consejo de Manuel y se sentó en un sofá muy viejo, de colores desvaídos y con algún que otro remiendo.
—¿Lo quieres con hielo? —preguntó él desde la cocina.
—Sí, gracias —respondió Catalina.

En cuanto Manuel dejó la sala, ella se levantó a toda prisa y se dirigió al puzzle de *La Última Cena,* para comprobar lo que ya sabía. La pieza que ella poseía, y cuya obtención le habría costado seguramente a su abuelo un pecado más de su larga lista, encajaba a la perfección en el hueco pintado. Ésta era la casa del descendiente. Manuel era el descendiente. La exacta coincidencia de la pieza de puzzle era la prueba de ello. Para eso servía: el rompecabezas de su abuelo estaba completamente resuelto.

Oyó venir por el pasillo un inconfundible ruido de tazas siendo transportadas en una bandeja, y se apresuró a volver a su lugar en el sofá.
—No hay nada como un café recién hecho —afirmó Manuel, olisqueando el aire por encima de la cafetera—. En Cuelgamuros, el café de verdad era un lujo.
—¿Cuelgamuros? —interrogó Catalina.
—Cuelgamuros, sí. Sólo le llama Valle de los Caídos quien no estuvo allí sudando sangre.
—Oh, perdón, no lo sabía.
—No tiene importancia.

Sí la tenía, se dijo Catalina. Acomodados ya los dos, con sus respectivas tazas de café llenas a rebosar, Manuel dijo:
—Bueno, tú dirás. ¿Por dónde quieres que empiece?

Catalina no tenía la menor idea de qué preguntar, así es que simplemente se le ocurrió decir:

—¿Qué tal por el principio?
—Sí, claro. Es por donde hay que empezar siempre, ¿verdad? —Tras un sorbo rápido de café, comenzó su historia—: Yo nací en Madrid, en la sierra, muy cerca de Cuelgamuros, en realidad. Que yo sepa, toda mi familia se había dedicado siempre a labrar el campo, y lo mismo hice yo. Nunca me metí en cosas de política. La verdad es que creo que son todos más o menos la misma gentuza. A mí lo que me preocupaba es que no lloviera de más en invierno, que el sol no calentara demasiado en verano, y que no me cayera encima una plaga de escarabajos. La vida de agricultor es tan sencilla como eso. Pero una vez tuve que venir a Madrid para resolver unos asuntos. Eso fue a mediados de los años cuarenta. En el año cuarenta y siete, para ser exacto. Y, todavía no sé muy bien cómo, acabé en medio de una manifestación de estudiantes. Allí estaban los señoritos pidiendo libertad y gritando cosas contra Franco, hasta que llegó la policía y empezó a repartir porrazos. Aquello fue una auténtica desbandada. Cada uno corriendo por su lado, y *maricón el último*, no sé si me entiendes. Muchos consiguieron escapar, pero a mí, que no tenía culpa de nada, me pillaron. Y todavía me gané una buena hostia de un policía cuando le dije que yo no tenía nada que ver con la manifestación. Tengo aquí la cicatriz. ¿La ves? —preguntó, mostrando una brecha profunda que le atravesaba el mentón.

»En fin, el caso es que di con los huesos en el calabozo. No me dejaron hablar con nadie durante dos días. Imagínate la preocupación de mis padres al ver que no daba señales de vida en todo ese tiempo. Yo pensaba que acabarían soltándome cuando descubrieran que no era un estudiante, pero no fue así. Algún chupatintas de mierda debió de llegar a la conclusión de que era un *rojo*, como les gustaba decir. Después de seis meses en prisión sin que ni siquiera me hubieran acusado todavía de nada concreto, la verdad es que perdí la esperanza. Y, luego, de repente, un día vinieron a sacarme de la celda. Menuda alegría que me entró, porque pensaba que iban a soltarme. Pero no. Me llevaron a Carabanchel para ser juzgado por el tribunal de represión de la masonería y del comunismo. Y yo no era el único que estaba allí. Conmigo había otros diez y nos iban a juzgar a todos a la vez. Aquello era un puro teatro. A mí me metieron cinco años. Imagínate mi desesperación al oír que iba a tener que pudrirme en la cárcel y abandonar a mis padres durante cinco largos años. Se me calló el alma a los pies. Gracias a Dios que, al final, a principios de 1948, los del Patronato de Redención de Penas por el Trabajo, me mandaron a Cuelgamuros, porque te juro por Dios que me habría colgado en la celda antes de pasar cinco años metido en ese agujero. Trabajar allí me permitiría rebajar mucho la pena, y además estaría al aire libre, en la calle, como quien dice, respirando aire puro y no el olor a meados de la prisión. En Cuelgamuros no había alambradas y los guardias no eran en general unos hijos de puta. Algunos hasta eran personas decentes. Igual porque más les valía andar a buenas con los presos. Aunque estaban encargados de vigilarnos, no llevaban armas. Ni siquiera don Amós, que era uno de los jefes. Había por lo menos veinte reclusos por guardia, y supongo que tenían miedo de que pudiéramos amotinarnos y nos lleváramos a alguno por delante con sus propias escopetas. Los únicos allí que iban armados eran los guardias civiles del puesto, que hacían rondas a menudo y protegían la entrada del Valle. Pero ésos tampoco solían meterse con nadie. Y no hacía falta. Casi todos nos manteníamos a raya. Había soplones entre los presos o agentes infiltrados de la Dirección General de Seguridad, o las dos cosas, no lo sé, porque de vez en cuando entraban los guardias en los barracones, a veces en mitad de la noche, y se llevaban a alguien que estaba preparando una fuga o que hablaba más de la cuenta y demasiado alto. Y ése las pasaba bien canutas, créeme.

»En Cuelgamuros había tres destacamentos. Uno trabajaba en el monasterio benedictino de abajo, otro en los accesos a la zona y el tercero en la cripta. Yo estaba en éste. Me habría gustado ir al monasterio, porque ésos eran los que vivían mejor. Hasta les pagaban las horas extra a un buen precio y todo. Pero, bueno, por lo menos no me tocó ir a picar piedra y a hacer terraplenes para la carretera de entrada. Esos pobres diablos sí que lo pasaban mal de verdad. En mi destacamento, que se ocupaba de la excavación de la cripta, se trabajaba mucho, pero la cosa era aceptable, aunque fuera muy peligroso quitar los restos que dejaban las explosiones. A más de uno le cayó una roca suelta del techo que le dejó seco allí mismo. Dicen que la fe mueve montañas, pero, ya ves, nosotros no teníamos fe y conseguimos mover una. Y por hacer ese milagro nos pagaban una miseria. Nos daban sólo media peseta al día, que se iba acumulando en una cuenta a nuestro nombre que no podíamos tocar hasta que nos soltaran.

»A él también le pagaban la misma miseria –dijo Manuel, de repente, sin que Catalina entendiera a quién se refería–. Y eso que era un tío listo, con estudios, y no un medio analfabeto como yo. –La mirada de Manuel se mostraba ahora absorta y perdida. Su voz, tan animada hasta el momento, se volvió nostálgica–. Era médico. Le habían destinado a la oficina. Él me escribía las cartas que yo le mandaba a mi familia, ¿sabes? Joder, recuerdo que estaban tan bien escritas que cuando mi padre recibió la primera se presentó en Cuelgamuros el siguiente domingo, que era el día de visita, seguro de que me habían pegado un tiro, o algo, y de que alguien estaba haciéndose pasar por mí. –Al contar esta anécdota, Manuel sonrió. Y era una hermosa sonrisa–. Era un gran tío este Manuel Colom. Un poco callado de más, pero un gran tipo.

Catalina se incorporó. No debía de haber oído bien.

–¿Manuel Colom? ¿Ese médico del que habla se llamaba igual que usted?

–Oh, claro, perdona, no he llegado a esa parte todavía. En realidad, él no se llamaba como yo, sino que yo me llamo como él.

Catalina sintió que la habitación empezaba a dar vueltas en torno a su cabeza. ¡¿Qué quería decir eso?! ¿Él era o no Manuel Colom, el descendiente buscado? La pieza de puzzle probaba que sí, ¿no era cierto? Aquella casa pertenecía a este hombre. Esos puzzles eran suyos, no los había heredado de un antiguo propietario que pudiera haber dejado la casa desde que su abuelo la visitara, y que fuera el auténtico descendiente.

–Pero usted es Manuel Colom, ¿verdad? Me lo ha dicho antes, cuando nos hemos presentado.

—Eh, eh, tranquila. Respira a fondo, muchacha, que parece que te va a dar un pasmo. ¿A qué viene ese aire angustiado? No pasa nada. Ahora te lo explico todo. Ya verás cómo no es difícil entenderlo.

Eso esperaba ella, que, a pesar del consejo de Manuel, seguía respirando como un pequeño pájaro al que le faltara el aire.

—El verdadero Manuel Colom era el médico del que te hablo. Yo sólo tomé prestado su nombre, por una razón que luego te contaré. Mi verdadero nombre es José Mateo, aunque llevo tantos años con el otro que a veces ni siquiera me acuerdo de que ése es el que me pusieron mis padres. La verdad es que a estas alturas creo que hasta sería imposible demostrar que yo no soy Manuel Colom, porque una bomba destruyó los archivos de mi parroquia durante la Guerra Civil, como hizo con los de otras muchas por toda España. Pero eso no importa. Vamos al asunto. Manuel y yo dormíamos uno encima del otro en las literas del barracón. A eso se le llama justicia social, ¿eh? —dijo con una risotada a la que siguió un ataque malsano de tos—. Un médico y un agricultor durmiendo en el mismo chamizo, con el suelo de tierra y el tejado de cinc, que era un horno en verano y una nevera en invierno, y con el cuerpo igual de lleno de picaduras de las chinches del colchón y las sábanas. Esos pequeños cabrones sí que comían como Dios manda.

»Ya te digo que Manuel Colom era un tío listo. Y, en Cuelgamuros, sólo los tíos muy listos o los muy idiotas acababan intentando fugarse. Como te he dicho, a muchos los pillaban antes siquiera de poder intentarlo. Pero eso les solía pasar a los idiotas, que no eran capaces de mantener la boca cerrada. Ya sabes el refrán: en boca cerrada no entran moscas. Eso lo sabía bien Manuel. Nadie supo que pensaba fugarse hasta la misma noche en que iba a intentarlo. Y yo fui el único que se enteró entonces, por pura casualidad. Él me despertó, ¿sabes? Dormíamos uno encima del otro, ya te lo he dicho, y desde que llegué a Cuelgamuros yo tenía el sueño ligero. Allí todos andábamos escasos de todo, pero aun así siempre había algún cabronazo que se dedicaba a robar. Y yo estaba en la lista negra, porque cada dos semanas mis padres me traían cosas del pueblo: chorizos, morcillas, queso, ese tipo de cosas. A más de uno tuve que darle una patada en la boca en mitad de la noche, cuando le descubría revolviendo en mis bártulos. Debía tener cuidado y dormir con un ojo abierto y otro cerrado, como se suele decir. Así es que Manuel me despertó. Serían, no sé, las tres o las cuatro de la madrugada. Pero él no pensaba quitarme los chorizos, sino que iba a escaparse. En ese momento, me invadió el deseo de huir yo también. Pronto se me iba a acabar mi cierta buena vida en Cuelgamuros. En una semana estaría picando en la carretera de acceso, porque allí necesitaban más hombres y vieron que yo era fuerte. La verdad es que, aun así, lo de querer escaparme era una locura, pero le pedí a Manuel que me dejara ir con él. Un cazurro como yo no tendría ninguna oportunidad yendo solo. Claro que podría llegar a salir del Valle. Eso no era muy difícil, no habiendo alambradas y con tan pocos guardias. Pero no llegaría muy lejos. Hacían falta papeles y tener cabeza para conseguir salir de España y pasar a Portugal o a Francia.

»Claro que me dijo que no podía ir con él, que sólo había conseguido papeles para uno. Pero yo insistí, y le dije que me llevara con él hasta la frontera y que luego ya me las arreglaría. Al final me dejó acompañarle, seguramente porque temía que despertara a alguien más, o a lo mejor porque pensó que le denunciara a los guardias nada más salir del barracón. Si pensaba esto, no creas que se lo echo en cara. Él casi no me conocía, en el fondo, aunque me escribiera las cartas y durmiéramos uno al lado del otro. Además, gracias a él sigo aún con vida. Y hacerme ese regalo le costó muy caro…

»Manuel tenía una buena razón para fugarse. Desde hacía algún tiempo corrían rumores en el campo, entre los prisioneros. La mayor parte de las veces eran tonterías. A la gente le gusta inventar cosas, sobre todo cuando no se tiene nada mejor en que ocupar la cabeza. Por eso yo no me creía de la misa la mitad. Pero luego resultó ser todo verdad. Manuel se encontraba a escondidas con la hija de un ricachón de la zona, que tenía negocios con los contratistas y visitaba por eso la obra a menudo. Ella se llamaba Carmen y era el ojito derecho de su padre. –De nuevo, la mirada de Manuel se volvió lejana y soñadora. Después, Catalina entendería el porqué–. Carmen siempre insistía en acompañar a su padre a Cuelgamuros, y él siempre acababa dejándole hacerlo, aunque no le pareciera bien que una señorita como ella visitara un sitio tan poco recomendable como un campo de trabajos forzados, lleno de hombres, muchos de los cuales no habían catado una mujer desde hacía años. Entre tantas idas y venidas, ella y Manuel se enamoraron. Eso ya era suficientemente peligroso. Una vez, uno de los presos le lanzó un piropo a Carmen estando el padre delante. Media hora después, los guardias se lo llevaron al cuartelillo y lo molieron a palos. Pero Manuel no le tenía miedo a nada, y siguió adelante con sus encuentros secretos. Como era de esperar, Carmen acabó quedándose embarazada, y entonces decidieron huir juntos a Francia. Si no lo hacían, el padre de Carmen se la llevaría lejos de allí, quizá incluso al extranjero, y su hijo acabaría en el auspicio. Y pobre de Manuel si descubría que él era el padre del niño.

»Ya te digo: lo único que podían hacer para seguir juntos y tener a su hijo era que Manuel se fugara. Los papeles de identificación y los salvoconductos los había conseguido ella gracias a un amigo de la universidad, uno de esos hijos de papá con dinero y contactos.

»Por todo esto, Manuel me hizo un gran favor aquella noche, dejándome escapar con él. La única condición que me puso fue hacerme jurar que yo me ocuparía de hacer llegar a Francia a Carmen y al hijo de ambos si a él le pasaba algo. Y yo acepté, claro. Su plan era bastante simple. Adentrarse en el monte y llegar hasta El Escorial, donde Carmen, que abandonaría su casa también esa noche, debía estar esperándole junto a la fábrica de su padre, de la que ella había cogido las llaves y donde podrían robar un coche; luego, conducir hasta la frontera y cruzarla. Si todo salía bien, para cuando se hiciera el primer recuento de la mañana y los guardias se dieran cuenta de la fuga, estarían ya en Portugal. El siguiente paso era viajar hasta Oporto y tomar allí un barco hacia Francia, porque en Portugal estaban también los fascistas y no era un sitio seguro. Ése era el plan original, al que ahora me había juntado yo. Para mí, el viaje terminaría en la frontera de Portugal. A partir de ahí, según mi propio plan, pensaba cruzarla clandestinamente, como los estraperlistas, y luego meterme de algún modo en un barco hacia Francia o América. »Fue la noche de un jueves, el día 5 de agosto de 1948. Nunca lo olvidaré. Cuando salimos del barracón parecía que lo habían pintado todo con brea. No había luna, y desde los árboles hasta las piedras estaban negros como el tizón. La única luz era la de las estrellas. Creo que nunca en mi vida he vuelto a ver tantas como en aquella noche, en la dehesa de Cuelgamuros. A mí me pareció que una oscuridad como esa era buena. Si nosotros mismos casi no éramos capaces de vernos las puntas de los pies, imaginé que los guardias lo tendrían aún más difícil. Y así era. Pero no nos sirvió de mucho... Empezamos a subir por la vertiente de la montaña, en dirección a El Escorial. No llevábamos ni trescientos metros cuando casi nos damos de morros con una patrulla de la Guardia Civil. Ellos no conseguían vernos, pero nosotros tampoco los veíamos a ellos. Nos dimos cuenta de que estaban allí porque a uno se le ocurrió encender un pitillo. Para que luego digan que el tabaco es malo. A mí me salvó el pellejo aquella noche. Como no podíamos ir por ese lado, tomamos el camino de la cripta. La idea era dar un rodeo y seguir hacia El Escorial. Y entonces me caí. Malditas sean estas piernas mías. Me tropecé con una piedra y me caí de bruces al suelo. Dejé de respirar al oír el escándalo que había armado. Y creo que se me paró el corazón cuando por detrás gritaron «¡Alto!» y retumbó un disparo en el aire. Manuel se arrodilló junto a mí. Noté un tirón en la ropa, y luego me incorporé con su ayuda. Casi me arranca el brazo. No le vi la cara. No se veía nada en esa oscuridad. Sólo el blanco de los ojos. Pero sé qué expresión debía tener. Lo sé como si la hubiera visto en pleno día. Tengo grabada esa imagen. Lo único que me dijo fue que corriera. Y yo lo hice. Por Dios que lo hice. Como alma que lleva el Diablo. No me di cuenta de que Manuel no me seguía hasta que oí un segundo disparo y un grito de dolor. Él había tomado otro camino, ¿entiendes? Para atraer a los guardias y darme a mí una oportunidad de escapar. Eso hizo él, que tenía muchísimo más que perder que yo. Manuel murió al pie de la cruz. Ésta aún no estaba allí, pero yo juraría que murió justo donde pensaban levantar esa estúpida y enorme cruz de piedra.

Catalina estaba emocionada por las dolidas palabras de aquel anciano. No sabía qué decirle. Sólo se le ocurrió pensar que Manuel Colom, el hombre que había dado su vida por él, que había dejado la vida en el lugar en que ahora se levantaba la cruz del Valle de los Caídos, estaba realmente muy cerca del propio Jesús, porque de él descendía.

—Seguí corriendo sin parar, y llorando al mismo tiempo. Oí la alarma a mi espalda, y los gritos de los guardias, pero logré llegar sano y salvo a El Escorial. Allí estaba Carmen. Empezó a llorar nada más verme, comprendiendo enseguida lo que había pasado. Cuando metí la mano en el bolsillo del pantalón para ofrecerle mi pañuelo, vi que Manuel había puesto allí sus documentos y el salvoconducto. Seguimos el plan, ¿qué otro remedio había? Y salió bien a pesar de todo. Llegamos a San Juan de Luz unos días después. Los franceses no nos trataron muy mal, y cuando llegó el momento de registrarnos yo usé los papeles y el nombre de Manuel. Por eso, a partir de aquel momento, dejé de ser José Mateo y me convertí en Manuel Colom. Los primeros tiempos en Francia fueron muy difíciles. Y la vida se hizo todavía más dura cuando Carmen tuvo a su hijo, un niño precioso al que le puso el mismo nombre de su padre. Yo hice de todo para conseguir traer para los tres un cacho de pan al final de cada día. Trabajé de estibador en el puerto, de jornalero en la vendimia, de albañil en las obras. Ni me acuerdo de qué más. Fueron tantas cosas. Ella, el niño y yo vivíamos juntos porque el dinero no daba para más y no porque hubiera algo entre nosotros. Eso sólo pasó más adelante. Después de dos años así, siempre en el límite de pasar hambre y no conseguir pagar la pensión de mala muerte donde estábamos, la cosa empezó a mejorar. Encontré un trabajo decente y conseguimos alquilar un pequeño piso en Burdeos. No era nada especial. Sólo tenía una habitación, una cocina, un saloncito y un cuarto de baño que compartíamos con el resto de los vecinos de la planta. Pero la casa estaba limpia, y pasar a dormir en el sillón de la sala en vez de en el suelo fue algo que mis riñones agradecieron. Bueno, supongo que nos enamoramos. Carmen y yo, quiero decir. Habíamos pasado por tantas cosas juntos, y ella era una mujer tan maravillosa. Y fuerte también. Dios, era mil veces más fuerte que yo. Después de aquella noche en El Escorial sólo la vi llorar una vez, y fue cuando nació su hijo.

»Nos casamos en Burdeos, el día de Año Nuevo de 1952. Yo adopté a Manuel y luego tuvimos juntos otro hijo, al que llamamos Diego. Ya tengo nietos de los dos. A Carmen se le derretiría el corazón si hubiera podido verlos. Fue por poco, porque el primero; los primeros, porque eran mellizos, nacieron en diciembre de 1976, y el cáncer me la robó un mes antes... Dentro de unos días voy a convertirme en bisabuelo. La mujer de uno de mis nietos sale de cuentas el mes que viene. La vida continúa, ¿no? No igual, pero continúa. Y muy pronto yo estaré junto a mi querida Carmen, espero que allá arriba, donde dicen que está el Cielo. Ya ves, hasta he terminado creyendo en esas tonterías. Por eso estoy seguro de que volveré a encontrarme con Carmen. ¡Pero dejémonos de historias tristes! ¿Te apetece más café? A lo tonto, nos hemos terminado toda la cafetera.

—Sí, una última taza de café estaría bien.

Catalina no quería realmente beber más. Lo que deseaba era quedarse un momento a solas, en silencio, para ver si conseguía asimilar lo que acababa de oír. Si aquella historia era cierta, y tenía que serlo, entonces el Manuel Colom que vivía en esta casa se llamaba en realidad José Mateo, y no era, por tanto, el descendiente de Cristo. Su abuelo se había confundido de hombre. Y no era extraño, porque, según todos los registros existentes, José era en verdad Manuel Colom. Sólo él mismo podría desmentir este hecho, como acababa de hacer durante su larga explicación. Resultaba obvio por qué no le había revelado también al abuelo de Catalina su verdadera identidad. Ellos se encontraron en 1976, poco después de la muerte de Franco, en una época en la que aún no se sabía con certeza qué rumbo político iba a tomar el país. En esas circunstancias, habría sido extremadamente arriesgado para José confesar, como había hecho ahora con toda naturalidad y sin temor ninguno, que era un prisionero fugado de Cuelgamuros y que le había robado su identidad al auténtico Manuel Colom.

Era asombroso. Su abuelo no llegó a conocer al verdadero descendiente, como él había creído. Catalina recordó la historia de Moisés, que después de haber liberado al pueblo de Israel, y de conducirlo a través de una larga y penosa travesía por el desierto hasta la Tierra Prometida, fue privado por Dios de llegar a verla. Su abuelo dedicó su vida entera a la búsqueda de los descendientes. Ésa fue su larga y penosa travesía del desierto. Y tampoco él consiguió ver su Tierra prometida. Su castigo fue aún peor, quizá, porque él creyó que sí lo había hecho. *Dios perdona, pero no olvida*, fue lo único que se le ocurrió a Catalina, y sintió un escalofrío.

Otro escalofrío, pero de absoluto terror, le atravesó el cuerpo cuando oyó el disparo. Retumbó por toda la casa como si se tratara de un cañonazo. Catalina se levantó con violencia, llevándose por delante la bandeja con las tazas vacías, que cayeron al suelo haciéndose añicos.

—¡NOOOOO!

A través de pasillo, Catalina vio un sombrío charco de sangre que empezaba a extenderse sobre las losas blancas de la cocina. En medio yacía José. Estaba muerto. Los amigos de Pierre los habían encontrado a pesar de todos los cuidados de Patrick, y José estaba muerto. Tenía que estarlo, porque la bala le había arrancado media cabeza.

Oyó el ruido de objetos golpeando contra el suelo. El asesino seguía allí. Sin saber lo que hacía, loca de rabia, Catalina atravesó el pasillo y entró en la cocina justo a tiempo de ver una figura que se apresuraba a huir por la ventana. Se lanzó hacia ella y cayó al suelo de costado, lo que le arrancó un nuevo grito de dolor. Tenía algo en la mano, algo que tardó en identificar. Era un pasamontañas. Había conseguido quitárselo al asesino. Sólo sintió ira cuando alzó los ojos hacia él y vio que se había detenido, y que la miraba por un segundo con una odiosa sonrisa antes de desaparecer.

—¡¿TÚ?!

Era Pierre a quien acababa de ver, el mismo Pierre que había tratado de secuestrarla en París, el Pierre del que Patrick le aseguró que estaba muerto. Eso le hizo comprender por fin la verdad. Y fue un choque terrible. Jamás podría perdonarse. Nunca. La culpa de que José hubiera muerto era suya. De nadie más. Se había dejado engañar dos veces por las mentiras de Patrick. Su rescate de Pierre había sido un elaborado montaje, con sangre falsa incluida. Él y Patrick eran lo mismo: los dos hacían la misma *Obra de Dios*. ¿Cómo había podido ser tan ingenua, tan increíblemente estúpida? Ella los había conducido hasta José. Ella era quien lo había matado.

Se obligó a no llorar. No se merecía ese alivio. Con las manos y la ropa manchadas de sangre, se levantó y salió de la casa. Pasó corriendo por delante de los asustados rostros de los vecinos sin prestarles atención.

En medio de la confusión, oyó las ruedas de un coche derrapando en el asfalto y alejándose luego a toda velocidad. En la acera, delante de ella, Patrick se disponía a entrar en otro vehículo.

—¡Hijo de puta! —le gritó, con un desprecio terrible. El sacerdote ni siquiera se inmutó. Ahora estaba sentado dentro del vehículo, pero no había cerrado aún la puerta—. Vosotros lo habéis matado, y vosotros matasteis también a mi abuelo, ¿verdad? Él estaba huyendo de alguien como tú. Espero que ardas en ese infierno en el que tú crees... Pero ¿por qué? —No esperaba una respuesta, y sin embargo la obtuvo.

—Porque es la voluntad de Dios.

—¡No metas a Dios en esto, hijo de puta!

—Esos descendientes son una aberración —concluyó Patrick, haciendo caso omiso del insulto de Catalina.

—¿Y yo? ¿Vas a enviar a Pierre para matarme a mí también? ¿Cómo se llama de verdad ese cabrón? Dime al menos el auténtico nombre de mi asesino... Me das asco. Eres tan cobarde que otros tiene que hacer por ti el trabajo sucio.

—Yo soy sacerdote, no un asesino. Y no te preocupes por tu estúpida vida. Nosotros no matamos a inocentes.

—¡Ja! ¡Dios mío! ¿Y qué había hecho ese pobre hombre para ser culpable?

—Existir —respondió Patrick fríamente.

Eso hizo a Catalina darse cuenta de una cruel realidad. La idea la conmocionó tanto, que tuvo que apoyar las manos en el

coche de Patrick para no caerse. Allí, en el asiento posterior, estaba la mochila del sacerdote, que contenía todos sus documentos, todas las pruebas.
—Él no va a ser el único en morir... —susurró ella.
—Adiós.
Patrick intentó cerrar la puerta del coche, pero Catalina se lo impidió. Entonces, el sacerdote tuvo que salir y forcejear con ella hasta tirarla al suelo.
Una vez más, se oyó el chirrido de unas ruedas y luego el barullo de un motor acelerado al máximo. Catalina se quedó en el suelo, mirando impotente cómo se alejaba.
A lo lejos se escuchaban las sirenas de una ambulancia.

Epílogo

Había pasado un mes y medio. Cuando llegó la policía a casa de José, Catalina fue detenida. Se pasó todo el resto del día y gran parte de la noche respondiendo a sus preguntas. Por fortuna para ella, varios vecinos confirmaron la existencia de un hombre que salió por la ventana de la cocina y que huyó en un coche a toda prisa. De no ser así, probablemente habría terminado siendo acusada de asesinato. ¿Y no sería esto justo? Ella no era inocente de la muerte de José, aunque no hubiera apretado el gatillo.

Durante la primera semana, apenas salió de casa para nada. Y cuando lo hacía miraba con sospecha a todos y a todo, esperando que, en cualquier momento, una bala pusiera también fin a su vida. Pero eso no ocurrió. Nadie la seguía, nadie entró clandestinamente en su casa, nadie iba a matarla. Ésta es la única verdad que Patrick le había dicho.

Decidió tomarse unas vacaciones. Había vuelto a Gisors. Quería alejarse de España, estar junto a alguien que no le interrogara continuamente sobre lo ocurrido, como su tía o el resto de su familia, sus amigos y sus compañeros de trabajo. Necesitaba el aire taciturno y el silencio de Albert. Él no le hizo una sola pregunta. Sólo la de cómo estaba el tiempo en Madrid. Era un buen hombre, alguien en quien podía confiar. Pero ni siquiera a él podía revelarle el secreto que sólo ella conocía.

José no fue el único en morir. Catalina trató de avisar a la policía, pero fue tarde. Todos estaban muertos. Todos fueron asesinados el mismo día. A José le siguieron su hijo Diego y su nieto por parte de él; también la mujer del nieto, que era inocente según el inhumano criterio de Patrick, pero que llevaba en su vientre a un heredero de Cristo.

Eso creían Patrick y los suyos, para los que no existía José Mateo, sino un individuo de nombre Manuel Colom que vivía en el número 2 de la calle Carpinteros y que era el último descendiente del *Sangreal*, del Santo Grial encontrado por el abuelo de Catalina.

Sólo un miembro de la familia se salvó: el hijo que Carmen había tenido antes de casarse con José, vástago del auténtico Manuel Colom. Ante los ojos de esos asesinos, éste era un hijo adoptivo del descendiente y, por tanto, ni él ni su estirpe llevaban en las venas la sangre de Jesucristo.

Pero se equivocaban. Y sólo Catalina sabía que estaban equivocados. Nadie en el mundo lo sabía a excepción de ella.

Ese único superviviente se llamaba Manuel, como su verdadero padre. Y tenía dos hijos mellizos, un chico y una chica. Catalina los había visto en el funeral de José. Ellos eran los auténticos descendientes, los que debían encargarse de continuar el Linaje.

Hacía frío esa noche de verano. Catalina echó un tronco más a la chimenea del despacho de su abuelo. No se molestó en encender la luz de la habitación. El resplandor del fuego sería suficiente para escribir.

Sobre la mesa descansaba un cuaderno que había comprado esa misma tarde. Se sentó en la silla frente a él y lo abrió. Meditó durante unos segundos antes de ponerse a escribir. En la chimenea, los troncos emitían suaves chisporroteos. Los tonos anaranjados de las llamas danzaban con las sombras de la habitación.

Manuel Colom González.
Nacido en Barcelona, el 9 de abril de 1924.
Casado con Carmen Estiarte López (no llegaron a casarse).
Muerto en la dehesa de Cuelgamuros, el 5 de agosto de 1948.

Manuel Colom Estiarte (hijo del anterior).
Nacido en Burdeos, el 3 de febrero de 1949. Fue adoptado por Manuel Colom González, cuyo nombre verdadero era José Mateo Villena, que contrajo matrimonio con Carmen Estiarte López el día de Año Nuevo de 1952, también en Burdeos.

Casado en Madrid, con Elena Rodríguez Huertas, el 7 de noviembre de 1974.

Inés Colom Rodríguez y Mateo Colom Rodríguez (hijos mellizos del anterior).
Nacidos en Madrid, el 25 de diciembre de 1976.

Ellos dos son los últimos descendientes del Linaje de Cristo. Y ésta es la verdad.

𝔉 𝔍 𝔑

Post tenebras lux.
(Después de las tinieblas viene la luz.)

El último secreto de Da Vinci
David Zurdo y Ángel Gutiérrez

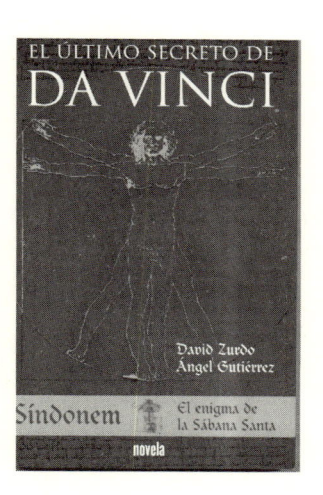

La Jerusalén de Cristo, la Constantinopla de las Cruzadas, la Florencia de Leonardo da Vinci, el París de las luces, el Madrid actual, el monasterio cisterciense y secretamente templario de Poblet... son escenarios de este trepidante relato, una historia a caballo entre los hechos históricos y la ficción que propone una aguda e inteligente solución al enigma de la autenticidad de la Sábana Santa.

El último secreto de Leonardo da Vinci no es sólo una apasionante novela de intriga histórica; sus autores, conjugando realidad y ficción, consiguen que el lector no abandone nunca la duda sobre si los hechos pudieron suceder realmente así, y le inducen a que se sumerja por completo en su lectura.

- ¿Cómo intervino Leonardo da Vinci en la historia de la Sábana Santa?
- ¿Cuál fue su periplo a lo largo de los años?
- ¿Es auténtico el Lienzo que se venera en Turín?
- ¿Posee el Vaticano información que mantiene en el más absoluto secreto?

Más allá del Código da Vinci
René Chandelle

Existió en Leonardo una dimensión esotérica que impregna toda su vida y también su obra. El conocimiento que tenía sobre lo oculto se trasluce en sus abundates escritos que revelan su saber sobre los enigmas de la vida y el universo… y sobre la verdadera naturaleza del Santo Grial y de la relación entre María Magdalena y Jesús. Cada lector es libre de creer en los hechos que aquí se presentan. Lo que no se puede, es seguir callándolos.

En *Más allá del Código da Vinci* el lector se encontrará con lo esencial para entender los temas que distintas generaciones se han preguntado.

Más allá de ángeles y demonios
René Chandelle

La verdad que se esconde tras la ficción de *Ángeles y Demonios,* el último bestseller del autor de *El Código da Vinci*. *Ángeles y Demonios* es el explosivo thriller que una vez más ha catapultado a Dan Brown a las listas de los libros más vendidos de todo el mundo. Como en *Más allá del Código da Vinci*, este libro separa los hechos reales de la ficción. Deshace las imprecisiones y las distorsiones literarias, mientras aporta toda la información necesaria para comprender muchos de los enigmas y misterios que aparecen en la novela *Ángeles y Demonios*.